GRöLS Verlage

„Bücher sind wie Fallschirme. Sie nützen uns nichts, wenn wir sie nicht öffnen."

Gröls Verlag

Redaktionelle Hinweise und Impressum

Das vorliegende Werk wurde zugunsten der Authentizität sehr zurückhaltend bearbeitet. So wurden etwa ursprüngliche Rechtschreibfehler *nicht* systematisch behoben, denn kleine Unvollkommenheiten machen das Buch – wie im Übrigen den Menschen – erst authentisch. Mitunter wurden jedoch zum Beispiel Absätze behutsam neu getrennt, um den Lesefluss zu erleichtern.

Um die Texte zu rekonstruieren, werden antiquarische Bücher von Lesegeräten gescannt und dann durch eine Software lesbar gemacht. Der so entstandene Text wird von Menschen gegengelesen und korrigiert – hierbei treten auch Fehler auf. Wenn Sie ebenfalls antiquarische Texte einreichen möchten, finden Sie weitere Informationen auf www.groels.de

Viel Freude bei der Lektüre wünscht Ihnen das Team des Gröls-Verlags.

Adressen

Verleger: Sophia Gröls, Im Borngrund 26, 61440 Oberursel

Externer Dienstleister für Distribution & Herstellung: BoD, In de Tarpen 42, 22848 Norderstedt

Unsere „Edition | Werke der Weltliteratur“ hat den Anspruch, eine der größten und vollständigsten Sammlungen klassischer Literatur in deutscher Sprache zu sein. Nach und nach versammeln wir hier nicht nur die „üblichen Verdächtigen“ von Goethe bis Schiller, sondern auch Kleinode der vergangenen Jahrhunderte, die – zu Unrecht – drohen, in Vergessenheit zu geraten. Wir kultivieren und kuratieren damit einen der wertvollsten Bereiche der abendländischen Kultur. Kleine Auswahl:

Francis Bacon • Neues Organon • **Balzac** • Glanz und Elend der Kurtisanen • **Joachim H. Campe** • Robinson der Jüngere • **Dante Alighieri** • Die Göttliche Komödie • **Daniel Defoe** • Robinson Crusoe • **Charles Dickens** • Oliver Twist • **Denis Diderot** • Jacques der Fatalist • **Fjodor Dostojewski** • Schuld und Sühne • **Arthur Conan Doyle** • Der Hund von Baskerville • **Marie von Ebner-Eschenbach** • Das Gemeindekind • **Elisabeth von Österreich** • Das Poetische Tagebuch • **Friedrich Engels** • Die Lage der arbeitenden Klasse • **Ludwig Feuerbach** • Das Wesen des Christentums • **Johann G. Fichte** • Reden an die deutsche Nation • **Fitzgerald** • Zärtlich ist die Nacht • **Flaubert** • Madame Bovary • **Gorch Fock** • Seefahrt ist not! • **Theodor Fontane** • Effi Briest • **Robert Musil** • Über die Dummheit • **Edgar Wallace** • Der Frosch mit der Maske • **Jakob Wassermann** • Der Fall Maurizius • **Oscar Wilde** • Das Bildnis des Dorian Grey • **Émile Zola** • Germinal • **Stefan Zweig** • Schachnovelle • **Hugo von Hofmannsthal** • Der Tor und der Tod • **Anton Tschechow** • Ein Heiratsantrag • **Arthur Schnitzler** • Reigen • **Friedrich Schiller** • Kabale und Liebe • **Nicolo Machiavelli** • Der Fürst • **Gotthold E. Lessing** • Nathan der Weise • **Augustinus** • Die Bekenntnisse des heiligen Augustinus • **Marcus Aurelius** • Selbstbetrachtungen • **Charles Baudelaire** • Die Blumen des Bösen • **Harriett Stowe** • Onkel Toms Hütte • **Walter Benjamin** • Deutsche Menschen • **Hugo Bettauer** • Die Stadt ohne Juden • **Lewis Caroll** • *und viele mehr….*

John Locke

Gedanken über Erziehung

In der Übersetzung Ouvriers

Inhalt

Einleitung.

§ 1. Ein gesunder Leib und eine gesunde Seele sind die beiden Hauptstützen aller menschlichen Glückseligkeit hienieden. Wer diese beiden Stücke besitzt, hat wenig mehr zu wünschen übrig; wem aber eines von beiden fehlt, der ist bei dem Besitz alles übrigen immer übel daran. Die erste Quelle aller Glückseligkeit und alles Elends der Menschen entspringt gemeiniglich aus ihnen selbst. Ein Geist, dem es an gehöriger Richtung und Bildung fehlt, wird nie den wahren Weg zur Glückseligkeit finden, so wie ein schwächlicher, ungesunder Körper nie große Fortschritte darauf machen wird. Ich gebe es zu, daß es Menschen gibt, die von Natur an Geist und Körper so stark und wohl gebildet sind, daß sie die Hilfe und den Beistand anderer nicht sehr nötig haben. Schon von der Wiege an sind sie vermöge der Stärke ihres natürlichen Genies zu allem geneigt, was edel und vortrefflich ist, und die Vorzüge ihrer glücklichen Konstitution machen sie der größten Taten fähig. Aber solche Beispiele sind selten, und ich glaube behaupten zu können, daß unter zehn Personen immer neun durch Erziehung das sind, was sie sind, gut oder bös, der Gesellschaft schädlich oder nützlich. Die Erziehung macht den großen Unterschied unter den Menschen. Die kleinen unmerklichen Eindrücke, welche wir in unserer Kindheit annehmen, haben oft die wichtigsten und bleibendsten Folgen. Es verhält sich mit diesen ersten Eindrücken, wie mit den Quellen einiger Flüsse; beim Ursprunge derselben ist eine geringe Mühe hinreichend, das kleine Bächlein nach Willkür zu leiten, und dadurch zu verursachen, daß der, mit der Weite des zurückgelegten Weges zunehmende Fluß nach ganz entgegengesetzten Gegenden hinströmt.

§ 2. Mich dünkt, der Geist der Kinder ist ebenso leicht zu biegen und zu leiten wie das Wasser. Allein obgleich der Geist den vorzüglichsten Teil des Menschen ausmacht und die Hauptsorge allerdings auf die Bildung des Inwendigen gerichtet sein muß, so darf man doch auch die äußere Hülle nicht ganz vernachlässigen. Ich werde daher mit der Gesundheit des Körpers den Anfang machen, teils, weil man in dieser Hinsicht vielleicht etwas mehr von mir erwartet, da ich mich, wie man glaubt, auf dieses Studium vorzüglich gelegt habe, teils auch, weil die ganze Abhandlung davon kurz sein und, wo ich nicht irre, in wenig Regeln bestehen wird.

Erster Abschnitt.

Von der Gesundheit.

§ 3. Wie notwendig die Gesundheit zu unseren Geschäften und zu unserer Glückseligkeit sei, wie sehr eine starke Leibesbeschaffenheit, die vermögend ist, alle Arbeiten und Mühseligkeiten dieses Lebens zu ertragen, erfordert werde, wenn man nur etwas in der Welt ausrichten will: dieses ist zu einleuchtend, als daß es erst bewiesen werden dürfte.

§ 4. Die Betrachtungen, die ich hier über die Gesundheit anstelle, haben nicht den Zweck zu zeigen, wie ein Arzt ein krankes und schwaches Kind behandeln müsse, sondern was Eltern ohne die Hilfe des Arztes tun können, um die gesunde oder wenigstens nicht kranke Beschaffenheit ihres Kindes zu erhalten und zu verbessern. Vielleicht kann dieses alles in diese kurze Regel zusammengefaßt werden: Man erziehe die Kinder wie wohlhabende Landleute die ihrigen. Weil aber manche Mutter dieses zu hart und mancher Vater zu kurz finden möchte, so will ich mich etwas ausführlicher erklären. Nur soviel muß ich Frauen als eine gewisse Beobachtung empfehlen: die gute Leibesbeschaffenheit der meisten Kinder wird durch Verzärtelung verdorben oder wenigstens geschwächt.

§ 5. Vor allen Dingen muß man sorgen, daß Kinder im Winter und Sommer nicht zu warm gekleidet gehen. Das Gesicht ist bei unserer Geburt ebenso zart als jeder anders Teil des Körpers; die Gewohnheit allein macht es hart und fähig, Kälte zu ertragen. Daher antwortete jener szythische Weise einem Athenienser, der sich wunderte, wie er im Frost und Schnee nackend gehen könnte, sehr nachdrücklich: „Wie kannst du es aushalten," sagte ihm der Szythe, „daß dein Gesicht der scharfen Winterluft bloßgestellt ist?" – „Mein Gesicht ist daran gewöhnt," antwortete der Athenienser. – „Denke also, ich sei ganz Gesicht," erwiderte der Szythe. In der Tat steht unser Körper alles aus, wenn er nur von Anfang an dazu gewöhnt wird.

Ein vortreffliches, wiewohl diesem entgegengesetztes Beispiel, nämlich von Ertragung einer übermäßigen Hitze, treffe ich in einer schönen Reisebeschreibung an. "Ich will es mit des Verfassers eigenen Worten anführen. „Die Hitze", sagte er, „ist auf der Insel Malta weit brennender als an irgendeinem Orte in Europa. Sie ist heftiger als in Rom; sie ist erstickend, und um so viel unerträglicher, weil man selten durch einen kühlen Wind erfrischt wird. Die gemeinen Leute sind hier so schwarz wie die Zigeuner. Aber der Landmann bietet der Sonne Trotz und arbeitet ohne Unterbrechung den heißesten Teil des Tages fort, ohne gegen die brennenden Strahlen Schutz zu suchen. Hieraus ziehe ich den Schluß, die Natur könne Dinge leisten, die an sich unmöglich scheinen, wenn man sich nur von Kindheit auf daran gewöhnt. Dieses tun die Malteser; sie härten ihre Kinder zur Hitze ab, indem sie solche nackend ohne Hemd und ohne Beinkleider von der Mutter Brust bis in ihr zehntes Jahr herumlaufen lassen."

Man verwahre also Kinder nicht zu sorgfältig für Kälte. Es gibt Leute in England, welche ohne Unbequemlichkeit Winter und Sommer einerlei Kleider tragen, und ohne mehr Kälte zu empfinden als andere. Sollten indes unsere Mütter aus zu ängstlicher Besorgnis, und die Väter aus Furcht vor Tadel, dennoch auf Frost und Schnee einige Rücksicht nehmen, so sorge man wenigstens, daß die Winterkleidung nicht allzu warm sei. Hat die Natur schon von selbst das Haupt des Knaben so gut mit Haaren bedeckt, daß er am Tage ohne Mütze herumlaufen kann, so bedenke man doch, daß dieses ebenfalls auch des Nachts angehe. Denn nichts verursacht mehr Kopfweh, Schnupfen, Flüsse, Husten und andere Krankheiten, als wenn man den Kopf zu warm hält.

§ 6. Ich habe hier von einem Knaben geredet. Denn der Hauptzweck meiner Abhandlung ist, die Erziehung eines jungen Menschen von gutem Herkommen zu zeigen. Das läßt sich nicht in allen Stücken auf Töchter anwenden; doch wird es nicht schwer zu beurteilen sein, wo der Unterschied des Geschlechts eine andere Behandlung erfordert.

§ 7. Ich würde raten, die Füße täglich in kaltem Wasser zu waschen, und die Schuhe so dünn zu tragen, daß die Nässe leicht durchdringen könnte. Hiermit werden Mütter und Mägde freilich nicht zufrieden sein. Die ersteren werden glauben, daß es der Reinlichkeit zuwider sei, und den letzteren wird es mehr Mühe verursachen. Aber die Sorge für die Gesundheit ist doch unendlich wichtiger als alle diese Bedenklichkeiten. Wer erwägt, was für schädliche und tödliche Folgen das Naßwerden und Erkälten der Füße oft bei denjenigen nach sich zieht, welche zu zärtlich erzogen sind, wird wünschen, daß er wie Kinder vom niedrigsten Stande barfuß gegangen sein möchte. Diese werden es so gewohnt, Nässe an Füßen zu ertragen, daß sie davon ebensowenig Schnupfen oder andere Unannehmlichkeiten empfinden, als wenn ihnen die Hände naß werden. Was macht denn sonst, frage ich, den großen Unterschied unter Händen und Füßen aus, als bloß die Gewohnheit? Wäre ein Mensch von Kindheit an immer gewöhnt worden, barfuß zu gehen, die Hände hingegen beständig in warme Tücher zu hüllen und mit Handschuhen zu bedecken, so zweifle ich nicht, daß das Naßwerden an Händen ihm ebenso gefährlich sein würde als vielen anderen die Nässe an den Füßen. Das Mittel dagegen wäre also, daß die Schuhe Wasser zögen und die Füße täglich in kaltem Wasser gewaschen würden. Es würde dieses auch die Reinlichkeit sehr befördern. Jetzt aber sehe ich nur auf die Gesundheit; ich schränke es daher eigentlich auf keine besondere Zeit des Tages ein. Mir ist ein Haus bekannt, wo man es alle Abende mit gutem Erfolg und den ganzen Winter hindurch zu tun pflegte, ohne es auch nur einmal in der strengsten Kälte zu unterlassen. Wenn auch Eis das Wasser bedeckte, so badete das Kind doch seine Füße darin, ob es gleich noch nicht so alt war, daß es sich selbst waschen und trocknen konnte; auch war es überdies sehr zart und kränklich, als es diese Gewohnheit anfing. Der Hauptzweck ist, diese Teile durch fleißigen und öfteren Gebrauch des kalten Wassers abzuhärten und dadurch den Unbequemlichkeiten zu entgehen, die man empfindet, wenn man gelegentlich nasse Füße bekommt, ohne daran gewöhnt zu sein. Ich denke also, man könne es der Beurteilung und Bequemlichkeit der Eltern überlassen, ob sie entweder den Abend oder den Morgen dazu festsetzen wollen. Denn die Zeit halte ich für gleichgültig, wenn nur die Sache geschieht. Die Gesundheit und Festigkeit, welche dadurch erlangt wird, würde schon Vorteil genug sein, wenn sie auch weit teuerer zu stehen käme. Hierzu kommt noch, daß man dadurch von Hühneraugen verschont bleibt; ein Umstand, der allein schon viel wert ist. Man fange erst im Frühling mit lauem Wasser an, nehme immer kälteres, bis man in wenig Tagen ganz kaltes brauchen kann, und dann fahre man des Winters und Sommers also fort. Denn es ist sowohl bei dieser, als bei jeder anderer Veränderung in unserer Lebensart zu merken, daß solche allmählich und unvermerkt geschehen müsse. Auf diese Weise können wir unseren Körper ohne Mühe und Gefahr an alles gewöhnen.

Was zärtliche Mütter hierzu sagen werden, kann man sich leicht vorstellen. Sie werden glauben, daß man ihre zarten Lieblinge ermorden wolle. Wie? Sie sollen ihre Füße bei Frost und Schnee noch in kaltes Wasser stecken, da man sie mit aller Mühe nicht warm genug halten kann. Um ihre Furcht durch Beispiele ein wenig zu mildern, ohne welche die deutlichsten Vernunftschlüsse selten Eingang finden, so erzählt uns Seneca von sich selbst, er sei gewohnt gewesen, sich mitten im Winter in kaltem Quellwasser zu baden. Er hielt dieses nicht nur für erträglich, sondern auch für gesund, da er es sonst gewiß nicht würde getan haben, denn er war reich genug, um die Kosten eines warmen Bades nicht scheuen zu dürfen, und befand sich bereits in hohem Alter, welches Nachsicht verdient haben würde. Will man sagen, seine stoischen Grundsätze hätten ihn zu dieser Strenge verleitet, so mag es sein, daß diese ihm das kalte Wasser erträglich gemacht haben: aber was machte es denn seiner Gesundheit zuträglich? Denn diese litt durch diese Gewohnheit nicht. Horaz folgte keiner Sekte, am wenigsten der stoischen. Dennoch versicherte er uns, er sei gewohnt gewesen, sich auch im Winter in kaltem Wasser zu baden. Man wird einwenden, das Klima sei in Italien milder als in England, und die Kälte der dortigen Gewässer komme der unserigen im Winter nicht gleich. Sind aber die Flüsse in Italien wärmer, so sind die in Deutschland und Polen doch gewiß viel kälter, und gleichwohl baden sich in denselben Männer und Weiber ohne Unterschied der Jahreszeiten und ohne den geringsten Nachteil der Gesundheit. Nicht alle Menschen sind fähig, es für ein Wunder oder eine besondere Kraft des St. Winfrieds-Brunnens zu halten, daß das kalte Wasser dieser berufenen Quelle den zarten Leibern nicht schadet, die sich darin baden. Die bewundernswürdige Wirksamkeit kalter Bäder bei schwächlichen Personen zur Wiedererlangung der Gesundheit und Stärke, wird heutzutage allgemein anerkannt. Sie müssen daher auch denen, die sich besser befinden, zur Stärkung und Abhärtung des Körpers dienen.

Glaubt man etwa, diese Beispiele von Erwachsenen ließen sich auf Kinder nicht anwenden, ihre zarte Leibesbeschaffenheit möchte darunter leiden, so untersuche man nur, wie die alten Deutschen mit ihren Kindern umgingen, und was die Irländer noch jetzt tun. Man wird finden, daß auch die zartesten Kinder ohne Gefahr das Waschen nicht allein der Füße, sondern auch des ganzen Leibes im kalten Wasser ertragen können. Es gibt noch heutzutage in den schottischen Gebirgen vornehme Frauen, welche dieses mit ihren Kindern mitten im Winter tun und finden, daß ihnen das kalte Wasser nichts schadet, auch wenn Eis darinnen ist.

§ 8. Schwimmen zu lernen ist sehr nützlich, wenn ein Knabe von dem Alter ist, daß er es lernen kann, und dabei einen guten Anführer hat. Manchem Menschen rettet er das Leben. Die Römer hielten es für so unentbehrlich, daß sie es mit dem Lesen und Schreiben in eine Reihe setzten. Wollten sie einen schlecht erzogenen Menschen, der zu nichts taugte, bezeichnen, so sagten sie: er hat weder lesen noch schwimmen gelernt. Der Mensch erhält dadurch eine Geschicklichkeit, die ihm im Notfall nützlich sein kann. Außerdem bringt das öftere Baden im Sommer der Gesundheit so mannigfache Vorteile, daß ich es nicht für nötig halte, weiter etwas davon zu sagen. Nur muß man die Vorsicht dabei nicht aus der Acht lassen, daß man nie von einer Leibesübung erhitzt oder mit wallendem Blute und klopfendem Pulse ins Wasser gehe.

§ 9. Eine andere der Gesundheit sehr zuträgliche Sache, hauptsächlich bei Kindern, ist, sich häufig in freier Luft, und so wenig als möglich, auch selbst im Winter, am Feuer aufhalten. Hierdurch werden sie sich an Hitze und Kälte, an Regen und Sonnenschein gewöhnen. Wessen Körper alles dieses nicht ertragen kann, der wird wenig in der Welt damit anfangen können. Ist er schon erwachsen, so ist es zu spät, sich dazu zu gewöhnen; es muß in der Jugend, und nach und nach geschehen. Auf diese Art aber kann man es dahin bringen, alles ertragen zu können. Wenn ich einem Knaben raten wollte, ohne Hut im Winde und in der Sonne zu spielen, so würde man es sehr mißbilligen. Man würde vielerlei Einwürfe machen, und der wichtigste darunter würde sein, daß der Knabe von der Sonne möchte verbrannt werden. Soll aber der junge Herr immer im Schatten gehalten und nie der Sonne und dem Winde ausgesetzt werden, aus Besorgnis, seine Gesichtsfarbe zu verderben, so wird man ihn wohl zu einem süßen Herrn, aber nie zu einem brauchbaren Geschäftsmann bilden. Bei den Töchtern muß man freilich auf Schönheit mehr Rücksicht nehmen: allein ich bin dreist genug zu behaupten, daß je mehr sie sich ohne Nachteil ihres Gesichtes der freien Luft aussetzen, sie desto stärker und gesünder sein werden, und je mehr ihre Erziehung sich der harten Behandlung ihrer Brüder nähert, desto größere Vorteile werden sie für ihr ganzes Leben davon einernten.

§ 10. Nur diese einzige Gefahr hat das Spielen in freier Luft bei sich, daß der Knabe, wenn er erhitzt ist, sich auf die kalte und feuchte Erde setzen möchte. Dieses und das kalte Trinken nach Erhitzung bringt mehr Menschen ins Grab oder doch an den Rand desselben, durch Fieber und andere Krankheiten als irgendeine andere Ursache. Solange der Knabe klein ist und man ihn immer unter den Augen hat, ist diesem Unglück leicht vorzubeugen. Hat man ihn nun während seiner Kindheit beständig und ernstlich angehalten, sich nie auf die Erde zu setzen oder kalt zu trinken, wenn er erhitzt ist, so geht diese Enthaltung in Fertigkeit über, die ihm sehr zustatten kommen wird, wenn er auch längst den Händen seiner Wärterin und seines Erziehers entwachsen ist. Dies ist denn aber auch alles, was man in diesem Stücke tun kann. Denn mit den Jahren muß man ihm auch mehr Freiheit gestatten und in sehr vielen Dingen ihn gänzlich seiner eigenen Führung überlassen. Er kann nicht immer einen Aufseher haben; die guten Grundsätze und Gewohnheiten, die man in seine Seele gelegt hat, sind für sein ganzes Leben der sicherste und beste Führer. Hierauf also muß man alle Sorgfalt verwenden. Tausendmal wiederholte Warnungen und Regeln helfen gewiß nichts, solange sie nicht durch Übung zur anderen Natur geworden sind.

§ 11. Bei Erwähnung der Töchter fällt mir etwas ein, was man nie aus der Acht lassen sollte: nämlich, daß man die Kleider der Knaben nie zu enge machen lasse, besonders um die Brust herum. Man lasse der Natur Freiheit, den Leib zu bilden, wie sie es für gut findet. Sie wirkt allein gelassen besser, als nach unserer Anweisung. Sollte oft die Bildung der Kinder im Mutterleibe den Müttern selbst überlassen sein, so würden gewiß so wenig vollkommene Kinder geboren werden, als wir wenige wohlgestaltete unter denen finden, die enge eingeschnürt worden sind, oder an denen man viel gekünstelt hat. Diese Betrachtung, dünkt mich, sollte die geschäftigen Leute (ich möchte nicht gern sagen, die unwissenden Ammen und Schnürbrustmacher) abhalten, sich nicht in Dinge zu mischen, die sie nicht verstehen. Sie sollten es sich zur Gewissenssache machen, die Natur bei Bildung des Leibes nicht zu stören, da sie den inneren Bau des geringsten und kleinsten Teiles nicht kennen. Ich weiß viele Beispiele von Kindern, bei denen das enge Schnüren und Einpressen die nachteiligsten Folgen hatte, und ich konnte nicht umhin, daraus den Schluß zu ziehen, daß es außer den Affen auch noch andere Geschöpfe gibt, die nicht viel klüger sind und ihre Jungen durch unvernünftige Zärtlichkeit und zu häufige Liebkosungen ersticken.

§ 12. Die gewöhnlichsten und alltäglichen Folgen der Schnürleiber und engen Kleider sind: Engbrüstigkeit, kurzer und übelriechender Atem, verdorbene Lungen und Rückgratsverkrümmung. Das Mittel also, dessen man sich bedient, den Wuchs fein und schlank zu machen, dient nur dazu, ihn zu verderben. Notwendig muß auch das Ebenmaß der Glieder zerstört werden, wenn die Nahrung, welche in den verschiedenen Gefäßen des Körpers zubereitet wird, nicht der Bestimmung der Natur gemäß verteilt werden kann. Die Nahrung dringt in Teile, die weniger gepreßt sind. Man darf sich daher nicht wundern, wenn oft eine Schulter oder eine Hüfte höher wird als die andere. Es ist bekannt, daß die Chinesinnen, die, ich weiß nicht warum, kleine Füße für schön halten, solche dadurch bekommen, daß sie sie von Kindheit an fest zusammenschnüren. Ich sah vor einiger Zeit ein Paar solche chinesische Schuhe, die von einer erwachsenen Frau sein sollten. Sie waren viel zu klein für eine Frau bei uns, kaum würden sie einem kleinen Mädchen groß genug gewesen sein. Man hat überdies beobachtet, daß ihre Weiber sehr klein sind und selten lange leben; dahingegen die Männer die gewöhnliche Größe anderer Menschen und ein verhältnismäßiges Alter erreichen. Einige suchen die Ursache hiervon in dem unvernünftigen Binden ihrer Füße, wodurch der freie Umlauf des Blutes und folglich das Wachstum und die Gesundheit des ganzen Körpers gehindert wird. Man sieht ja sehr oft, wenn nur ein kleiner Teil des Fußes durch eine Verrenkung oder einen Schlag leidet, daß das ganze Bein alsdann seine Kraft verliert und schwindet. Weit größeren Nachteil muß man daher befürchten, wenn die Brusthöhle, wo das Herz, die Quelle des Lebens seinen Sitz hat, unnatürlich zusammengepreßt und an seiner Ausdehnung gehindert wird.

§ 13. Die Diät der Kinder sollte so einfach als möglich sein. Nach meiner Meinung dürfte man ihnen so lange kein Fleisch geben, als sie noch in dem Kinderkleidchen gehen, wenigstens nicht vor dem zweiten oder dritten Jahre. Ihre Gesundheit würde sich ohne Zweifel besser dabei befinden. Allein so heilsam dieser Rat auch für die gegenwärtige und künftige Gesundheit der Kinder sein mag, so zweifle ich doch sehr, daß Eltern ihn befolgen werden, weil sie selbst in diesem Stücke verwöhnt sind. Sie würden glauben, die kleinen müßten ganz verkommen, wenn sie nicht den Tag über zweimal Fleisch essen sollten. Indessen bin ich überzeugt, die Kinder würden mit weniger Gefahr Zähne bekommen, von Krankheiten freier sein und einen besseren Grund zu einer starken Leibesbeschaffenheit legen, wenn allzuzärtliche Mütter und törichte Mägde den Magen der Kinder nicht mit Speisen überfüllten, oder ihnen die ersten drei oder vier Jahre gar kein Fleisch gäben. Muß aber der junge Herr unumgänglich Fleisch bekommen, so lasse man es doch wenigstens nur mit einem Male des Tages und mit einer Sorte bei jeder Mahlzeit bewenden. Bloßes Rindfleisch, Schöpsenfleisch, Kalbfleisch und so weiter, ohne eine andere Würze als der Hunger ist das beste. Übrigens sollte man sie an vieles Brot gewöhnen, sowohl allein, als sonst bei jeder anderen Speise. Dabei müssen sie alles gehörig kauen. Wir Engländer sind hierinnen oft nachlässig, woraus Unverdaulichkeit und andere Übel entstehen.

§ 14. Zum Frühstück und Abendessen sind Milch, Milchbrei, Hafergrütze, Haferschleim und viele andere in England gewöhnliche Speisen sehr dienlich. Nur muß man immer darauf sehen, daß sie so einfach als möglich zubereitet werden. Den Zucker sollte man nur sehr sparsam, Gewürze aber und andere erhitzende Sachen gar nicht gebrauchen. Man salze nie zu viel, noch gewöhne man Kinder an pikante, scharfschmeckende Speisen. Unser Gaumen gewöhnt sich nur allzuleicht an einen scharfen Geschmack; der unmäßige Gebrauch des

Salzes aber erregt zu heftigen Durst, reizt zum übermäßigen Trinken und hat andere nachteilige Folgen. Ein Stück gut ausgebackenes Brot, mit etwas Butter oder Käse oder auch ganz trocken, würde oft das beste Frühstück für den jungen Herrn sein. Das wird ihm wohl bekommen, ihm mehr Kraft und Stärke geben als die ausgesuchtesten Leckereien und ihm auch ebensogut schmecken, wenn er nur daran gewöhnt ist. Verlangt das Kind außer der Mahlzeit zu essen, so gebe man ihm trockenes Brot. Ist es mehr hungrig als lüstern, so wird es das Brot gerne essen, ist es aber nicht hungrig, so braucht es auch nicht zu essen. Dieses wird doppelten Vorteil gewähren. Die Kinder gewöhnen sich, daß sie gerne Brot essen; denn, wie ich schon erinnert habe, unser Gaumen und Magen findet Vergnügen an allen Speisen, an die er gewöhnt worden ist. Der zweite Vorteil ist, daß Kinder nicht zu viel und nicht öfter essen, als die Natur es verlangt. Ich behaupte nicht, daß alle Menschen gleich viel essen sollen. Einige haben von Natur eine stärkere, andere eine schwächere Eßlust; allein ich bin überzeugt, manche Menschen macht die Gewohnheit bloß zu Fressern und Schwelgern, ohne daß die Natur daran schuld ist. In vielen Ländern essen die Menschen des Tages nur zweimal und sind dabei ebenso munter und stark als andere, die es durch Gewohnheit endlich so weit bringen, daß ihr Magen gleich einem Wecker an der Uhr des Tages vier- bis fünfmal Nahrung fordert. Die Römer fasteten ordentlicherweise bis auf den Abend. Dieses war die einzige festgesetzte Mahlzeit auch bei denen, die des Tages mehrmals aßen. Zum Frühstück, welches einige um acht, andere um zehn Uhr, andere zu Mittag und noch später verzehrten, aß man nie Fleisch, noch sonst etwas Gekochtes. Augustus, der größte Monarch auf der Erde, verzehrte, wie er uns selbst sagt, Nach Suetonius, „Leben des Augustus", Kap. 76.ein Stück Brot in seinem Wagen. Seneca beschreibt in einem seiner Briefe die Art zu leben, die er noch als Greis beobachtete, da sein hohes Alter Nachsicht zu fordern schien. Epistel LXXXIII"Ich pflege", sagt er, „ein Stück trockenes Brot zu Mittag zu essen, ohne dabei weiter Umstände zu machen." Seinem Vermögen nach hätte er sich wahrlich eine doppelt so kostbare Tafel halten können, als irgendein Reicher in England, wenn er es sonst seiner Gesundheit für zuträglich gehalten hätte. Bei dieser mageren Diät wurden die Beherrscher der Welt großgezogen, und den jungen Herren im alten Rom ging darum nicht das mindeste weder an Geistes- noch an Leibeskräften ab, ob sie gleich nur einmal des Tages ordentlich aßen. Fügte es sich, daß einer das Abendessen nicht erwarten konnte, denn dieses war, wie ich schon gesagt habe, die einzige ordentliche Mahlzeit, so genoß er weiter nichts als ein Stück trocken Brot und höchstens einige Rosinen oder sonst eine

Kleinigkeit dazu. Die Römer hielten diese Mäßigkeit für ihre Gesundheit und zur Betreibung ihrer Geschäfte für so unentbehrlich, daß sogar der überhandnehmende Luxus und die Reichtümer des Orients die Gewohnheit, nur einmal des Tages zu essen, nicht abbringen konnten. Diejenigen, welche die alte Mäßigkeit verließen, gaben doch ihre Feste nicht früher als den Abend. Mehr als eine Mahlzeit des Tages war in Rom so etwas Unerhörtes, daß es noch zu Cäsars Zeiten für eine Schande gerechnet ward, vor Sonnenuntergang ein Gastgebot anzufangen und Tafel zu halten. Ich würde daher auch, falls man mich nicht für zu streng halten wollte, den Rat erteilen, dem jungen Herrn bloß Brot zum Frühstück zu geben. Die Macht der Gewohnheit ist stärker als man denkt. Vielleicht liegt die Ursache von vielen Krankheiten in England darin, daß wir zu viel Fleisch und zu wenig Brot essen.

§ 15. Was die Zeit des Essens betrifft, so sollte man nie eine gewisse Stunde festsetzen, wenn es sonst nur angeht. Gewöhnt man Kinder an eine gewisse Zeit, so wird der Magen immer zur bestimmten Stunde Speise erwarten. Übergeht man sodann nur einmal diese Stunde, so verursacht entweder ein Heißhunger Verdruß und üble Laune, oder der Magen erschlafft, und der Appetit verliert sich ganz. Es würde daher gut sein, wenn Kinder ihr Frühstück, ihr Mittagsmahl und Abendbrot nicht immer zu einer und derselben Zeit bekämen, sondern fast alle Tage damit abgewechselt würde. Hungern sie außer der Mahlzeit, so gebe man ihnen trocken Brot. Vielen wird dieses hart vorkommen. So viel ist indessen gewiß: ein Kind wird nie verhungern oder aus Mangel der Nahrung abnehmen, wenn es zu Mittag Fleisch und des Abends Suppe oder sonst dergleichen etwas bekommt und dazwischen gutes Brot und Bier hat, so oft es hungert. Auf diesen Fuß glaube ich, sollte man die Diät der Kinder einrichten. Der Morgen ist überhaupt zum Lernen bestimmt, und hierzu ist ein voller Magen gewiß eine sehr schlechte Vorbereitung. Bloßes Brot gibt wenig Reiz und ist dennoch das beste Nahrungsmittel. Wer für den Geist und Körper seiner Kinder Sorge trägt, wer es nicht dumm und ungesund machen will, der wird es gewiß früh den Magen nicht zu sehr anfüllen lassen. Man glaube nicht, daß eine solche Behandlung einem Kinde von gutem Hause und großen Glücksgütern nicht zukomme. Alle Leute von Stande sollten so erzogen werden, daß sie dereinst die Waffen tragen und Soldaten werden könnten. Wer sein Kind bloß zum ruhigen Genuß reicher Einkünfte erzieht, der dachte gewiß nie an die Beispiele, die ihm vor Augen schwebten, noch an die Zeiten, worin wir jetzt leben.

§ 16. Mein Rat wäre, daß man Kinder nur dünnes Bier trinken ließe; zwischen den Mahlzeiten aber dürften sie nicht trinken, bis sie ein Stückchen Brot gegessen hätten. Meine Gründe sind folgende:

§ 17. Erstlich entstehen die meisten Fieber und Magenkrankheiten davon, daß man auf die Hitze trinkt. Ist also das Kind vom Spiel erhitzt und durstig, so muß es, ehe es trinken darf, Brot essen. Dieses wird ihm alsdann schwer eingehen; darf es aber dennoch unter keiner anderen Bedingung trinken, so wird es sich endlich daran gewöhnen, auf die Hitze nicht zu trinken. Denn wenn es sehr erhitzt ist, darf es schlechterdings nicht trinken. Während dessen es aber ein Stückchen Brot verzehrt, gewinnt man Zeit das Bier lauwarm zu machen, und dieses kann es ohne Gefahr trinken. Ist es sehr durstig, so wird es auch das warme Bier trinken und den Durst dadurch löschen; will es aber nicht warm trinken, so wird ihm die Enthaltung nichts schaden. Überdies wird das Kind Enthaltsamkeit dadurch lernen; eine Tugend, welche der Gesundheit des Leibes und der Seele äußerst zuträglich ist.

§ 18. Wenn man Kindern zweitens nicht erlaubt zu trinken, ohne etwas gegessen zu haben, so wird die Gewohnheit des vielen Trinkens nicht so leicht einreißen, eine gefährliche Gewohnheit, welche bis zur Ausschweifung führt. Menschen essen und trinken oft nur aus Gewohnheit. Man kann den Versuch machen, wenn man will. Man kann ein Kind, welchem das Nachttrinken abgewöhnt worden ist, durch Gewohnheit wieder dahin bringen, daß es ohne dasselbe nicht schlafen kann. Ammen bedienen sich gemeiniglich dieses Mittels, um die Kinder stille zu machen, wenn sie schreien. Mütter haben daher insgemein viel Mühe, sie vom Nachttrinken zu entwöhnen, wenn sie sie wieder zu sich nehmen. Allein diese Gewohnheit gilt vom Tage sowohl als von der Nacht. Man kann ein Kind leicht dahin bringen, daß es alle Stunden durstig ist.

Ich wohnte einst in einem Hause, wo man einem unruhigen Kinde so oft zu trinken gab, als es schrie, so daß es alle Augenblicke trank. Ob es gleich noch nicht sprechen konnte, so trank es doch in vierundzwanzig Stunden mehr als ich. Wer es versuchen will, wird finden, daß man sich sowohl im starken wie schwachen Bier zum Trunk gewöhnen könne. Die Hauptsache bei der Erziehung des Menschen beruht auf den Fertigkeiten, die man ihm beibringt. Man hüte sich also irgend etwas zur Gewohnheit werden zu lassen, wenn man nicht will, daß selbige das ganze Leben hindurch fortgesetzt und stärker werden soll. Es dient zur Gesundheit und Nüchternheit nicht mehr zu trinken, als der natürliche Durst erfordert. Wer nicht scharf gesalzen ißt, noch starke Getränke trinkt, wird selten zwischen der Mahlzeit dursten, wofern er nicht zu unzeitigem Trinken verwöhnt ist.

§ 19. Vor allen Dingen trage man Sorge, daß ein Kind selten oder lieber gar niemals Wein und starkes Getränk zu kosten bekomme. In England aber ist dieser Fehler sehr gemein, und doch ist nichts schädlicher. Kinder sollten eigentlich nie starkes Getränk bekommen, außer auf Verordnung des Arztes, wenn es zu ihrer Stärkung nötig is. In dieser Rücksicht muß man auf die Bedienten ein wachsames Auge haben und es ernstlich ahnden, wenn sie dawider handeln. Diese Leute setzen den größten Teil ihrer Glückseligkeit in starkes Getränk und glauben sich den Kindern des Hauses nicht besser gefällig machen zu können, als wenn sie ihnen das geben, was ihnen selbst das Liebste ist; da sie nun selbst bei solchen Getränken sich so wohl befinden, so meinen sie, sie werden den Kindern auch nichts schaden. Man muß es daher mit der größten Sorgfalt zu hindern suchen, denn nichts ist von gefährlicheren Folgen für Körper und Geist, als wenn sich Kinder an starkes Getränk gewöhnen, besonders wenn sie mit Bedienten heimlich trinken.

§ 20. Früchte sind ein wichtiger Punkt für die Gesundheit. Sie waren es, warum die ersten Menschen das Paradies verlassen mußten. Man darf sich daher auch nicht wundern, wenn Kinder dieser Versuchung nicht so leicht widerstehen können, sollte es auch ihre Gesundheit kosten. Es läßt sich indessen keine allgemeine Regel für das Essen der Früchte festsetzen. Ich bin nicht der Meinung, daß man sie den Kindern ganz verbieten müsse. Ein so strenges Verbot würde nur den Reiz vermehren und sie verleiten alles zu essen, was sie nur bekommen könnten, es möchte gut oder schlecht, reif oder unreif sein. Melonen, Pfirsiche, einige Arten von Pflaumen und alle Sorten von Wein, der in England wächst, sollte man Kindern nicht geben. Sie haben einen reizenden Geschmack, ihr Saft aber ist sehr ungesund. Wäre es möglich, so müßte man Kinder nichts davon sehen lassen. Erdbeeren, Kirschen, Johannisbeeren, wenn sie reif sind, können sie sicher und in Menge essen, nur muß man folgende Vorsicht dabei gebrauchen: Erstlich sollte es nicht nach der Mahlzeit geschehen, wenn der Magen schon voll Nahrung ist. Lieber esse man sie vor oder während des Tisches oder auch zum Frühstück. Sie müssen zweitens reif sein und mit Brot genossen werden. Die Früchte des Sommers haben Beziehung auf die Jahreszeit, sie erfrischen den Magen, den die Hitze erschlafft und schwächt. Hierin würde ich also weniger strenge gegen Kinder sein. Denn wenn man ihnen eine mäßige Quantität wohl ausgesuchter Früchte gibt, so werden sie sich leicht damit befriedigen; will man sie ihnen aber ganz entziehen, so werden sie mit desto größerer Gier über alle ungesunde Früchte herfallen, die sie nur erlangen können, sie mögen nun gelegentlich dazu kommen oder sie von Bedienten und Mägden erbitten. Reife Äpfel und Birnen, die einige Zeit gelegen haben, kann man, denke ich, zu jeder Zeit und in ziemlicher Menge ohne Gefahr essen, besonders Äpfel, denn diese haben, soviel ich weiß, nach dem Monat Oktober noch niemand etwas geschadet. Getrocknetes Obst ohne Zucker ist auch, wo ich nicht irre, sehr gesund, aber von allen Arten von Konfitüren und Eingemachtem, sollte man sie enthalten. Diese Leckereien, wovon es schwer zu sagen sein dürfte, wem sie mehr schaden, ob dem, der sie verfertigt, oder dem, der sie genießt, wollen wir den Damen allein überlassen. Es ist dies, wie ich glaube, eine von den unnützesten Ausgaben, welche die Eitelkeit je ersonnen hat.

§ 21. Unter allem, was weichlich und weibisch zu sein scheint, ist nichts, was bei Kindern mehr Nachsicht verdient als der Schlaf. In diesem Stück kann man ihnen so viel erlauben, als sie selbst wollen; denn nichts befördert die Gesundheit und das Wachstum der Kinder mehr als der Schlaf. Alles, was der Erzieher in dieser Hinsicht anzuordnen hat, ist die Bestimmung der Tageszeit, welche dazu angewendet werden soll. Doch dies ist leicht entschieden, wenn man bedenkt, daß es sehr nützlich ist, sich an frühes Aufstehen zu gewöhnen. Für die Gesundheit kann nichts zuträglicher sein, und wer von Kindheit an dazu angehalten worden ist, wird gewiß nicht den besten und nützlichsten Teil seines Lebens im Schlummer und in den Federn hinbringen. Sollten aber Kinder früh aufstehen, so muß man sie gewöhnen auch zeitig schlafen zu gehen. Hierdurch werden sie in der Folge auch von vielen nächtlichen Ausschweifungen abgehalten werden; denn wer früh zu Bett zu gehen gewohnt ist, wird sich selten dergleichen Unordnungen schuldig machen. Ich will jedoch hiermit nicht sagen, daß ein erwachsener junger Mensch, niemals nach acht Uhr in Gesellschaft gefunden werden oder nicht bisweilen unter Freunden bei einem Glas Wein bis Mitternacht vergnügt sein sollte. Man muß ihm indes schon von den zartesten Jahren an eine Abneigung gegen solche Unordnungen einzuflößen suchen, und man hat schon viel gewonnen, wenn er gewöhnt ist früh schlafen zu gehen, und ihm daher das späte Aufsitzen beschwerlich fällt. Wie manche Ausschweifungen werden dadurch vermieden werden! Sollte dies aber auch nicht immer der Erfolg sein, sollten die Mode und Gesellschaft ihn etwa nach dem zwanzigsten Jahre dahin bringen, zu leben wie andere, so ist es doch immer sehr nützlich, bis zu jenem Alter ihn zum frühen Aufstehen und zeitigen Schlafengehen anzuhalten;

weil es nicht nur zur Gesundheit dient, sondern auch noch viele andere Vorteile mit sich bringt.

Wenn ich behaupte, man müsse Kindern, so lange sie klein sind, in Ansehung des Schlafes volle Freiheit lassen, so ist doch meine Meinung nicht, daß man selbige nie einschränken solle, auch wenn sie größer werden. Es ist indessen nicht möglich ganz genau zu bestimmen, wenn man anfangen müsse, ihnen den Schlaf abzubrechen. Man muß hier auf die besondere Beschaffenheit des Temperaments, der Kräfte und Gesundheit Rücksicht nehmen, und ich glaube, daß es zwischen dem siebenten und vierzehnten Jahr Zeit sei, die Zeit des Schlafes nach und nach auf acht Stunden einzuschränken, welches für Erwachsene hinlänglich ist. Hat man den Knaben einmal an frühes Aufstehen gewöhnt, so wird der Fehler des allzulangen Schlafens leicht zu verbessern sein. Die meisten Kinder sind von selbst geneigt, diese Zeit abzukürzen, wenn man ihnen erlaubt, des Abends lange in Gesellschaft zu bleiben. Man muß aber durchaus nicht gestatten, daß sie den versäumten Schlaf des Morgens wieder nachholen, welches sie sonst, wenn man nicht acht auf sie hätte, nicht unterlassen würden.

Sie müssen daher beständig zur gewöhnlichen Stunde geweckt werden und ausstehen, aber nie muß man sie allzu schnell durch eine starke Stimme oder sonst durch ein starkes Geräusch aufwecken. Der dadurch verursachte Schrecken kann ihrer Gesundheit schaden. Und wer sollte nicht erschrecken, wenn er durch einen plötzlichen Lärm aus einem tiefen Schlaf gerissen wird? Will man das Kind wecken, so rufe und bewege man es anfänglich ganz gemach, bis es sich nach und nach ermuntert; solange es aber noch nicht völlig wach und zu sich selbst gekommen ist, behandle man es sanft und mit freundlichen Worten. Denn es ist an sich schon eine unangenehme Sache, im Schlaf gestört zu werden, es mag auch noch so sanft geschehen. Man muß also das Unangenehme nicht noch vermehren, vornehmlich aber Kinder nicht dabei erschrecken.

§ 22. Das Bett eines Kindes muß hart und lieber eine Matratze als ein Federbette sein. Ein hartes Lager stärkt die Glieder, dahingegen ein weiches, wo man alle Nächte gleichsam in den Federn begraben liegt, den ganzen Körper verzärtelt, oft Kränklichkeit verursacht und den Menschen vorzeitig ins Grab bringt. Die Steinschmerzen rühren oft davon her, daß man die Nieren zu warm einhüllt; außerdem aber ziehen die Federbetten noch viele andere Übel nach sich, indem sie den Grund dazu legen, der in einer schwächlichen

Leibesbeschaffenheit besteht. Wer gewohnt ist, zu Hause hart zu liegen, der wird auch auf Reisen, wo er oft kein Bett bekommen kann und wo ihm doch die Ruhe am nötigsten ist, sehr wohl schlafen. Es würde also gut sein, wenn man oft das Bett der Kinder änderte. Bald müßte der Kopf hoch, bald tief liegen, damit sie sich nicht über jede kleine Veränderung beklagen, der sie sich doch aussetzen müssen, wenn sie nicht bestimmt sind ihr Lebenlang in dem Hause ihrer Eltern zu schlafen und beständig eine Wärterin bei sich zu haben, die alles nach der größten Bequemlichkeit anordnet. Der Schlaf ist die beste Erquickung der Natur; wer ihn verliert, wird es gewiß empfinden, und der ist in der Tat zu bedauern, der diesen Nektar nur aus der goldenen Schale seiner Mutter und nicht aus jedem hölzernen Becher nehmen kann. Wer fest schläft, genießt diese Wohltat, und es ist alsdann einerlei, ob er auf einem Bette von Eiderdaunen oder auf einem Brette ruht; denn er bedarf nichts als Schlaf.

§ 23. Eine andere Sache, die den größten Einfluß auf die Gesundheit hat, ist, daß man regelmäßig zu Stuhle geht. Leute, die zu dünnleibig sind, sind selten stark vom Geist und Körper. Da aber diesem Übel weit leichter durch gute Diät und Arznei abzuhelfen ist als dem entgegengesetzten, so habe ich nicht nötig mich dabei aufzuhalten. Wird der Durchlauf stark und anhaltend, so ist es immer noch Zeit genug, ja bisweilen wohl noch zu früh, einen Arzt darüber zu Rate zu ziehen; ist er aber nur mäßig und dauert nicht lange, so tut man am besten, wenn man die Natur sich selbst überläßt. Auf der anderen Seite hat die Verstopfung auch ihre schlimmen Folgen, und es ist in solchem Falle dringender, sich nach einem Arzte umzusehen. Abführende Mittel scheinen zwar Erleichterung zu verschaffen, machen aber das Übel noch schlimmer, anstatt es zu heben.

§ 24. Da ich einst auf eine besondere Veranlassung den Ursachen dieser Krankheit nachforschen mußte und in den darüber nachgeschlagenen Büchern nichts von der Heilart derselben fand, so fing ich selbst an darüber nachzudenken, in der Überzeugung, daß wir noch weit größere Veränderungen in unserm Körper bewirken können als diese, wenn wir nur den rechten Weg einschlagen und allmählich zu Werke gehen.

Ich bemerkte also, erstens daß der Stuhlgang die Wirkung gewisser Bewegungen des Leibes, besonders der wurmförmigen oder peristaltischen Bewegung der Eingeweide sei.

Zweitens, daß gewisse Bewegungen, die nicht ganz von unserem Willen abzuhängen scheinen, doch endlich durch anhaltende Versuche und Übung willkürlich werden können; wenn man sich unausgesetzt bemüht, sie ordentlich und zu festgesetzten Zeiten hervorzubringen.

Da ich drittens einige Personen kannte, die, wenn sie nach dem Abendessen eine Pfeife Tabak rauchten, nie unterließen zu Stuhle zu gehen, so geriet ich auf den Gedanken, diese Wohltat der Natur möchte vielleicht mehr von der Gewohnheit als vom Gebrauch des Tabaks herrühren; oder, wenn der Tabak auch wirklich die Ursache wäre, so geschähe es vielleicht mehr aus dem Grunde, weil er eine starke Bewegung der Eingeweide verursacht, als durch seine abführende Kraft, da sonst die Wirkung ganz anders ausfallen müßte.

Ich hielt also dafür, daß man es hierin zu einer völligen Gewohnheit bringen könne und dachte nur auf ein Mittel, am sichersten zu diesem Zweck zu gelangen.

Ich schloß alsdann, daß, wenn man allzeit des Morgens, nachdem man etwas zu sich genommen, den Versuch zu einem Stuhlgang machte, dieser vielleicht durch anhaltendes Bemühen zur Gewohnheit werden könne.

§ 25. Die Gründe, warum ich eben diese Zeit wählte, waren folgende: Der Magen ist zu dieser Zeit leer; erhält er nun etwas Angenehmes (und ich wollte, daß man, außer im Fall der Not, immer äße, was uns schmeckt, und wenn man Appetit hat) so ist er besser imstande, das, was er empfängt, durch starkes Zusammenziehen seiner Fibern zu zerreiben. Dieses Zusammenziehen wird sich, wie ich vermute, bis in die Gedärme erstrecken, und so die peristaltische Bewegung derselben vermehren; wie man dies auch bei dem traurigen Übel, dem Miserere bemerkt, wo eine umgekehrte Bewegung, die irgendwo im Unterleibe anfängt, sich die ganze Länge herauf erstreckt und sogar den Magen nötigt, dieser unordentlichen Bewegung zu folgen. Diese Zeit ist zweitens auch deswegen bequem, weil man während des Essens sich gemeiniglich aller Sorgen entschlägt und die Lebensgeister alsdann von allen andern Verrichtungen befreit, sich mit desto stärkerer Kraft in den Unterleib verteilen. Alles dieses trägt dazu bei, die gewünschte Wirkung hervorzubringen.

Endlich wird man zu der Zeit, da man Muße hat etwas zu genießen, sich auch leicht zu dieser Verrichtung Muße nehmen können. Ich sehe sonst nicht ab, wie man bei den mannigfaltigen Geschäften und Vorfällen des menschlichen Lebens in diesem Stücke eine gewisse Stunde halten könne, welches doch, wie gesagt, unumgänglich nötig ist. Da aber jeder Mensch des Tages wenigstens einmal ißt, so wird, falls dieses auch nicht immer zu derselben Tagesstunde geschehen sollte, die Leibesöffnung doch deshalb nicht in Unordnung geraten.

§26. Durch diese Gründe bewogen, sing ich an, Versuche anzustellen, und habe niemand gesehen, der durch dieses Mittel, wenn er es genau beobachtete, seinen Leib in wenig Monaten nicht zur regelmäßigen Öffnung gewöhnt hätte. Nur muß man die vorgeschlagene Methode unausgesetzt befolgen und täglich zu der Zeit, wovon geredet worden ist, einen Versuch machen, man mag nun Drang dazu fühlen oder nicht, und die Natur wird unvermerkt zum Gehorsam gebracht werden.

§ 27. Mein Rat wäre also, daß man Kinder täglich gleich nach dem Frühstück dazu gewöhnte. Man bringe sie alsdann allezeit auf den Stuhl, als ob diese Entledigung ebensowohl in ihrer Macht stünde als das Essen, und weder die Wärterin noch das Kind selbst muß es anders wissen, als daß es so sei. Hält man es noch überdies so lange vom Spiel ab oder läßt es nicht eher wieder essen, als bis wirklich die Ausleerung erfolgt ist, oder bis es wenigstens sein möglichstes getan hat, so wird es gewiß in kurzer Zeit dem Kinde zur Gewohnheit werden. Kinder sind gemeiniglich auf ihre kleinen Spiele so erpicht, daß sie alles andere darüber vergessen. Man kann also wohl glauben, daß sie oft auf diese Forderung der Natur nicht achten; und weil sie den gelinden natürlichen Reiz vorübergehen lassen, unvermerkt hartleibig werden. Daß aber dieses Übel durch die vorgeschlagene Methode verhütet werden könne, ist nicht bloße Vermutung; es ist Gewißheit. Ein Kind, welches vor einiger Zeit nach derselben behandelt wurde, kam bald dahin, daß es regelmäßig alle Morgen nach dem Frühstück zu Stuhle ging.

§ 28. Ob Erwachsene diesen Versuch machen wollen, muß man ihnen selbst überlassen. Indessen kann ich nicht umhin zu bemerken, daß, so wie sehr viele schlimme Folgen daraus entstehen, wenn die Natur sich nicht gehörig erleichtert, im Gegenteil nichts vorteilhafter ist als Regelmäßigkeit in diesem Stück. In vierundzwanzig Stunden einmal zu Stuhle zu gehen, ist, wo ich nicht irre, genug. Durch das vorgeschlagene Mittel kann es ohne Arznei erhalten werden, während eine eingewurzelte und zur Gewohnheit gewordene Hartleibigkeit sehr schwer zu heilen ist.

§ 29. Dies ist alles, was ich von der Sorge für die Gesundheit der Kinder zu sagen hatte. Vielleicht erwartet man medizinische Anweisungen, um

Krankheiten vorzubeugen. Alles aber, was ich über diesen Punkt zu sagen habe, ist in einer einzigen Regel enthalten, die ich heilig zu beobachten bitte: *Man gebe nie einem Kinde Arzeneien aus Fürsorge oder um einer Krankheit vorzubeugen.* Die Ausübung der wenigen Grundsätze, die ich empfohlen habe, wird, wo ich nicht irre, mehr tun als alle Kunst der Apotheker; besonders aber verdient die letztere Regel alle Aufmerksamkeit. Einer Krankheit durch Arzenei zuvorkommen zu wollen, ist nicht selten das sicherste Mittel, sie herbeizuziehen. Auch bei kleinen Unpäßlichkeiten hat man nicht nötig, sogleich etwas einzugeben oder den Arzt zu rufen, und dann am wenigsten, wenn es ein umständlicher Mann ist, welcher sogleich die Fenster mit Tropfengläsern und den Magen der Kinder mit Arzeneien anfüllt. In diesem Fall ist es besser, selbige der Natur zu überlassen, als sie den Händen eines Charlatans zu überliefern, der nicht wissen will, daß eine gute Diät für kleine Übel die beste Kur ist. Erfahrung und Vernunft bestätigen es, daß es der zarten Beschaffenheit der Kinder am angemessensten sei, ihnen so wenig Arzenei zu geben als möglich, und nur dann, wenn es unumgänglich nötig ist. Abgezogenes Wasser von rotem Mohnsamen kalt getrunken, ist nebst Ruhe und Enthaltung vom Fleischessen ein gutes Mittel wieder die Überfüllung und oft hinreichend, manche Unpäßlichkeiten, die bei einer zu skrupulösen Behandlung zu schweren Krankheiten anwachsen würden, gleich im Anfang zu heben. Sollten indes solche gelinde Mittel nicht anschlagen und das Übel in eine förmliche Krankheit übergehen, so ist es Zeit, einen verständigen Arzt zu Rate zu ziehen. In diesem Stücke hoffe ich leicht Glauben zu finden. Warum sollte man auch einem Manne nicht trauen, der, nachdem er einen Teil seines Lebens auf die Arzeneikunde verwendet hat, selbst den Rat erteilt, im Gebrauch der Arzeneien und der Ärzte sich nicht zu übereilen?

§ 30. Ich wäre also nun fertig mit dem, was die Sorge für die körperliche Gesundheit der Kinder betrifft. Sie schränkt sich, wie man sieht, auf wenige leicht zu beobachtende Regeln ein, nämlich: *Voller Genuß der freien Luft, hinlängliche Leibesübung und Schlaf, einfache Nahrungsmittel, keinen Wein noch starkes Getränk, sehr wenig oder gar keine Arzenei, nicht zu warme und enge Kleider, vornehmlich Kopf und Füße kalt halten und die Füße oft mit kaltem Wasser waschen und der Nässe aussetzen.*

Zweiter Abschnitt.

Von der Bildung des Geistes.

§ 31. Wenn man nun diese Grundsätze, den Körper lebhaft und stark zu machen, genau befolgt, und ihn dadurch fähig macht, der Seele zu gehorchen, so ist das Wichtigste, was noch zu tun übrigbleibt, der Seele eine solche Bildung zu geben, daß sie bei allen Vorfällen und unter allen Umständen des Lebens, geschickt sei, in nichts zu willigen, was der Würde und der Vortrefflichkeit eines vernünftigen Wesens nicht angemessen ist.

§ 32. Wenn es wahr ist, was ich im Anfang dieser Abhandlung § 1geäußert habe, daß nämlich die Verschiedenheit der Sitten und Geschicklichkeit der Menschen mehr von der verschiedenen Erziehung, die sie erhalten haben, als von einer anderen Ursache herrührt, so muß man notwendig eingestehen, daß die Bildung des Geistes bei Kindern die größte Sorgfalt erfordere, um ihm frühzeitig diejenige Form und Richtung zu geben, die er das ganze Leben hindurch behalten soll. Alles Gute oder Böse, was sie in der Folge tun, wird man ihrer Erziehung zuschreiben, darauf das Lob oder den Tadel ihrer Handlungen gründen und jeden begangenen Fehler für eine Folge dieser Erziehung ansehen.

§ 33. So wie die Stärke des Körpers hauptsächlich darin besteht, daß er alle Arten von Ungemächlichkeiten aushalten kann, so ist es auch mit dem Geiste. Das Hauptprinzip und die Grundlage jeder Tugend und jedes Verdienstes ist, daß man Stärke genug besitze, seinen eigenen Begierden zu entsagen, seine Leidenschaften zu unterdrücken, und einzig und allein das zu tun, was die Vernunft als das Beste gebietet, wenn die Sinnlichkeit gleich das Gegenteil verlangt.

§ 34. Der größte Fehler, den man insgemein bei Erziehung der Kinder begeht, ist, wie ich bemerkt habe, daß man nicht früh genug damit anfängt, daß man gewöhnlich die Zeit versäumt, da der Geist noch weich und biegsam genug ist, um ihn zur Zucht zu gewöhnen und unter den Gehorsam der Vernunft zu bringen. Mit großer Weisheit hat die Natur den Eltern Liebe für ihre Kinder eingeflößt: aber wenn dieser Trieb nicht durch Vernunft geleitet wird, so artet er leicht in blinde Affenliebe aus. Väter, Mütter, liebet eure Kinder! eure Pflicht fordert euch dazu auf. Oft aber seid ihr nicht zufrieden, sie zu lieben; ihr verliebt euch auch in ihre Fehler. Man soll den kleinen Geschöpfen durchaus keinen Zwang antun, ihnen in allen Stücken ihren Willen lassen, und da sie als Kinder noch keiner großen Laster fähig sind, so glauben Eltern, man könne mit ihren kleinen Unarten immer Nachsicht haben. Sie scherzen sogar über die kleinen Bosheiten derselben, die ihrer Meinung nach ihnen recht artig anstehen. Solche Eltern, welche die ersten Ausbrüche der Bosheit bei ihren Kindern nicht bestrafen, sondern sie vielmehr als Kleinigkeiten entschuldigen, mögen die Antwort beherzigen, die der weise Solon einst bei einer ähnlichen Gelegenheit erteilte. „Freilich“, sagte er, „ist es eine Kleinigkeit, aber die Gewohnheit ist eine Sache von großer Bedeutung.“

§ 35. Man lehrt den kleinen Liebling schlagen und schelten. Er muß alles haben, wonach er schreit; man läßt ihn alles tun, was ihm einfällt. Durch solche übertriebene Nachsicht und Zärtlichkeit verderben die Eltern selbst die natürlichen Anlagen ihrer Kinder im ersten Keim und erstaunen nachher über den bittern Geschmack des Baches, dessen Quelle sie selbst vergifteten. Wachsen nun die Kinder so heran und die bösen Gewohnheiten und Fertigkeiten mit ihnen, können dann die Eltern nicht mehr mit ihnen wie mit Puppen spielen, so fangen sie an, über ihre Ungezogenheiten und Unarten zu klagen. Der Eigensinn und die Widerspenstigkeit, zu der sie selbst den Grund legten, beunruhigt sie, und nun erst, da es schon zu spät ist, wünschen sie das Unkraut ausrotten zu können. Allein sie haben es mich eigener Hand gepflanzt, und es hat nun schon zu tiefe Wurzel geschlagen, als daß es so leicht vertilgt werden könnte. Ist ein Kind in den ersten Jahren gewöhnt worden alles zu tun, was seiner Phantasie einfällt, wie kann es uns befremden, wenn es dieses Recht auch als Knabe zu behaupten strebt. So wie er an Jahren zunimmt, so werden auch seine Fehler immer sichtbarer und auffallender, so daß auch wenig Eltern so blind sind, um sie nicht gewahr zu werden, noch so unempfindlich, um die üblen Wirkungen ihrer Nachsicht zu verkennen. Ehe er sprechen und gehen konnte, mußte sich schon seine Wärterin nach ihm richten, ehe er noch anfing zu lallen, gab er schon seinen Eltern Befehle. Wie soll er nun, da er größer ist, an Größe und Kraft zugenommen hat, wie soll er nun auf einmal in die gehörigen Schranken zurückgebracht und gebeugt werden. Wie ist es zu erwarten, daß er im siebenten, vierzehnten oder gar im zwanzigsten Jahre, diejenigen Freiheiten aufgeben sollte, die ihm bis dahin die Nachsicht seiner Eltern in so reichem Maß verstattete! Man versuche es nur mit Pferden, Hunden und anderen Tieren, und man wird sehen, ob sie die bösen Launen, die sie in der Jugend angenommen, im Alter so leicht verlassen. Und doch ist keins von diesen Tieren so stolz und so geneigt, sein eigener Herr zu sein und über andere zu herrschen als der Mensch.

§ 36. Wir sind gewöhnlich klug genug, die Bezähmung unvernünftiger Tiere sehr früh anzufangen und zu der Zeit, da sie noch sehr jung sind, sie zu den Diensten abzurichten, zu welchen wir sie dereinst brauchen wollen. Nur bei den Wesen, denen wir selbst das Dasein gaben, versäumen wir diesen wichtigen Umstand. Erst verziehen wir unsere Kinder und machen uns dann die törichte Hoffnung, daß gute Menschen aus ihnen werden sollen. Ein Kind verlangt Rosinen oder andere Näschereien, und damit es nicht schreie oder sich erzürne, wird ihm sogleich das Verlangte gegeben. Wenn es nun erwachsen ist und seine Neigungen es zum Wein und zur Wollust reizen, wer kann erwarten, daß es sich dann Gewalt antun werde? Denn diese Gegenstände sind für die Begierden des Erwachsenen eben das, was Spielwerke und Näschereien dem Kinde waren. Nicht darin liegt der Fehler, daß jedes Alter seinen besonderen Geschmack und Vergnügungen hat, sondern darin, daß man seine Neigungen und Begierden den Vorschriften der Vernunft nicht unterwirft. Es ist also nicht die Frage, ob man Leidenschaften haben soll oder nicht; nur darauf kommt es an, daß man sie zu bezähmen wisse und ihren gegenwärtigen Eindrücken widerstehen könne. Wer aber nicht als Kind gewöhnt worden ist, seinen Willen der Vernunft anderer zu unterwerfen, dem wird es alsdann viel Mühe kosten, dem Rat seiner eigenen Gehör zu geben und ihr zu folgen. Es ist nicht schwer, vorherzusehen, was aus einem solchen Kinde werden wird.

§ 37. Dergleichen Versehen werden nicht selten selbst von denen begangen, die die größte Sorgfalt für die Erziehung ihrer Kinder zu tragen scheinen. In der Tat muß man sich wundern, wenn man die gewöhnliche Behandlung der Kleinen beobachtet, daß bei dem großen Verfall der Sitten, doch noch hin und wieder Spuren von Tugend in der Welt anzutreffen sind. Man nenne mir nur ein Laster, das Kindern nicht selbst durch ihre eigenen Eltern und Ammen eingeflößt wird, nur ein Laster, wovon man den Samen nicht in ihre Seele legt, sobald sie nur fähig sind, ihn aufzunehmen? Ich rede hier nicht von den bösen Beispielen, die ihnen vor Augen schweben, sondern das, worauf ich hier aufmerksam machen will, ist, daß man ihnen unmittelbar im Laster Unterricht gibt und sie geradezu von dem Wege der Tugend entfernt. Ehe sie noch gehen können, flößt man ihnen schon Gewalttätigkeit, Rache und Grausamkeit ein.

„Schlag mich, damit ich ihn wieder schlage,“ ist eine Lektion, welche die meisten Kinder täglich hören. Man macht nichts daraus, weil ihre Hände noch nicht Kraft genug haben, Schaden zu tun. Ist dies aber nicht der gerade Weg, ihr Herz zu verderben und ihnen Härte und Grausamkeit einzuflößen?

Man lehrt sie, wenn sie klein sind, stoßen, man treibt sie an, auf andere loszuschlagen, sich über das zugefügte Übel und über fremdes Leiden zu freuen: was werden sie aber alsdann tun, wenn sie stark genug sind, das Gewicht ihres Armes wirklich fühlen zu lassen und im Ernste zu schlagen?

Die Kleider sollen eigentlich nur zur Ehrbarkeit, Wärme und Bedeckung dienen; aber die Torheit der Eltern lehrt sie einen ganz anderen Gebrauch davon machen und sie als einen Gegenstand der Eitelkeit und des Neides betrachten. Man macht das Kind äußerst begierig nach einem neuen Kleide, weil es so schön ist, und wenn dann das Mädchen in dem neuen Röckchen herausgeputzt ist, so nennt man es eine Dame, eine Prinzessin. Was kann eine Mutter weniger tun, um das Kind sich selbst bewundern zu lehren. Auf diese Art aber wird es zur Eitelkeit im Anzuge unterwiesen, ehe es denselben noch selbst anlegen kann. Und warum sollte das Mädchen nicht fortfahren, auf dasjenige stolz zu sein, was sie der Geschicklichkeit ihres Schneiders oder der Putzmacherin zu verdanken hat, da die Eltern selbst es dazu angeführt haben.

Lügen, Ausreden und Entschuldigungen, die von der Lüge nicht viel unterschieden sind, werden jungen Leuten in den Mund gelegt und an Kindern und Lehrlingen wirklich gelobt, wenn sie ihren Eltern oder Vorgesetzten zum Vorteil gereichen. Wenn ein junger Mensch nun sieht, daß es nicht nur erlaubt, sondern auch rühmlich ist, aus Liebe zu seinen Vorgesetzten, von der strengen Wahrheit abzugehen, wie kann man glauben, daß er diese Freiheit sich nicht auch für sich selbst herausnehmen werde, sobald es sein Vorteil erfordert?

Nur der Mangel setzt gemeine Leute außerstand, ihre Kinder zur Unmäßigkeit und zu Ausschweifungen im Essen und Trinken anzuführen. Fügt es sich indessen, daß sie einmal ein bißchen mehr haben als gewöhnlich, so zeigen sie durch ihr eigenes Beispiel, daß es nicht vernünftiger Abscheu, sondern bloß Mangel an Geld und Gelegenheit ist, was sie von Trunkenheit und Schwelgerei zurückhält. Man besuche nur die Häuser der Reicheren, die aus dem Essen und Trinken ihr wichtigstes Geschäft und ihre Glückseligkeit machen. Solche Leute glauben, sich an ihren Kindern zu versündigen, wenn diese nicht alles mit genießen sollten. Man reizt ihre Eßlust durch alle Arten wohlschmeckender Speisen, die die Kunst nur erdacht hat. Wenn der Magen dann zu sehr angefüllt ist, so müssen sie, unter dem Vorwand eine bessere Verdauung zu befördern, noch ein Glas Wein trinken, wenngleich diese dadurch nur noch mehr gehindert wird. Ist der junge Herr etwa nicht recht aufgeräumt und befindet sich nicht wohl, so ist die erste Frage: „Was willst du essen, mein Kind, was soll ich dir geben lassen?“ Vor allen Dingen also wird er zum Essen und Trinken genötigt, und jeder strengt seinen Witz an, etwas Leckerhaftes zu ersinnen, das den Mangel des Appetits ersetze, den die weise Natur gemeiniglich beim Anfang jeder Krankheit herbeiführt, um ihren Fortgang zu hindern. Sie will sich nämlich von der Beschwerde befreien, eine neue Ladung von Speisen zu verdauen, um zur Verbesserung der angehäuften übeln Säfte Zeit zu gewinnen.

Sind aber auch Kinder so glücklich, vernünftige Eltern zu haben, die sie von der Unmäßigkeit entfernen und sie an eine einfache und mäßige Lebensordnung gewöhnen, so ist es im Gegenteil doch schwer, ihre Denkungsart vor Ansteckung zu bewahren. Solange sie noch unter einer vernünftigen Aufsicht stehen, mag ihre Gesundheit vielleicht hinlänglich gesichert sein: aber wie sollen ihre Begierden gegen die Lobeserhebungen standhalten, die von allen Seiten über diesen Teil des Epikuräismus ertönen? Das Vergnügen, mit welchem ein jeder von einer guten Mahlzeit spricht, muß notwendig auf ihre Sinnlichkeit Eindruck machen und sie zu dieser Gattung der Schwelgerei und des Aufwandes verführen. Gut essen heißt bei den meisten Menschen anständig leben, sich was zugute tun; selbst diejenigen, die das Laster tadeln, führen diese Sprache. Was soll nun die schwache Vernunft der allgemeinen Stimme entgegensetzen? Kann sie sich wohl Gehör versprechen, wenn sie das, was so allgemeinen Beifall findet und von den angesehensten Personen ausgeübt wird, für Schwelgerei erklärt?

Dieses Laster hat bereits so überhandgenommen und so viel Verteidiger gefunden, daß man es beinahe schon als eine Tugend betrachtet, und denjenigen, der nur den Mund dagegen öffnet, für einen Toren schilt, der die Welt nicht kennt. Ja ich besorge fast, man möchte das, was ich hier darüber gesagt habe, für nichts weiter als eine satirische Digression halten, wenn ich nicht bloß die Absicht hätte, Eltern zur größeren Sorgfalt und Wachsamkeit in der Erziehung ihrer Kinder zu ermuntern, weil sie von allen Seiten nicht nur mit den Versuchungen ihrer eigenen Sinnlichkeit, sondern auch mit Lehrern des Lasters umgeben sind und oft an Orten, wo man sie am meisten gesichert glaubt.

Doch ich will mich hierbei nicht länger aufhalten, um alle die Mittel genau zu zergliedern, deren man sich bedient, die Kleinen zu verführen und ihnen böse Grundsätze beizubringen. Aber ich bitte die Eltern, reiflich zu überlegen, ob es wohl eine Unordnung, ein Laster gibt, wozu man Kinder nicht selbst sichtlich anführt, und ob es nicht Pflicht, nicht Klugheit ist, sie etwas andres zu lehren.

§ 38. Ich bin völlig überzeugt, daß der Grund aller Tugenden und alles wahren Verdienstes darin besteht, seine eigenen Begierden und Leidenschaften bezwingen zu können, wenn die Vernunft sie nicht billigt. Diese Kraft wird erlangt und gestärkt durch Gewohnheit und durch früh angefangene Übung erleichtert. Soll ich euch also raten, so gewöhnt eure Kinder, schon von der Wiege an, ihre Begierden zu unterdrücken und nicht alles haben zu wollen, wonach sie streben. Das erste, was sie lernen müssen, sei, daß sie nichts, es fei auch was es wolle, darum erlangen, weil sie es begehren, sondern weil man glaubt, daß es ihnen nützlich ist. Wenn man dafür sorgt, daß sie jederzeit das haben, was sie wirklich bedürfen, dagegen aber ihnen niemals gewährt, was sie durch Weinen erzwingen wollen, so werden sie dergleichen Dinge entbehren lernen; sie werden nie durch Toben und Eigensinn gebieten wollen, und weder sich selbst, noch denen, die um sie sind, halb soviel Last verursachen, als geschehen sein würde, wenn man's im Anfang in diesem Stücke versehn hätte. Gibt man ihnen nie nach, sobald sie etwas mit Ungestüm begehren, so werden sie ebensowenig um Dinge, die sie nicht erhalten sollen, weinen, als sie es um den Mond tun.

§ 39. Hiermit will ich nicht sagen, als ob man gar keine Nachsicht mit Kindern haben müßte, oder daß sie sich im Gängelbande schon so vernünftig und altklug betragen sollten wie Ratsherren. Sie müssen als Kinder gelinde behandelt werden, ihre Spiele und ihren Zeitvertreib haben. Meine Meinung ist nur diese: Wenn sie etwas verlangen, was sie nicht haben oder tun sollen, so darf man ihrem Willen eben darum, weil sie noch klein sind, und weil sie es begehren, auf keine Weise nachgeben. Wenn sie nun vollends mit Ungestüm etwas begehren, so muß man ihnen aus eben dieser Ursache um so weniger ihren Willen erfüllen. Ich habe Kinder gesehen, welche bei Tische nie etwas forderten, es mochte auch noch so viel aufgetragen werden; denn sie begnügten sich an dem, was man ihnen gab. Andere hingegen forderten von allem, was sie nur sahen. Man mußte ihnen von jeder Schüssel und zwar zuerst vorlegen. Woher konnte diese Verschiedenheit anders kommen, als daß man jene gewöhnt hatte alles zu erlangen, wonach sie gelüsteten und weinten, diese hingegen es zu entbehren. Je kleiner die Kinder sind, je weniger sollte man ihre unordentlichen Begierden befriedigen; denn je schwächer ihre eigene Vernunft noch ist, desto unumschränkter müssen sie der Leitung und Gewalt derjenigen unterworfen sein, unter deren Aufsicht sie stehen. Hieraus folgt ganz natürlich, daß nur wirklich verständige Menschen um sie sein sollten. Wenn aber nach dem gewöhnlichen Lauf der Welt auch in dieser Hinsicht gerade das Gegenteil geschieht, so kann ich nicht dafür. Ich sage nur, wie es sein sollte; und wenn das wirklich schon ausgeübt würde, so würde ich nicht nötig haben, eine Abhandlung darüber zu schreiben. Indessen werden viele, die über die Sache nachdenken wollen, mir, wie ich nicht zweifle, darin Recht geben, daß, je früher man anfängt, die Kinder auf diesen Fuß zu behandeln, desto leichter wird es in der Folge ihnen selbst und ihren Erziehern. Das muß ein unverletzlicher Grundsatz werden, daß, wenn man ihnen einmal etwas abgeschlagen hat, man fest dabei bleibe und sich durch nichts, weder durch Schreien, noch durch Trotz und Ungestüm bewegen lasse: es sei denn, daß man sie mit Vorsatz zur Ungeduld und zum Ungestüm anführen wollte, und das würde geschehen, wenn man sie noch dafür belohnte.

§ 40. Wer also sein Kind gut erziehen und bilden will, muß in Zeiten damit den Anfang machen. Jeder Vater, der wünscht (und welcher Vater wünscht dieses nicht?) daß ihm sein Sohn auch alsdann gehorchen soll, wenn er kein Kind mehr ist, der setze sein väterliches Ansehen sobald als möglich fest; sobald das Kind nur fähig ist, sich zu unterwerfen und einzusehen, von wem es abhängt. Wünscht ihr Ehrfurcht und Achtung von eurem Sohne, so präget ihm solche in der zartesten Kindheit ein: so wie ersieh aber dem männlichen Alter nähert, so schenkt ihm nach und nach immer mehr Vertrauen. Auf diese Weise wird derselbe als Kind, euch, wie es sich gebührt, Gehorsam leisten, und dann als Mann euer wärmster Freund werden. Väter irren nach meiner Meinung sehr, wenn sie mit ihren Kindern, solange sie klein sind, zu familiär umgehen; sie aber nachher, wenn sie größer werden, desto strenger behandeln und in größerer Entfernung halten. Freiheit und Nachsicht sind bei kleinen Kindern nicht angebracht, der Mangel des eigenen Nachdenkens macht Zucht und Einschränkung unentbehrlich, dahingegen ist es nicht ratsam, mit Erwachsenen streng und gebieterisch umzugehen, da ihre eigene Vernunft sie schon leiten sollte. Außerdem würdet ihr ihnen nur Widerwillen gegen euch einflößen und den geheimen Wunsch veranlassen, daß ihr bald sterben möchtet.

§ 41. Ein jeder, glaube ich, wird es vernünftig finden, daß Kinder, solange sie klein sind, ihre Eltern als ihre unumschränkte Herren betrachten und in dieser Rücksicht die tiefste Ehrfurcht gegen sie hegen; wenn sie aber zu reiferen Jahren gelangen, so müssen sie ihre Eltern als ihre besten und zuverlässigsten Freunde ansehen, und als solche sie lieben und ehren. Um diesen Zweck zu erreichen, gibt es, wo ich nicht irre, keinen anderen Weg, als den ich bisher verzeichnet habe. Wir müssen unsere Kinder, wenn sie erwachsen, mehr als unseresgleichen behandeln, die mit uns einerlei Leidenschaften und Neigungen haben. Wir wollen gern für vernünftige Geschöpfe gehalten werden, die sich selbst bestimmen, ertragen ungern Verweise, Schelte und Tadel von anderen, können es nicht wohl leiden, wenn andere, mit denen wir umgehen, ein zu ernsthaftes Wesen beobachten und sich in zu großer Entfernung halten. Wer als Jüngling und Mann sich so behandelt sieht, wird sich bald nach anderer Gesellschaft umsehen, nach anderen Freunden und nach anderem Umgange, wo er vergnügter und ungezwungener sein kann. Hat man aber die Kinder gleich anfangs gehörig eingeschränkt, so werden sie sich auch in diesem Alter leichter lenken lassen und sich williger unterwerfen, weil sie es nicht besser gewohnt sind. Kommen sie in der Folge zu dem Gebrauch ihrer Vernunft, so kann von dieser Strenge, so wie sie es verdienen, nach und nach immer nachgelassen werden. Die ernste Miene des Vaters wird nach und nach gefälliger und die Entfernung stufenweise geringer. Die Einschränkung, in der sie vormals gehalten wurden, vermehrt sodann ihre Liebe, weil sie nun erkennen, daß der Grund derselben bloß Güte und Sorgfalt war, um sie der Gunst ihrer Eltern und der Wertschätzung aller Menschen würdig zu machen.

§ 42. So viel im allgemeinen von der Autorität, die man über Kinder behaupten muß. In den ersten Jahren muß man sie sich durch Furcht und Scheu verschaffen; im reiferen Alter durch Freundschaft und Liebe zu erhalten suchen. Die Zeit kommt endlich heran, wo der Gebrauch der Rute und die kindliche Behandlung aufhören muß. Wenn nun der Sohn dann nicht aus Liebe gehorsam ist und seine Pflicht erfüllt, wenn der Wert der Tugend und des guten Namens ihn nicht zum Wohlverhalten antreibt, so frage ich, was für andere Mittel bei ihm noch anschlagen werden? Die Besorgnis, dereinst ein geringeres Erbteil zu erhalten, wenn er sich euer Mißfallen zuzieht, kann ihn wohl zum Sklaven eurer Glücksgüter machen, insgeheim aber wird er desto ausgelassener und schlimmer sich aufführen, und am Ende kann auch dieser Zwang, den der Eigennutz ihm auflegt, nicht von langem Bestand sein. Spät oder früh muß doch jeder Mensch einmal sich selbst und seiner eigenen Führung überlassen werden; nur der ist wirklich rechtschaffen, tugendhaft und ehrenwert, dessen Gemüt diese Eigenschaften besitzt. Was also durch Erziehung getan werden kann, um den Menschen gut und tugendhaft zu machen, muß beizeiten geschehen. Hierbei kommt es bloß auf Fertigkeiten an, die sozusagen in den Grundstoff seines Wesens verwebt sein müssen, nicht aber auf eine gleißende Außenseite oder eine heuchlerische Larve, die bloß aus Furcht angelegt wird, um etwa dem Zorn des Vaters auszuweichen, der ihn vielleicht enterben könnte.

Dritter Abschnitt.

Von den Züchtigungen der Kinder.

§ 43. Nach diesen allgemeinen Bemerkungen ist es nun wohl Zeit, die einzelnen Teile der Kinderzucht etwas näher zu zergliedern. Ich habe soviel von der Einschränkung gesagt, in welcher man die Kinder halten soll, daß ich in den Verdacht zu kommen fürchte, als hätte ich auf das zarte Alter und die Schwäche derselben zu wenig Rücksicht genommen. Allein diese Meinung wird bald verschwinden, wenn man nur etwas weiter lesen will; denn ich bin sehr geneigt zu glauben, daß eine zu harte Behandlung bei der Erziehung wenig Gutes, ja im Gegenteil viel Böses stiftet. Kinder, die zu hart gezüchtigt worden sind, werden selten recht gute Menschen. Das, was ich bisher über diesen Punkt gesagt habe, zielt bloß dahin, daß, wofern ja Strenge nötig ist, solche bei kleinen Kindern angewendet werden muß. Hat man nun durch einen vorsichtigen Gebrauch derselben die gewünschte Absicht erreicht, so muß die Strenge nachlassen und eine mildere Behandlung gewählt werden.

§ 44. Wenn Kinder durch ein standhaftes und festes Betragen ihrer Eltern so früh zum Gehorsam und zur Unterwerfung gewöhnt werden, daß sie sich selbst in der Folge nicht erinnern können, wenn oder wie dies geschah: so wird ihnen diese Folgsamkeit so zur Natur werden, daß es ihnen nie einfallen wird widerspenstig zu sein oder sich zu widersetzen. Die Hauptsache ist nur, daß man früh damit anfängt, und mit der größten Standhaftigkeit damit fortfährt, bis Ehrfurcht und Unterwürfigkeit ihnen so natürlich geworden sind, daß auch nicht ein Schatten von Widerspenstigkeit dabei wahrzunehmen ist. Hat man ihnen einmal eine solche Ehrerbietung gehörig eingeprägt, so kann man sie in der Folge bloß dadurch lenken und regieren, auch nach Maßgabe, wie sie größer und verständiger werden, etwas mehr Nachsicht damit verbinden, dafern sie keinen üblen Gebrauch davon machen. Dergestalt wird man auch nicht nötig haben, zu Schlägen, Schelten und anderen niedrigen Züchtigungen seine Zuflucht zu nehmen. Ich wiederhole es aber, es muß frühzeitig geschehen: sonst wird es sehr viel Mühe und Schläge kosten, und zwar um so mehr, je weiter man es hinausgeschoben hat.

§45. Daß dem also sei, wird ein jeder leicht eingestehen, der die Hauptabsicht einer guten Erziehung reiflich erwägt, und worauf es dabei hauptsächlich ankommt.

1. Wer seine Neigungen nicht beherrschen kann, wer dem Eindruck eines gegenwärtigen Vergnügens oder Schmerzes nicht zu widerstehen vermag, sobald es die Vernunft befiehlt, dem fehlt es an der wahren Grundlage zur Tugend und Tätigkeit: kurz, er ist in Gefahr, ein Taugenichts zu werden. Diese Gemütsfassung aber, die in der Tat den rohen ungebildeten Neigungen des Menschen nicht behaglich ist, muß beizeiten bewirkt werden; denn die daraus entstehenden Fertigkeiten sind der Grund aller künftigen Glückseligkeit und Brauchbarkeit. Sobald daher Kinder nur einige Spuren von Erkenntnis- und Begriffsvermögen äußern, muß jene Seelenfähigkeit (die Selbstbeherrschung) in ihnen geübt werden, und diejenigen, denen die Erziehung derselben anvertraut ist, müssen alle nur ersinnliche Mittel und Sorgfalt anwenden, sie darin zu bestärken.

§ 46. 2. Wenn aber auf der anderen Seite der Geist zu sehr niedergedrückt und gedemütigt wird, wenn man ihre Lebhaftigkeit durch übertriebene Einschränkung zu sehr niederschlägt, so verlieren sie oft allen Mut und Tätigkeit und verfallen sodann in einen weit gefährlicheren Zustand, als der vorhergehende ist. Ausgelassene junge Leute voll Geist und Feuer kommen zuweilen noch auf gute Wege und werden große und vortreffliche Männer. Aber schwache, furchtsame, blöde und niedrige Seelen erheben sich selten, und es hält schwer, etwas aus ihnen zu machen. Diese beiden einander entgegengesetzten Klippen zu vermeiden, ist die größte Kunst des Erziehers. Wer hier die wahre Mittelstraße zu treffen weiß, wer ein Kind mit Leichtigkeit und ohne großen Zwang von solchen Dingen abzuhalten versteht, wozu seine Begierden es reizen, für andere Dinge aber, die ihm zwar unangenehm, aber nützlich sind, ihm Neigung einzuflößen; wer, sage ich, diese scheinbaren Widersprüche zu vereinigen weiß, hat, nach meiner Einsicht den pädagogischen Stein der Weisen gefunden.

§ 47. Das gemeinste und kürzeste Mittel, dessen sich Erzieher bedienen, ist der Stock und die Rute; es ist aber zu diesem Zweck gerade das unschicklichste, weil eben daraus jene einander entgegengesetzten Übel entstehen, die ich soeben als die gefährlichsten Klippen dargestellt habe, welche, sobald man ihnen zu nahe kommt, den ganzen Zweck der Erziehung zugrunde richten.

§ 48. Denn diese Gattung der Strafen trägt 1. nicht das geringste dazu bei, den natürlichen Hang besiegen zu lernen, der uns zum Genuß jedes vorübergehenden sinnlichen Vergnügens und zur Vermeidung jeder widrigen Empfindung antreibt, es koste übrigens, was es wolle. Sie vermehren vielmehr diesen Hang, welcher die Wurzel aller lasterhaften Handlungen und Ausschweifungen ist und bestärken uns in demselben. Welch ein anderer Bewegungsgrund als ebendiese Sinnlichkeit kann wohl bei dem Kinde stattfinden, wenn es gegen seine Neigung beim Buche sitzt oder eine ungesunde Frucht, die seinen Appetit sehr reizt, nicht anrührt, bloß weil es sich vor Schlägen fürchtet? Es tut hierbei weiter nichts, als daß es das größere körperliche Vergnügen dem geringeren vorzieht oder von zwei körperlichen Übeln das kleinere wählt. Den Willen durch solche Gründe bestimmen, was heißt dies anders, als diejenigen Keime in dem Herzen des Kindes nähren, die wir mit aller nur möglichen Sorgfalt auszurotten bemüht sein sollten? Ich kann daher auch nicht glauben, daß irgendeine Züchtigung von Nutzen sein könne, wenn bei Erduldung derselben die Scham, daß es seiner Unart wegen leidet, nicht stärker wirkt als der körperliche Schmerz.

§ 49. 2. Diese Art von Strafen bringt natürlicherweise einen Widerwillen gegen dasjenige hervor, was der Erzieher dem Zöglinge liebenswürdig machen sollte. Wie oft geschieht es nicht, daß Kinder diejenigen Dinge, die ihnen sonst angenehm waren, zu hassen anfangen, sobald sie um derselben willen geschlagen und übel behandelt werden. Es ist dies auch nicht zu verwundern, da man auch erwachsenen Leuten auf diese Weise Abneigung gegen viele Dinge einflößen kann. Wem sollte das unschuldigste Vergnügen nicht ekelhaft und verhaßt werden, wenn man ihn, sobald er etwa keine Lust dazu hat, mit Schlägen und, übeln Worten dazu zwingen oder ihm schlecht begegnen wollte, wenn er etwa einen kleinen Umstand dabei nicht beobachtet hätte? Dieses ist sehr natürlich. Die unschuldigste Sache kann durch unangenehme Nebenumstände sehr zuwider werden. Es gibt Personen, die bis zum Erbrechen gereizt werden, wenn sie nur die Tasse erblicken, woraus sie einmal eine sehr ekelhafte Arzenei genommen haben; sie werden nie mit Vergnügen daraus trinken, sie mag auch noch so rein und kostbar sein.

§ 50. Solch eine knechtische Behandlung verursacht 3. eine sklavische Gemütsart. Dem Schein nach unterwirft sich das Kind und stellt sich gehorsam, solange die Rute noch über ihm schwebt. Ist diese aber entfernt, sieht es sich von niemand bemerkt, so wird es im Verborgenen, wo es darauf rechnen kann, ungestraft zu bleiben, seinen Leidenschaften desto freier den Zügel schießen lassen; denn diese werden durch eine solche Behandlung keineswegs gedämpft, sondern nur noch mehr gestärkt und brechen dann mit desto größerer Heftigkeit hervor, sobald der Zwang vorüber ist.

§ 51. Wenn nun 4. die härteste Strenge auch endlich über die Natur des Kindes und dessen Unordnungen siegt, so entsteht daraus oft ein noch gefährlicheres Übel, indem der Geist des Kindes ganz niedergeschlagen wird. Dann wird aus dem kleinen mutwilligen Knaben ein niedriges, kleinmütiges Geschöpf, das durch seine unnatürliche Sittsamkeit zwar schwachen Menschen gefällt, die überhaupt blöde und untätige Kinder loben, weil sie kein Geräusch machen. und ihnen keine Unruhe und Beschwerlichkeit verursachen. Aber seinen Freunden wird es in der Folge lästig genug fallen und sein Lebenlang weder sich selbst noch andern etwas nütze werden. Schläge und alle andere sklavische Behandlungen und körperliche Strafen sind also nicht die zweckmäßigen Mittel, durch deren Anwendung weise, tugendhafte und verständige Menschen gebildet werden können. Sie dürfen daher nur selten, nur in wichtigen Fällen, und wenn sie wirklich unvermeidlich sind, gebraucht werden.

Vierter Abschnitt.

Von den Belohnungen bei der Erziehung.

§ 52. Auf der anderen Seite ist es ebenso unzweckmäßig, Kindern solche Dinge zu Belohnungen zu machen, die geradezu nur ihre Sinnlichkeit reizen. Gibt man einem Kinde Äpfel, Zucker und andere Dinge, woran es Gefallen findet, um es anzutreiben, seine Lektion Zu lernen, so bestärkt man es nur in seinem Hange zum sinnlichen Vergnügen und hegt die gefährliche Neigung in ihm, die man mit aller Sorgfalt dämpfen und unterdrücken sollte. Macht euch aber keine Hoffnung, euer Kind werde sich selbst besiegen lernen, wenn ihr auf der einen Seite seinen Neigungen einen Zügel anlegt und auf der anderen ihnen wieder Nahrung verschafft. Wollt ihr es zu einem weisen, guten und tugendhaften Manne bilden, so muß es seine Begierden bezwingen, der Neigung zum Reichtum, Putz und Gaumenkitzel entsagen lernen, so oft es Vernunft und Pflicht erfordern. Wenn ihr aber euer Kind durch Geldversprechungen zu irgend etwas zu bewegen sucht, wenn ihr es für die Mühe des Lernens mit Näschereien belohnt, ihm für die Ausübung seiner kleinen Dienste und Pflichten, ein Spitzenhalstuch oder ein schönes neues Kleid versprecht, so lehrt ihr es dadurch offenbar, daß diese Dinge seines vorzüglichen Bestrebens wert sind; ihr vermehrt in ihm das Verlangen danach und gewöhnt es, in den Besitz derselben seine Glückseligkeit zu setzen. Durch solche Mittel aber sucht man insgemein Kinder zum Fleiß bei der Grammatik, beim Tanzen oder bei irgendeiner anderen Sache, die für ihre künftige Glückseligkeit und Brauchbarkeit von keinem Belang ist, anzutreiben und opfert durch dergleichen übel angewandte Strafen und Belohnungen ihre Tugend auf, stört den ganzen Zweck der Erziehung und führt sie selbst zur Schwelgerei, zur Eitelkeit und Sinnlichkeit an. Denn auf diesem Wege, da man den verkehrten Neigungen schmeichelt, die sie unterdrücken und bezähmen sollen, legen sie den Grund zu allen den Lastern, die nicht anders vermieden werden können, als wenn man früh gelernt hat, seine Begierden zu dämpfen und unter den Gehorsam der Vernunft zu bringen.

§ 53. Meine Meinung ist nicht, daß man der Jugend alle Vergnügungen und Annehmlichkeiten des Lebens entziehen soll, die ihrer Gesundheit und den Gesetzen der Tugend nicht entgegen sind. Vielmehr halte ich dafür, daß man ihr das Leben so angenehm machen muß, als es nur immer möglich ist. Man lasse sie jedes unschuldige Vergnügen in vollem Maße genießen; aber wohl zu merken, nur als Folge der Zufriedenheit und des Beifalls, den sie sich durch ihr Verhalten bei ihren Eltern und Vorgesetzten erworben hat, niemals aber als *Belohnung für die Erfüllung solcher Pflichten*, denen sie sonst abgeneigt ist, und die sie nur unter dieser Bedingung erfüllen will.

§ 54. „Aber," wird man sagen, „wenn nun weder die Rute noch dergleichen Aufmunterungsmittel gebraucht werden sollen, wodurch soll man Kinder denn regieren? Man entferne Hoffnung und Furcht, und alle Zucht hat ein Ende." Es ist wahr, Schmerz und Freude, Strafe und Belohnungen sind die einzigen Beweggründe vernünftiger Geschöpfe. Es sind dieses die Triebfedern und Lenkseile, womit alle Menschen in Tätigkeit gesetzt und geleitet werden. Man muß sich ihrer also auch in der Erziehung bedienen. Denn ich rate allen Eltern und Erziehern, es sich zum Grundsatz zu machen, mit Kindern nie anders als wie mit vernünftigen Wesen umzugehen.

§ 55. Ich gebe es zu, Belohnungen und Strafen müssen sein, wenn man etwas bei Kindern ausrichten will. Nur irrt man sich allzu oft in der Wahl derselben. Es ist meines Erachtens immer von schlimmen Folgen, wenn man körperlichen

Schmerz und sinnliches Vergnügen als Lohn oder Strafe braucht, um dadurch auf junge Gemüter zu wirken. Denn es werden dadurch, wie ich schon erinnert habe, diejenigen Triebe nur noch mehr gestärkt, die man mit Gewalt ausrotten sollte. Was für Grundsätze der Tugend prägt ihr eurem Kinde ein, wenn ihr in der Absicht, seine Begierde nach irgendeinem sinnlichen Vergnügen zu unterdrücken, ihm dafür ein anderes anbietet? Heißt dies nicht seine Leidenschaft wirklich nähren und es nur zur Veränderlichkeit anführen? Ein Kind weint nach einer ungesunden schädlichen Frucht, und ihr erkauft seine Beruhigung dadurch, daß ihr ihm Zuckerwerk, das vielleicht ebenso schädlich ist, dafür gebt. Vielleicht erhaltet ihr dadurch seine Gesundheit, aber ihr verderbt und schwächt seine Seele. Denn ihr vertauscht nur den Gegenstand, schmeichelt und befriedigt aber doch immer die Begierde, und dieses ist eben der Grund des Verderbens. Solange ihr also das Kind nicht so weit gebracht habt, daß es fähig ist eine gänzliche Versagung seines Verlangens zu ertragen, so könnt ihr durch dergleichen Mittel es zwar für den Augenblick beruhigen, aber das Übel, die Unart selbst, ist keineswegs gehoben. Durch ein solches Verfahren unterhaltet und ernährt ihr vielmehr die Quelle aller der unordentlichen Leidenschaften, die insgemein bei jeder Gelegenheit mit zunehmender Heftigkeit wieder hervorbrechen, von Tag zu Tag immer stärker werden und euch vielen Verdruß und Kummer verursachen.

§ 56. Die Belohnungen und Strafen, wodurch man Kinder zu ihren Pflichten antreiben muß, sind demnach von ganz anderer Beschaffenheit und so wirksam, daß, wenn man sie nur einmal in Gang gebracht hat, alle Schwierigkeiten gehoben und alle Hindernisse überstiegen sind. Achtung und Geringschätzung sind unstreitig die wirksamsten Triebfedern des Menschen, sobald man ihn nur einmal empfindlich dafür gemacht hat. Habt ihr dem Kinde nur erst Liebe zur Wertschätzung anderer und Furcht vor Schande und Mißachtung eingeflößt, so ist bereits die Grundkraft vorhanden, die sein Gemüt zu allem Guten leiten kann. Es fragt sich aber: wie dies geschehen soll?

Auf den ersten Blick scheint dies in der Tat seine Schwierigkeiten zu haben. Allein da hier das ganze Geheimnis der Erziehung verborgen liegt, so ist es wohl der Mühe wert, sich bei Aufsuchung der dazu dienenden Mittel etwas länger aufzuhalten, und, wenn wir sie gefunden haben, dieselben auf das gewissenhafteste anzuwenden.

§ 57. Kinder sind insgemein für Lob und Beifall sehr empfindsam und vielleicht weit früher, als wir denken. Es macht ihnen Vergnügen, geschätzt und geachtet zu werden, besonders von ihren Eltern und denjenigen, von denen sie abhängen. Wenn nun der Vater sie lobt und freundlich gegen sie ist, sobald sie sich gut ausführen, hingegen Kälte und Gleichgültigkeit zeigt, sobald sie sich übel verhalten, wenn dann die Mutter und alle Übrigen, die um die Kinder sind, das nämliche beobachten, so werden sie sehr bald den Unterschied fühlen, und ich bin versichert, daß solche Begegnung (die aber unveränderlich sein muß) von selbst mehr ausrichten wird als Drohungen und Schläge, die, wenn sie einmal eingeführt sind, bald ihre Wirksamkeit verlieren, und überhaupt gar nicht stattfinden sollten, wenn Scham und Schande dabei nicht weher tun' als der Stock oder die Rute. Daher diese gewaltsamen Mittel auch nur bei den dringendsten und seltensten Gelegenheiten zu gebrauchen sind.

§ 58. Damit aber daß Gefühl der Zufriedenheit und des Mißfallens desto tiefer eindringe und desto mehr Gewicht habe, so sollten jederzeit andere angenehme oder unangenehme Dinge mit diesen verschiedenen Zuständen verbunden sein, zwar nicht als besondere Belohnungen oder Strafen dieser oder jener einzelnen Handlung, sondern als natürliche und wesentlich notwendige Folgen desjenigen Verhaltens, wodurch man sich Beifall oder Tadel zuzieht. Bei einer solchen Begegnung werden die Kleinen sehr bald begreifen lernen, daß Menschen, welche sich durch ihr gutes Verhalten Beifall und Achtung erwerben, notwendig von jedermann geachtet und geliebt werden, und daß sie alle übrigen Vorteile und Vorzüge als Folgen ihrer guten Aufführung genießen. Auf der anderen Seite aber werden sie einsehen, daß, wer durch sein schlechtes Betragen sich Mißachtung zuzieht und seinen guten Ruf nicht in acht nimmt, unvermeidlich in Verachtung und Geringschätzung verfällt, und daß er in diesem Zustande den Genuß aller anderen Vorzüge und Vergnügungen entbehrt. Auf diesem Wege werden alsdann die Gegenstände der Begierden zu Hilfsmitteln zur Tugend, indem jene unabänderliche Erfahrung die Kinder überzeugt, daß nur denen, die in gutem Rufe stehen, diejenigen Dinge zuteil werden, an welchen sie Vergnügen finden. Hat man es nun durch solche Mittel erst dahin gebracht, daß sie über ihre Fehler wirklich beschämt werden (außer dem Schamgefühl aber möchte ich nicht gern andere Strafen eingeführt wissen) und daß sie sich um die gute Meinung anderer bewerben: dann kann man sie lenken, wie man will, dann werden sie alles das liebgewinnen, was sie tugendhaft machen kann.

§ 59. Die größte Schwierigkeit entsteht hierbei aus dem verkehrten und törichten Betragen der Bedienten, welche schwerlich dahingebracht werden können, die Absichten der Erzieher nicht zu hindern. Wenn Kinder von den

Eltern eines Fehlers wegen etwa übel angesehen werden, so finden sie gewöhnlich Trost und Zuflucht in den Liebkosungen dieser närrischen Schmeichler, welche das, was Vater und Mutter aufzubauen gedachten, sogleich wieder niederreißen. Bezeigen die Eltern Unzufriedenheit gegen das Kind, so sollte ein jeder ebenfalls Gleichgültigkeit gegen dasselbe beobachten, und niemand ihm freundlich begegnen, bis es um Vergebung gebeten, die Verbesserung des Fehlers es wiederum ausgesöhnt hätte und die Zufriedenheit der Eltern von neuem hergestellt wäre. Die standhafte Befolgung dieser Regel wird unfehlbar Schläge und Schelte ganz unnötig machen; die Kinder werden bald um ihrer eigenen Ruhe und Zufriedenheit willen sich nach Beifall bestreben und alles das vermeiden, was von jedermann gemißbilligt wird, und was ihnen doch immer unangenehme Folgen zuzieht, wenn es auch eben nicht Schläge und Schelte sind. Dies wird ihnen Sittsamkeit und Schamgefühl einflößen und Abscheu gegen alles, was sie der Nichtachtung anderer bloßstellen kann. Wie aber diesem Unheil von seiten der Bedienten vorzubeugen sei, muß ich der Klugheit und der Überlegung der Eltern anheimstellen; indessen halte ich diese Sache von der größten Wichtigkeit und preise diejenigen glücklich, die ihre Kinder mit verständigen Personen umgeben können.

§ 60. Man hüte sich also sorgfältig, Kinder oft zu schlagen oder zu schelten; denn diese Art der Züchtigung kann in keiner anderen Rücksicht etwas Gutes stiften, als infofern sie Schamgefühl und Abscheu gegen dasjenige rege macht, wodurch sie sich einer solchen Behandlung wert gemacht haben. Ist das Bewußtsein, Unrecht getan und sich durch eigene Schuld das gerechte Mißfallen ihrer besten Freunde zugezogen zu haben, nicht das empfindlichste und schmerzhafteste bei der ganzen Sache, so werden die härtesten Schläge immer nur eine sehr unvollkommene Besserung bewirken. Es sind bloße Palliative, die nur auf einen Augenblick Linderung verschaffen, aber den Schaden nie aus dem Grunde heilen. Aufrichtiges Schamgefühl und ernstliche Besorgnis, nicht Mißfallen zu erregen, sind die einzigen tauglichen Mittel, das Kind in den gehörigen Schranken zu halten. Körperliche Strafen aber können diese Wirkung nie hervorbringen, denn die öftere Wiederholung derselben löscht das Schamgefühl aus. Diese Empfindung ist bei Kindern ebendas, was bei Frauen die Sittsamkeit ist: eine Tugend, welche sich schwerlich behaupten läßt, wenn die Gesetze derselben öfters überschritten worden sind. Was aber die Besorgnis anlangt, sich dem Mißfallen der Eltern nicht auszusetzen, so muß selbige sehr unwirksam und unbedeutend werden, wenn die Beweise des

Mißfallens so schnell vorübergehen und ein paar Schläge alles wieder gutmachen können. Eltern sollten wohl erwägen, welche Fehler bei ihren Kindern wichtig genug sind, um ihren Unwillen darüber ausbrechen zu lassen. Haben sie aber einmal ihren Unwillen dermaßen zu erkennen gegeben, daß es zu einer Züchtigung kommt, so müssen sie nicht in demselben Augenblick ihre Miene sogleich wieder aufheitern und die vorige Freundlichkeit annehmen, sondern nur nach und nach und nicht ohne Schwierigkeit. Die gänzliche Verzeihung und Aussöhnung aber muß erst alsdann erfolgen, wenn ihr Betragen, und ein mehr als gewöhnlich gutes Betragen, die Aufrichtigkeit ihrer Besserung an den Tag legt. Beobachtet man diese Methode nicht, so werden körperliche Strafen bald zu einer alltäglichen Sache werden und alle Wirksamkeit verlieren. Fehltritte, Schläge und Verzeihung werden alsdann so natürlich und notwendig miteinander abwechseln wie Mittag, Nacht und Morgen.

§ 61. Was den Beifall anderer betrifft, so weiß ich gar wohl, daß er nicht die echte Grundlage und den richtigen Maßstab der Tugend ausmacht; (denn diese besteht in der Erkenntnis unserer Pflichten, in dem willigen Gehorsam gegen den Schöpfer, in der Befolgung dessen, wozu das von ihm geschenkte Licht uns Anweisung gibt, verbunden mit der Hoffnung, daß ein solches Verhalten ihm angenehm sein und von ihm belohnt werden werde.) Doch kommt er der Tugend am nächsten; und da er auf dem Zeugnis und Beifall beruht, den andere Menschen nach einem gemeinsamen Übereinkommen tugendhaften und wohlgeordneten Handlungen schenken, so ist dies unstreitig das beste Aufmunterungsmittel für die Jugend, bis sie zu den Jahren gelangt, da sie nach ihrer eigenen Vernunft Recht und Unrecht unterscheiden kann.

S 62. Übrigens mag diese Bemerkung den Eltern in der Anwendung von Lob und Tadel bei ihren Kindern zur Richtschnur dienen. Der Tadel und die Schelte, welche die Fehler der Kinder zuweilen ganz unvermeidlich machen, müssen nicht nur in gemäßigten, ernsthaften Ausdrücken und ohne Leidenschaft, sondern auch insgeheim erteilt werden: das Lob hingegen, welches sie verdienen, müssen sie in Gegenwart anderer erhalten. Dies erhöht die Belohnung in ebendem Maße, als das Lob sich verbreitet; und selbst die Bedenklichkeit, welche die Eltern zeigen, die Fehler ihrer Kinder bekannt werden zu lassen, wird sie bewegen, einen desto größeren Wert auf ihren guten Ruf zu setzen und sie anspornen, die gute Meinung zu erhalten, in welcher sie bei anderen zu stehen glauben. Beschämt man sie hingegen durch Bekanntmachung ihrer Vergehungen dergestalt, daß sie die gute Meinung anderer von sich für verloren geben, so fällt dieser Antrieb sodann weg, und ihre Bemühung, Beifall zu erhalten, wird um so geringer sein, je mehr sie besorgen müssen, ihren guten Ruf schon befleckt zu haben. Fortsetzung dieser Materie in § 72.

§ 63. Fängt man es aber mit Kindern nur recht an, so wird man weit seltener zu den gewöhnlichen Gattungen von Strafen und Belohnungen schreiten müssen, als man insgemein glaubt und der Schlendrian oder das Vorurteil es mit sich bringt. Man kann ihnen in ihren unschuldigen Torheiten, Spielen und kindischen Handlungen vollkommene Freiheit und Uneingeschränktheit gestatten, wenn sie nur nicht den Regeln des sittlichen Wohlstandes und der Ehrerbietung, die sie den Anwesenden schuldig sind, geradezu entgegenlaufen. Die Verbesserung dieser Mängel, welche mehr dem zarten Alter als den Kindern selbst zuzurechnen sind, sollte man der Zeit, dem Beispiel und den reiferen Jahren überlassen. Dadurch würde man eine Menge unnützer und unzweckmäßiger Verweise ersparen; denn entweder läßt sich der kindische Leichtsinn durchaus nicht überwältigen, und dann verlieren die Verweise ihre Kraft und werden für wichtigere Fälle unwirksam: oder die natürliche Munterkeit des Kindes wird mit Gewalt niedergedrückt und Geist und Körper aller Lebhaftigkeit und Schnellkraft beraubt. Sollte der Lärm und das Geräusch ihrer Spiele etwa zu laut oder in Rücksicht auf die Gesellschaft, in der sie sich befinden, (und das können nur ihre Eltern sein) ungeziemend werden, so wird ein Blick, ein Wort des Vaters oder der Mutter (wenn diese nämlich ihr Ansehen gehörig befestigt haben), hinreichend sein, sie zu entfernen oder stille zu machen. Doch ebendiese Neigung zum Spielen, welche die Natur aus weisen Absichten jenem zarten Alter beigelegt hat, sollte eher aufgemuntert als unterdrückt und eingeschränkt werden, um ihre Lebhaftigkeit zu erhöhen und ihre Stärke und Gesundheit zu vermehren. Die größte Kunst ist, den Kleinen alles, was sie tun oder lernen sollen, zum Spiel und Zeitvertreib zu machen.

Fünfter Abschnitt

Man soll Kindern wenig Regeln geben. Methode, sie zu Beobachtung derselben anzuhalten.

§ 64. Es sei mir erlaubt hier eines Fehlers zu gedenken, der, wie mich dünkt, bei der gewöhnlichen Erziehung sehr häufig begangen wird. Man überhäuft nämlich das Gedächtnis der Kinder bei allen Gelegenheiten mit Regeln und Vorschriften, die sie oft gar nicht verstehen und ebenso geschwind wieder vergessen, als sie ihnen beigebracht worden. Soll das Kind irgendeine Handlung oder ein Geschäft verrichten und es vergißt es oder stellt sich verkehrt dazu an: so lasse man es immer ganz von vorn wieder anfangen, bis es sich die Sache recht geläufig gemacht hat. Hierdurch wird man zweierlei Vorteile bezwecken: Erstlich wird man dabei innewerden, ob es die Handlung wirklich zu verrichten imstande ist, und ob man sie von ihm erwarten kann; denn zuweilen hält man Kinder zu Dingen an, die sie, wenn es zur Tat kommt, gar nicht zu leisten fähig sind, oder wobei erst Anweisung und Übung vorhergehen muß, ehe sie sich selbst dazu anschicken können. Der zweite Vorteil ist, daß, wenn man die Kinder anhält dieselbe Handlung so lange zu wiederholen, bis sie in Fertigkeit übergeht, so wird sie ihnen völlig natürlich werden und nicht bloß das Resultat der Erinnerung oder des Nachdenkens sein, Eigenschaften, welche man nur vom reifen Alter und von der Überlegung, nicht aber von der Kindheit erwarten kann. Sich gegen den zu verbeugen, der uns grüßt, oder den anzusehen, der mit uns spricht, ist durch beständige Gewohnheit einem wohlerzogenen Menschen so natürlich als das Atemholen: es bedarf dazu weder Nachdenken noch Überlegung. Hat man einem Kinde nach dieser Methode einen Fehler abgewöhnt, so ist die Besserung gewiß von Bestand, und auf diese Weise kann man immer eine Unart nach der anderen ausrotten, und dafür dem Kinde alle guten Fertigkeiten beibringen.

§ 65. Ich habe Eltern gesehen, die ihre Kinder dermaßen mit Regeln überhäuften, daß es den armen Kleinen unmöglich fallen mußte, nur den zehnten Teil davon zu behalten, geschweige denn auszuüben. Demohnerachtet wurden sie bei Übertretung dieser so vielfältigen und oft sehr ungereimten Vorschriften entweder mit Worten oder mit Schlägen gestraft. Die natürliche Folge war, daß die Kinder auf nichts achteten, was man ihnen sagte; denn sie wußten schon, daß sie mit aller Aufmerksamkeit, die in ihrer Gewalt stand, doch nicht fähig waren, sich vor Übertretungen zu hüten und den Mißhandlungen zu entgehen, die darauf erfolgten.

Gib also deinem Sohne so wenig Regeln als nur möglich, und lieber zu wenig als zuviel. Denn wenn du ihn mit zuviel Vorschriften überhäufst, so muß allemal eins von beiden geschehen: entweder er muß oft gestraft werden, und er wird gegen die Strafen gleichgültig; oder man muß die Übertretungen einiger Regeln ungestraft hingehen lassen, wodurch ihm dieselben verächtlich werden müssen und der Vater sein Ansehen bei dem Sohne verliert. Man gebe also wenig Gesetze, aber halte streng auf die Beobachtung derselben, wenn sie einmal vorhanden sind. Das zarte Alter erfordert wenig Gebote: aber so wie die Jahre zunehmen und ein Gebot erst durch Übung gehörig eingeprägt ist, so kann man eins nach dem anderen hinzufügen.

§ 66. Vergeßt aber ja nicht, daß Kinder nicht durch Regeln gelehrt und unterrichtet werden müssen; denn diese entschlüpfen leicht aus dem Gedächtnisse. Alles was ihr glaubt, das sie unumgänglich leisten müssen, dazu haltet sie durch unausgesetzte Übung an, so oft sich die Gelegenheit darbietet; womöglich muß man die Gelegenheit selbst herbeiführen. Dieses wird ihnen Fertigkeiten verschaffen, und wenn solche einmal hervorgebracht sind, so äußern sie sich so leicht und ungezwungen, daß gar kein Gedächtnis dazu erfordert wird. Hierbei muß ich indes zwei Vorsichten empfehlen. Man behandle das Kind bei Übung der Sache, in welcher es eine Fertigkeit erlangen soll, mit freundlichen Worten und gemäßigten Ermahnungen; und wenn es etwa fehlt, so schelte und tadle man es nicht, als ob es mit Vorsatz gefehlt hätte, sondern man weise es bloß zurecht. Ein zweiter Umstand, den man wohl in acht zu nehmen hat, ist, daß man Kindern nicht mehrere Fertigkeiten auf einmal beizubringen suche, weil es sonst durch die Verschiedenheit der Dinge leicht irregemacht werden kann und so in keinem Stück zur Vollkommenheit gelangt. Ist erst eine Sache durch fortgesetzte Übung ihm leicht und natürlich geworden, so daß es sie, ohne darauf zu denken, verrichten kann, so ist es Zeit, eine andere Sache vorzunehmen.

Die Methode, Kinder durch fortgesetzte Übung zu unterrichten und sie dasselbe Geschäft, dieselbe Handlung unter den Augen und der Anleitung ihres Erziehers so lange immer ganz von vorn wiederholen zu lassen, bis eine vollkommene Fertigkeit daraus entsteht, ohne daß sie sich der Regeln dabei erinnern dürfen, diese Methode, sage ich, hat von allen Seiten betrachtet so viel Vorzüge, daß ich mich nicht genug wundern kann, wie es möglich ist, daß man sie so sehr vernachlässigt: aber freilich können sich oft die absurdesten Dinge unter dem Schirm der Gewohnheit sehr lange im Gange erhalten. Nur noch eines Vorteils muß ich erwähnen, der mir soeben beifällt. Wir können nämlich bei dieser Methode leicht beobachten, ob das, was wir von dem Kinde verlangen, auch seiner Fähigkeit angemessen ist, und ob es auch mit der natürlichen Anlage desselben übereinstimmt; denn hierauf muß man bei einer zweckmäßigen Erziehung allerdings auch Bedacht nehmen. Wir können uns nicht Rechnung machen, die ursprüngliche Gemütsart eines Kindes gänzlich umzuschaffen, das muntere in ein ernsthaftes und gesetztes oder das melancholische in ein lustiges zu verwandeln, ohne es zu ersticken. Gott hat den Gemütern der Menschen gewisse eigentümliche Charaktere eingedrückt, die so wie ihre äußere Gestalt vielleicht wohl ein wenig verbessert, aber schwerlich ganz umgeformt und in das Gegenteil verwandelt werden können.

Wer sich demnach mit Kindern beschäftigt, muß ihr Naturell und ihre Anlagen genau studieren und durch öftere Versuche zu erfahren suchen, was für eine Form sie am leichtesten annehmen und was sich für sie am besten schickt; er muß die eigentliche Grundlage des Charakters untersuchen, wie derselbe verbessert werden und was darauf gedeihen könne? Er muß erforschen, ob das, was dem Kinde gebricht, durch Fleiß, Anstrengung und Übung hineinzubringen sei, und ob es die Mühe lohne, sich damit abzugeben. Denn in vielen Fällen schränkt sich alles, was wir tun und bezwecken können, darauf ein, die Gaben, welche die Natur verliehen hat, bestmöglichst zu benutzen, den Fehlern und Unarten, zu welchen die jedesmalige Gemütsart am meisten sich hinneigt, zuvorzukommen und ihr alle die Vorzüge zu erteilen, deren sie fähig ist. Man muß die natürliche Fähigkeit jedes Individuums soweit ausbilden als man kann; fremde Anlagen und Talente aber ihm einimpfen zu wollen, wäre nur vergebliche Arbeit; denn alles was man dergestalt aufkleisterte, würde ihm doch immer verkehrt anstehen, und jederzeit ein affektiertes gezwungenes Ansehen behalten.

Affektation Geziertheit, Ziererei.ist in der Tat kein Fehler zarter Kindheit oder die Frucht der sich selbst überlassenen Natur. Sie gehört vielmehr zu der Gattung von Unkraut, welches nicht in unkultivierten Wüsten, sondern bloß in Gartenbeeten unter der nachlässigen Hand oder durch die ungeschickte Sorgfalt des Gärtners hervorkeimt. Es wird dazu eine gewisse Anführung und Anleitung erfordert, ein gewisses Gefühl von der Notwendigkeit einer guten Erziehung, woraus ein Bestreben entsteht, die natürlichen Mängel zu verbessern, in der lobenswürdigen Absicht zu gefallen, die jedoch immer verfehlt wird; denn je mehr man sich's angelegen sein läßt durch angenommenes Wesen zu gefallen, desto weiter entfernt man sich von seinem Zweck. Eben darum aber muß man sorgfältig auf der Hut dagegen sein, weil es ein eigentlicher Erziehungsfehler ist, in welchen junge Leute, entweder durch sich selbst oder ihre Aufseher irregeführt, verfallen.

Wer die Natur des einnehmenden Wesens, welches so allgemein gefällt, genau untersuchen will, wird finden, daß es in der natürlichen, ungezwungenen Übereinstimmung aller unserer Äußerungen und Handlungen mit einer wirklich gefälligen Gemütsverfassung, die sich in Zeiten, Umstände und Personen zu schicken sucht, besteht. Ein freundliches, leutseliges und höfliches Betragen muß uns allenthalben gefallen, wo wir es nur finden. Ein Geist, der edel und frei, sein selbst und aller seiner Handlungen Meister ist, nicht niedrig und klein, nicht hochmütig und aufgeblasen denkt und mit keinem auffallenden Fehler behaftet ist: ein solcher Geist wird jedermann einnehmen. Die Handlungen eines solchen Mannes gefallen eben darum, weil sie echte Kennzeichen seiner edlen Denkart sind, und als ganz natürliche Ausflüsse seiner inneren Verfassung können sie nicht anders als leicht und ungezwungen scheinen. Dies ist, wie mich dünkt, die besondere Anmut, welche bei einigen Menschen durch alle ihre Handlungen durchschimmert, allem, was sie tun, eine gewisse Grazie erteilt, und alle diejenigen einnimmt, die sich ihnen nähern. Denn sie haben durch beständige Übung ihr Äußeres gehörig ausgebildet, sie haben die kleinen Bezeichnungen des Wohlwollens und der Hochachtung, welche die Natur oder die Gewohnheit im Umgange eingeführt hat, sich dergestalt zu eigen gemacht, daß sie nicht erkünstelt und studiert, sondern ganz natürlich aus ihrer gefälligen Denkart und wohlgeordneten Gemütsfassung zu erfolgen scheinen.

Affektation im Gegenteil ist eine plumpe und gezwungene Nachahmung dessen, was natürlich und leicht sein sollte: eine Nachahmung, der es allemal an der Anmut gebricht, die nur bei dem Natürlichen anzutreffen ist. Denn es muß immer eine gewisse Disharmonie zwischen der äußeren Handlung und der inneren Bewegung des Geistes dabei stattfinden und zwar auf eine doppelte Weise. Man sucht nämlich entweder äußerlich eine solche Gemütsstimmung anzunehmen, die man in dem Augenblick wirklich nicht hat, und ist bemüht, durch ein erzwungenes Betragen, sich den Schein davon zu geben, doch so, daß man den Zwang, den man sich antut, selbst merken läßt. Auf diese Art stellen sich zuweilen Leute traurig, lustig oder freundlich, wenn sie es in der Tat nicht sind.

Eine andere Gattung von Affektation ist es, wenn man sich zwar nicht bestrebt, eine andere Gemütsstimmung zur Schau zu tragen, aber doch diejenige, in der man sich befindet, durch ganz unschickliche Zeichen ausdrückt. Dahin gehören alle gezwungenen Bewegungen, Handlungen, Reden und Mienen im Umgange, welche zwar teils Hochachtung und Höflichkeit gegen die Gesellschaft, teils

Vergnügen oder Zufriedenheit mit derselben anzeigen sollen, aber eher Mangel dieser Empfindungen, oder wohl gar das Gegenteil davon verraten. Oft liegt der Fehler bloß in blinder Nachahmung anderer, ohne daß man das wirklich Einnehmende von dem unterscheidet, was ihrem Charakter besonders eigen ist. Übrigens macht jede Gattung von Affektion allemal einen widrigen Eindruck, sie mag entstehen, woher sie will. Wir hassen von Natur alle Nachäfferei und verachten diejenigen, die selbst nichts Eigentümliches besitzen, um sich zu empfehlen. Die rohe einfache Natur kleidet besser als alle erkünstelte Zierlichkeit und durch falsche Manieren verkleisterte Plumpheit. Wenn auch in dem Äußern noch manches mangelhaft ist und zu dem feinsten Anstande noch vieles fehlt, das wird leicht übersehen und weiter nicht getadelt. Affektiertes Wesen aber in irgendeinem Stück unserer Aufführung steckt allemal ein Licht über unsere Fehler auf, macht dieselbe offenbar und bringt entweder unsern Verstand oder unsere Aufrichtigkeit in Verdacht. Erzieher sollten daher desto aufmerksamer darauf sein, da es, wie oben bemerkt, ein erworbener Übelstand ist, welcher von übelverstandener Erziehung herrührt, und womit gewöhnlich nur diejenigen behaftet sind, die auf eine vorzügliche Bildung Anspruch machen und in dem, was zum guten Anstande und zur Annehmlichkeit des Umgangs gehört, nicht für unwissend gehalten werden wollen. Und wenn ich mich nicht irre, so hat dieser Fehler meistens seinen Ursprung in den leeren Erinnerungen derer, die so gern Regeln geben und Muster aufstellen, ohne mit ihrem Unterricht Übung zu verbinden und die Zöglinge vor ihren Augen jede dahin abzweckende Handlung vornehmen zu lassen, um das, was gezwungen oder übelständig ist, zu verbessern und ihnen eine natürliche Leichtigkeit und Fertigkeit beizubringen.

Sechster Abschnitt.

Sorgfalt für das Äußere der Kinder.

§ 67. Was die sogenannten Manieren anlangt, womit man die Kleinen so häufig quält und worüber ihre weisen Wärterinnen und Aufseher ihnen so manche schöne Ermahnung erteilen, so glaube ich, daß sie besser durch Beispiele als durch Regeln erlernt werden. Entfernt man zunächst die Kinder nur von roher ungesitteter Gesellschaft, so wird ihre kleine Eitelkeit sie von selbst antreiben, sich so artig und anständig zu betragen wie andere, weil sie sehen, daß man sie deshalb lobt und achtet. Sollte jedoch der Knabe in diesem Stück etwas nachlässig sein und seinen Hut nicht mit dem erforderlichen Anstande abziehen oder eine Verbeugung machen, so wird ein Tanzmeister diesem Mangel bald abhelfen und all die rohe Simplizität, die unser Modenvolk als bäuerisches Wesen schilt, rein herunterhobeln. Da außerdem meiner Meinung nach nichts fähiger ist, den Kindern Anstand und gesittetes Betragen zu geben und sie zugleich zum Umgange mit älteren Personen zu befähigen als das Tanzen, so, dünkt mich, sollte man den Unterricht hierin so früh anfangen, als sie desselben fähig sind. Denn obgleich diese Geschicklichkeit bloß auf der äußeren Zierlichkeit der Stellungen und Bewegungen des Körpers beruht, so trägt sie doch meines Erachtens vieles dazu bei, eine männliche Denkungsart und ein gesetztes Betragen zu erwecken. Im übrigen aber sollte man die Kleinen mit allen Schnörkeleien ängstlicher Komplimentenschneiderei ungequält lassen.

Über solche Fehler, die mit den Jahren von selbst verschwinden, sollte man sich keine Unruhe machen. Und folglich auch darüber nicht, daß Kinder, solange sie noch klein sind, nicht alle Höflichkeitsregeln in acht nehmen, wenn nur sonst der Grund der wahren Höflichkeit in ihrem Herzen anzutreffen ist; dieser aber muß allerdings sehr frühzeitig gelegt werden. Ist die zarte Seele nur mit wahrer Verehrung gegen Eltern und Lehrer, d. h. mit Liebe und Achtung gegen sie und mit Scheu, sie zu beleidigen, erfüllt, empfindet sie Wohlwollen und Wertschätzung gegen alle andere Menschen, so wird das Kind schon von selbst die schicklichsten Mittel ausfindig machen, um diese Empfindungen auszudrücken. Man flöße ihm nur die Grundsätze echter Menschenliebe und Gutherzigkeit ein, mache sie ihm durch Lob und Beifall und allerlei angenehme Nebenumstände in der Ausübung so geläufig und habituell als immer möglich: und wenn sie dann in seiner Seele einmal Wurzel gefaßt haben, so kann man gewiß versichert sein, daß das Gefällige im Umgange, der angenehme Anstrich guter Manieren, zu seiner Zeit sich von selbst einfinden wird. Ich setze nämlich voraus, daß man den Knaben, sobald er den Händen seiner Wärterin entwachsen ist, einem wohlerzogenen Manne zur ferneren Bildung anvertraut.

Solange die Kinder noch sehr klein sind, muß man mit manchen Unachtsamkeiten derselben Geduld haben, wenn sie nur weder Stolz noch Bosheit anzeigen, sobald aber das eine oder das andere sich in ihren Handlungen zutage legt, so muß man es sogleich durch die eben angezeigten Mittel verbessern. Was ich übrigens von den Manieren gesagt habe, will ich keineswegs so verstanden wissen, als wollte ich diejenigen, die sich darauf verstehen, abhalten, Kindern, wenn sie noch sehr jung sind, zu einem artigen Betragen Anleitung zu geben. Es ist in der Tat sehr viel wert, wenn sie von dem Zeitpunkt an, da sie gehen lernen, Leute um sich haben, welche hierzu die gehörige Geschicklichkeit und Methode besitzen. Das, worüber ich mich beschwere, ist bloß das verkehrte Benehmen, womit man dabei Zu Werke geht. Kinder, die niemals zu dem, was man ein anständiges Betragen nennt, Anweisung gehabt haben, werden oft (und besonders in Gegenwart fremder Personen) gescholten, daß sie dies oder jenes, was zu den guten Manieren gerechnet wird, unterlassen, wobei man denn nicht ermangelt, sie mit Verweisen und Regeln zu überhäufen, wie sie den Hut abnehmen, wie sie sich verbeugen sollen usw. Zwar gibt man sich dabei das Ansehen, als wolle man bloß die Kinder dadurch bessern, meistenteils aber geschieht es nur, um nicht selbst beschämt zu werden. Ja nicht selten leuchtet aus der leidenschaftlichen Heftigkeit, mit der man alle Schande auf die armen Kleinen zu wälzen sucht, die Besorgnis nur zu deutlich hervor, die Anwesenden möchten die schlechte Aufführung des Kindes dem Mangel der guten Anweisung und Aufsicht beimessen.

Sicherlich werden die Kinder durch alle solche Gelegenheitsreden um kein Haar besser. Man muß sie zu einer anderen Zeit lehren, was sie zu tun haben, ihnen durch wiederholte Versuche und Übung erst zeigen, was schicklich und anständig ist, nicht aber verlangen, daß sie gleich auf der Stelle das verrichten sollen, was man ihnen vorsagt, ohne daß sie dazu gewöhnt worden oder wissen, wie sie sich dabei anzustellen haben. Sie dergestalt bei jeder Gelegenheit zu tadeln und auszuschelten, heißt nicht sie unterrichten, sondern vergeblich quälen und in Unruhe setzen. Billig sollte man über Fehler, an denen sie selbst nicht schuld sind, und von denen sie sich durch bloßes Reden unmöglich befreien können, ihnen gar nichts sagen. Weit besser wäre es, mit ihrer kindischen Unachtsamkeit und Einfalt bis zu reiferen Jahren Geduld zu tragen, als sie oft mit übel angebrachten Vorwürfen zu überhäufen, die nie einen heilsamen oder zweckmäßigen Eindruck zurücklassen können. Ist ihr Herz nur wohlgebildet und mangelt es ihnen nicht an der inneren Grundlage der wahren Höflichkeit, so wird Zeit und Aufmerksamkeit auf sich selbst, sowie die Jahre herankommen, die äußere Rauheit, welche von dem Mangel besserer Anführung herrührt, großenteils von selbst abschleifen – wenn sie nur in guter Gesellschaft aufwachsen, ist diese aber schlecht, so werden alle Regeln in der Welt und die besten Ermahnungen nicht vermögend sein, sie wohlgesittet zu machen. Denn das kann man als eine gewisse Wahrheit annehmen, daß das, was am meisten auf die Kinder wirkt, die Gesellschaft ist, in der sie leben, und das Verhalten derer, die um sie sind – nicht aber die Lehren und Ermahnungen, welche man ihnen erteilt, sie mögen auch noch so schön und gründlich sein und ihnen täglich eingeschärft werden. Kinder – und in der Tat auch Männer – handeln meistenteils aus Nachahmung. Wir sind insgesamt in gewisser Hinsicht Chamäleons, welche die Farbe der Dinge neben sich annehmen; es darf uns dieses also auch bei Kindern nicht befremden, auf die allezeit das mehr Eindruck macht, was sie sehen, als was sie hören.

S 68. Ich habe schon oben eines großen Übels erwähnt, welches den Kindern von den Bedienten zugefügt wird, indem diese durch ihre Schmeicheleien den Verweisen der Eltern alles Unangenehme zu benehmen suchen und dadurch das Ansehen der letzteren schwächen. Hier ist noch ein anderer wichtiger Schaden, der den Kindern aus den bösen Beispielen der niedrigen Klasse der Dienstboten zuwächst. Wenn es möglich wäre, so sollten sie von diesem Umgange gänzlich entfernt bleiben; denn diese schlechten Muster, sowohl in Rücksicht auf Tugend als auf Höflichkeit, können den Kindern, wenn sie in ihre Gesellschaft geraten, äußerst verderblich werden. Von solchem ungezogenen und liederlichen Gesinde lernen sie sehr oft niedrige Redensarten, unanständige Streiche und Laster, die ihnen außerdem vielleicht ihr ganzes Leben hindurch unbekannt geblieben sein würden.

§ 69. Es ist in der Tat eine schwere Sache, diesem Übel vorzubeugen, und der kann sich wahrlich glücklich preisen, der niemals einen ungeschliffenen und lasterhaften Bedienten hat und seine Kinder vor dieser Ansteckung zu verwahren imstande ist. Da man indes in diesem Stücke doch soviel tun muß als man nur immer kann, so sollten die Kinder womöglich alle ihre Zeit in der Gesellschaft ihrer Eltern oder derer zubringen, deren Aufsicht sie anvertraut sind. In dieser Absicht muß man ihnen dabei soviel Freiheit gestatten, als ihr Alter zu erfordern scheint und ihnen, solange sie unter der Eltern oder des Erziehers Augen sind, ja keinen unnötigen Zwang anlegen. Denn wenn sie wie in einem Gefängnis gehalten werden, so darf man sich gar nicht wundern, daß ihnen dies nicht ansteht. Sie mögen immerhin Kinder sein, mögen spielen und handeln wie Kinder, nur Böses dürfen sie nicht tun, sonst kann man ihnen alle Freiheit gestatten. Damit sie hiernächst auch die Gesellschaft ihrer Eltern wirklich liebgewinnen, so müssen sie in dieser und aus ihren Händen alles, was ihnen etwa lieb und angenehm ist, erhalten. Man muß also auch den Bedienten schlechterdings verbieten, sich durch starke Getränke, Wein, Obst, Spielsachen und andere solche Dinge einzuschmeicheln, die sie etwa reizen könnten, ihren Umgang zu suchen.

Siebenter Abschnitt.

Von den Vorzügen der häuslichen Erziehung.

§ 70. Da ich einmal der Gesellschaft erwähnt hatte, so war ich im Begriff, die Feder ganz und gar niederzulegen und gar nichts mehr über Erziehung zu schreiben. Denn da der Umgang mehr wirkt als alle Vorschriften, Regeln und Unterweisungen, so ist es meines Erachtens nur vergebene Mühe, sich bei anderen Dingen aufzuhalten und darüber lang und breit zu schwatzen. Aber, wird man sagen, was soll ich nun mit meinem Sohn anfangen; behalte ich ihn zu Hause, so ist er in Gefahr, durch zu viel Nachsicht verzogen zu werden und mir über den Kopf zu wachsen; tue ich ihn aber hinaus, wie ist es möglich, ihn vor der Ansteckung des Lasters zu bewahren, welches überall im Schwange geht? In meinem Hause wird er vielleicht seine Unschuld länger behalten, auf der anderen Seite aber mit der Welt desto unbekannter bleiben. Da er hier wenig fremde Menschen Zu sehen bekommt und beständig dieselben Gesichter vor sich sieht, so wird er dereinst, wenn er unter Leute kommt, entweder einfältig oder affektiert erscheinen.

Ich gestehe, beides hat seine Unbequemlichkeiten. Außer dem Hause wird er allerdings dreister "Dreist" hier und später im Sinne von „selbstbewußt, sicher im Auftreten".werden und mit jungen Leuten von seinem Alter besser umgehen lernen; der Wetteifer mit den Mitschülern bringt oft Leben und Tätigkeit in ein sonst schläfriges Gemüt. Allein wo ist die Schule, wo der Lehrer zugleich auf die Sitten seiner Schüler Rücksicht nehmen, wo er neben dem Unterricht in gelehrten Sprachen zugleich mit ebendem Erfolg an der Bildung ihres Herzens zur Tugend und zu einem rechtschaffnen Leben arbeiten kann? Wahrlich, der müßte einen großen Wert auf bloße Worte und Vokabeln legen, wer die Sprachen der alten Griechen und Römer den Tugenden vorzuziehen imstande wäre, welche dieselben zu so großen Männern bildeten, wer es übers Herz bringen könnte, seines Sohnes Unschuld und Tugend für ein bißchen Latein und Griechisch aufs Spiel zu setzen. Denn was die Dreistigkeit und Munterkeit anlangt, welche junge Leute unter ihren Spielkameraden in der Schule annehmen, so ist gemeiniglich eine große Portion von Roheit und

Unverschämtheit damit vermischt, die sie sich erst wieder abgewöhnen müssen, um diejenigen Grundsätze und Sitten anzunehmen, die den wirklich achtungswürdigen Mann charakterisieren. Wer nur selbst untersuchen will, wie sehr die gute Lebensart und das Verhalten des Mannes in den Welthändeln gegen die groben, unanständigen und unverschämten Sitten absticht, die man in manchen großen Schulen antrifft, der wird finden, daß gegen die Mängel der Privaterziehung die etwaigen Vorzüge der öffentlichen gar nicht in Betracht kommen, der wird daher bemüht sein, die Unschuld und Sittsamkeit seines Kindes mit eigenen Augen zu bewahren – Eigenschaften, welche mit den Erfordernissen, die zu einem nützlichen und tüchtigen Manne gehören, in genauer Verwandtschaft stehen. Niemand wird wahrnehmen oder auch nur daran denken, daß die Eingezogenheit und Einschränkung, in welcher unsere Töchter erzogen werden, sie zu minder verständigen oder untüchtigen Frauen bildet. Wenn sie in die Welt kommen, so gibt ihnen der Umgang bald eine anständige Freimütigkeit, und wenn es auf ungestümes und rauhes Wesen ankommt, so können auch Männer dieses wohl entraten; denn Mut und Festigkeit bestehen meiner Meinung nach nicht in Grobheit und Ungezogenheit.

Tugend ist schwerer zu erwerben als irgendeine Wissenschaft, und hat ein junger Mensch sie einmal verloren, so wird er sie selten wieder erlangen. Einfalt und Mangel an Weltkenntnis, die man gemeiniglich der Privaterziehung schuld gibt, sind nicht notwendig damit verbunden, und wenn sie es auch wären, so sind es doch keine unheilbare Fehler. Das Laster ist weit hartnäckiger als jedes dieser beiden Übel, daher man sich auch am ersten dagegen verwahren muß. Freilich findet man Kinder, welche in ihrem Elternhause verzärtelt worden, oft mit einer gewissen trägen Weichlichkeit behaftet, die ihrer Tugend sehr gefährlich werden kann; denn solch eine biegsame Gemütsstimmung macht sie leicht auch lasterhafter Eindrücke fähig und gibt die Neulinge der Verführung preis. Man muß also diesem Fehler vorzubeugen suchen und der junge Mensch muß, ehe er die Schwelle seines väterlichen Hauses und die Aufsicht des Erziehers verläßt, mit Entschlossenheit gestählt und mit den Menschen bekannt gemacht werden, um seine Tugenden sicherzustellen, sonst möchte er leicht zu einem unordentlichen Leben verleitet und an den Rand des Verderbens gebracht werden, ehe er mit den Gefahren des Umgangs hinlänglich bekannt geworden und Festigkeit genug besitzt, nicht jeder Versuchung zu erliegen. Wäre dieser Umstand nicht zu besorgen, so hätte man nicht nötig, der Blödigkeit und dem Mangel an Weltkenntnis bei jungen Leuten so früh entgegenzuarbeiten. Der

Umgang würde diesen Mängeln großenteils schon von selbst abhelfen; geschieht aber dies nicht früh genug, so hat man um so mehr Ursache, den Sohn in dem väterlichen Hause unter den Augen eines guten Hofmeisters zu erziehen. Denn daß man sich Mühe gibt, ihm einen männlichen Anstand und Freimütigkeit zu erteilen, das geschieht hauptsächlich, um seine Tugend unerschütterlicher zu machen, wenn er dereinst in der großen Welt seiner eigenen Führung überlassen ist.

Es ist also sehr verkehrt, um der vermeinten Dreistigkeit und Gewandtheit willen, sich unter seinesgleichen fortzubringen, die er in dem Umgange mit ungezogenen und ausgelassenen Jungen lernen soll, seine Unschuld aufzuopfern, da seine Festigkeit und Standhaftigkeit nur die Erhaltung seiner Tugend zur Absicht hat. Denn, wenn sich vollends Dreistigkeit und List zur Lasterhaftigkeit gesellt und dem Knaben zur Ausführung seiner schlechten Streiche dient, so ist er um so gewisser verloren, und ihr müßt ihn entweder ganz dahingehen oder ihm alles das wieder abgewöhnen, was er unter der schlechten Gesellschaft angenommen hat. Im Umgange mit Männern wird der Jüngling schon von selbst dreist und freimütig werden, und bis dahin ist es immer noch Zeit genug. Bescheidenheit und Unterwerfung machen ihn für den Unterricht nur desto empfänglicher; es ist also vorderhand nicht so wichtig, ihn zur Dreistigkeit zu gewöhnen. Das, was die meiste Zeit, Mühe und Anstrengung erfordert, das sind die Grundsätze der Tugend und des Wohlverhaltens, die ihm praktisch auf das stärkste eingeprägt werden müssen, so, daß nichts sie auslöschen könne. Hiermit muß man ihn wohlverwahren, denn der Umgang mit der Welt wird bald genug die fehlende Kenntnis und Sicherheit ersetzen; da aber hierbei seine Tugend leicht scheitern kann, so müssen die Grundsätze derselben seiner Seele desto tiefer eingeprägt sein.

Wie Jünglinge zur Geselligkeit angeführt und mit der Welt bekannt gemacht werden müssen, wenn sie reif dazu sind, davon werde ich an einem anderen Ort reden. Ich kann aber in der Tat nicht begreifen, was ein junger Mensch für den gesitteten Umgang oder für die Geschäfte des Lebens gewinnt, wenn er beim Spielen unter einem gemischten Haufen wilder Knaben Zanken oder Betrügen lernt. Auch ist schwerlich abzusehen, was für wünschenswürdige Eigenschaften er sich unter einer solchen, aus allerlei Ständen und Gattungen von Menschen zusammengerafften Herde von Spielkameraden, wie man sie in den gewöhnlichen Schulen antrifft, erwerben sollte. Im Gegenteil bin ich versichert, daß ein junger Mensch zu Hause unter einem tüchtigen Erzieher weit angenehmere Sitten, eine männlichere Denkungsart und ein feineres Gefühl dessen, was edel und anständig ist, erlangen und obendrein mehr lernen und früher ein gesetzter Mensch werden wird, als es auf irgendeiner Schule geschehen könnte. Ich will hierdurch keineswegs den Schulleuten zunahe treten oder ihnen etwas zur Last legen. Es ist ein großer Unterschied, in einem Hause zwei bis drei Zöglinge unter Aufsicht zu haben, oder sechzig bis achtzig, die hier und da zerstreut wohnen. Laß alsdann den Schulmann noch so geschickt und tätig sein, es ist unmöglich, daß er fünfzig bis hundert Schüler länger unter Augen haben könne, als sie in der Schule sind; auch kann man nicht erwarten, daß sie etwas weiter von ihm lernen sollen, als was in Büchern steht. Die Bildung des Herzens und der Sitten erfordert eine anhaltende Aufmerksamkeit und eine besondere Bemühung bei jedem einzelnen Kinde, welches in einem zahlreichen Haufen unmöglich ist, und hätte ein Lehrer auch die Zeit, die besonderen Mängel und verkehrten Neigungen jedes einzelnen Subjekts genau zu studieren, so würde es doch in der Tat vergebene Mühe sein, sie bessern zu wollen, da der junge Mensch den größten Teil der vierundzwanzig Stunden des Tages sich selbst und dem mächtigen Einfluß seiner Kameraden überlassen ist.

Weil indes die Väter bemerken, daß das Glück nicht selten kühne und verwegene Menschen am meisten begünstigt, so sehen sie es gern, wenn ihre Söhne sich schon frühzeitig dreist und aufgeweckt zeigen, und halten es für eine glückliche Vorbedeutung, daß sie in der Welt gut fortkommen werden, wenn sie ihren Kameraden eins anhängen können oder allerlei Streiche von ihnen lernen. Allein ich muß es frei heraussagen, daß nur der den sichersten und besten Weg zum künftigen Glücke seines Sohnes einschlägt, der ihn zur Tugend und Rechtschaffenheit erzieht. Wahrlich nicht die kleinen Schelmereien und Betrügereien, die Schulknaben untereinander ausüben, nicht die wohlangelegten Entwürfe, etwa einen Obstgarten zu plündern, sind es, die sie zu wackeren Menschen bilden, sondern die Grundsätze der Gerechtigkeit, Großmut und Mäßigkeit, verbunden mit Fleiß und Achtsamkeit – Eigenschaften, welche Schüler gewöhnlich nicht voneinander abzulernen pflegen. Bringt ein junger Mensch, der zu Hause erzogen wird, es in diesen Tugenden nicht weiter als in irgendeiner öffentlichen Schule, so muß der Vater in der Wahl des Erziehers nicht glücklich gewesen sein. Man nehme einen Knaben, der auf der ersten besten lateinischen Schule und einen anderen von demselben Alter, der in dem väterlichen Hause, wie es sich gebührt, erzogen ist; man führe sie beide in eine gute Gesellschaft und sehe, welcher von beiden das gesetzteste Betragen beobachten und sich gegen die Fremden mit der altständigsten Freimütigkeit wird zu nehmen wissen. Hier, glaub ich, wird den Schulknaben sein Selbstvertrauen entweder bald verlassen oder ihn mißfällig machen. Wenn es ihn aber bloß für den Umgang mit Schulkindern geschickt machte, so hätte er es sehr wohl entbehren können. – Wenn die allgemeinen Klagen nicht ungegründet sind, so reift das Laster heutzutage so schnell und sproßt so frühzeitig in jungen Gemütern empor, daß es unmöglich ist, einen Jüngling gegen das sich verbreitende Gift zu verwahren, wenn man ihn einem solchen Schwarm anvertraut und die Wahl seiner Schulkameradschaft dem blinden Zufalle oder seiner eignen Neigung überläßt. Durch welche traurige Schicksale das Laster unter uns in so wenig Jahren zu einer solchen Höhe gestiegen," unter was für Händen es zu einer so unbegrenzten Herrschaft gelangt ist, muß ich anderen zu untersuchen überlassen. Ich wünschte indes, daß diejenigen, die so laut über den Verfall der christlichen Frömmigkeit und Tugend und über die Abnahme der Gelehrsamkeit und anderer Vorzüge besonders unter den höheren Ständen der jetzigen Generation klagen, Mittel aufsuchen möchten, wie diesen Mängeln bei der künftigen vorzubeugen sei. Inzwischen bin ich überzeugt, daß wenn der Grund hierzu nicht in der Erziehung und Bildung der Jugend gelegt wird, alle anderen Bemühungen fruchtlos sein dürften. Ist man nicht bemüht, die Unschuld, Nüchternheit und Arbeitsamkeit der heranwachsenden Nachwelt zu erhalten und zu stärken, so wäre es lächerlich, von denen, die zunächst den Schauplatz betreten, zu erwarten, daß sie durch Tugend, Geschicklichkeit und Gelehrsamkeit, wodurch die Engländer sich seither soviel Achtung in der Welt erworben haben, sich hervortun sollten; fast hätte ich zu den erwähnten Eigenschaften auch den Mut hinzugesetzt, wiewohl dieser als den Briten angeboren betrachtet wird. Was man indessen von gewissen neuerlichen Vorfällen zur See berichtet, die in der Tat bei unseren Vorfahren unerhört waren, veranlaßt mich zu der Bemerkung, daß Schwelgerei den Mut der Menschen schwächt, und daß, wo Ausgelassenheit der Sitten das Gefühl von Ehre einmal erstickt hat, wahre Tapferkeit selten lange rastet. Man wird in der ganzen Geschichte keine Nation aufstellen können, die, sobald Schwelgerei und Sittenlosigkeit alle Schranken und alle Zucht niedergetreten hatte, noch imstande gewesen wäre, ihrem Feinde kühn und standhaft unter die Augen zu treten, so groß auch sonst der Ruhm ihrer Waffen und so furchtbar sie ihren Nachbarn gewesen sein mochte.

Die Tugend also und nur die Tugend allein ist das einzige, preiswürdige Ziel, auf welches bei der Erziehung alles zurückgeführt werden muß; vorschnelle Dreistigkeit oder andere kleine Ränke und Schelmereien gehören gar nicht dahin. Alle anderen Betrachtungen und Vorzüge müssen jenem großen Ziele nachstehen. Dies ist das reelle und wesentliche Gut, worüber der Erzieher nicht bloß dozieren und sprechen, sondern es zum Hauptgegenstand aller seiner Kunst und seines Bestrebens machen muß, um das Gemüt ganz damit zu durchdringen und nicht eher abzulassen, bis der junge Mensch wahren Geschmack daran gewinnt, seine ganze Stärke, seinen Ruhm und sein Vergnügen dareinsetzt.

Je weiter er es hierin bringt, desto leichter wird ihm die Erwerbung aller übrigen Vollkommenheiten werden. Denn wer sich einmal der Tugend ergeben hat, wird in keinem Stücke seiner Pflichten widerspenstig oder saumselig erfunden werden; und darum muß ich auch der häuslichen Erziehung unter den Augen des Vaters und unter einem tüchtigen Erzieher, als dem sichersten Weg, den großen und einzigen Zweck der Menschenbildung zu befördern, allerdings den Vorzug einräumen, wenn es anders, den Umständen nach, angeht und alles dabei so eingerichtet wird, wie es sein muß. In guten Häusern fehlt es selten an abwechselnder Gesellschaft; man muß demnach die Kinder an alle fremde Gesichter gewöhnen und sie mit Personen von allen Gattungen und Ständen umgehen lassen, sobald sie nur dazu fähig sind; und ich weiß nicht, warum diejenigen, die auf dem Lande leben, sie nicht immer mitnehmen sollten, wenn sie bei ihren Nachbarn Höflichkeitsbesuche abstatten. So viel ist wenigstens gewiß, daß ein Vater, der seinen Sohn zu Hause erzieht, den Vorteil hat, ihn mehr in seiner Gesellschaft zu haben und ihm die nötigen Erinnerungen selbst zu erteilen, daß er ihn besser gegen die Verführung der Bedienten und gegen die niedrige Klasse des Pöbels verwahren kann, als wenn er ihn außer dem Hause hält. Indessen muß man dies alles größtenteils den Eltern allein überlassen, denn es kommt auf die Umstände und Bequemlichkeiten an. Doch, muß ich gestehen, kann ich mir keinen Begriff von einer guten Haushaltung machen, wo der Vater nicht imstande sein sollte, für die Erziehung seines Sohnes etwas aufzuopfern, da diese doch das beste Erbteil ist, das er ihm hinterlassen kann, sein Stand sei übrigens, welcher er wolle. Sollten dem allen ungeachtet doch einige der Meinung sein, daß es bei der häuslichen Erziehung zu sehr am Umgang fehle, die gewöhnlichen Schulen aber sich für Kinder von guten Häusern nicht schicken, so dünkt mich, lassen sich noch Mittel ausfindig machen, beiderlei Unbequemlichkeiten abzuhelfen.

§ 71. Da ich den wichtigen Einfluß der Gesellschaft bemerkt habe und wie geneigt wir allesamt und Kinder vorzüglich zur Nachahmung sind, so muß ich den Eltern noch einen wichtigen Grundsatz empfehlen, nämlich diesen: Wollt ihr, daß euer Kind gegen euch und eure Befehle mit Ehrerbietung erfüllt sei, so müßt ihr selbst viel Achtung gegen dasselbe zeigen: Maxima debetur pueris reverentia (Kindern ist man die größte Achtung schuldig) sagt ein alter Dichter. Das heißt so viel: Ihr müßt in ihrer Gegenwart nichts tun, was sie nicht nachahmen sollen. Laßt ihr euch etwas entwischen, was ihr ihnen als einen Fehler anrechnet, so werden sie zuverlässig sich durch euer Beispiel schützen und zwar dermaßen, daß es nicht leicht sein wird, sie auf eine gute Art davon abzubringen. Wollt ihr euren Sohn um solcher Dinge willen strafen, die ihr selbst tut, so wird er dies nicht eurer guten Meinung noch der Sorgfalt zuschreiben, ihn von einem Fehler zu befreien, sondern eurer Härte und Strenge; er wird es seinem Vater als eine eigensinnige, gebieterische Herrschsucht auslegen, der ohne Grund und Ursache ihm die Freiheit und das Vergnügen versagt, das er sich selbst verstattet. Erklärt ihr aber die Freiheit, deren ihr euch bedient, für einen Vorzug reiferer Jahre, auf welche ein Kind nicht Anspruch machen darf, so gebt ihr eurem Beispiel nur noch mehr Kraft und macht eure Handlungen noch eindrucksfähiger. Denn man muß wohl bedenken, daß Kinder eher als man glaubt Männer sein wollen und daß sie nur darum so begierig sind, bald Beinkleider zu tragen, weil sie sich dadurch den Männern zu nähern glauben. Was ich von dem Betragen des Vaters in Gegenwart der Kinder gesagt habe, gilt auch von allen anderen, unter deren Aufsicht sie stehen, und denen sie Gehorsam und Ehrerbietung schuldig sind.

Achter Abschnitt.

Von den verzeihlichen und strafwürdigen Fehlern der Jugend.

§ 72. Wieder auf die Strafen und Belohnungen zurückzukommen, so habe ich schon bemerkt, daß Kinder um solcher Fehler und kindischer Handlungen willen, welche mit den reiferen Jahren von selbst verschwinden, nicht geschlagen werden müssen, wiewohl dies leider nur zu oft geschieht. Rechnet man hierher auch den Unterricht im Lesen, Schreiben, Tanzen, in fremden Sprachen usw., so bleiben in der Tat nur wenig Gelegenheiten übrig, bei denen man zu Gewalt und Schlägen seine Zuflucht nehmen müßte. Die beste Methode, Kinder zu unterrichten, besteht darin, ihnen Neigung und Geschmack an dein, was sie lernen sollen, beizubringen, um ihre Tätigkeit und ihren Fleiß zu ermuntern. Dieses ist, dünkt mich, nicht schwer, wenn man die Kinder gehörig zu behandeln versteht, die vorhin erwähnten Belohnungen und Strafen mit Klugheit anwendet und überdies folgende wenige Regeln in acht nimmt.

§ 73. Erstlich muß man den Kleinen das, was sie zu lernen anfangen, nicht als lästig oder als eine wirkliche Arbeit vorstellen. Was sich ihnen von dieser Seite darstellt, wird ihnen sogleich ekelhaft und erweckt Widerwillen, wenn es ihnen zuvor auch wirklich angenehm oder wenigstens gleichgültig war. Man verlange nur von einem Kinde, daß es allemal zu bestimmten Zeiten des Tages seinen Kreisel peitschen soll, es mag Lust dazu haben oder nicht; man fordere dies als eine Schuldigkeit von ihm, womit es sich den Vor- und Nachmittag einige Stunden beschäftigen muß, und man wird sehen, ob es nicht auf die Art nicht nur dieses, sondern auch jedes Spieles bald überdrüssig werden wird. Ist es nicht ebenso bei Erwachsenen? Wie bald wird ihnen nicht eine Sache ekelhaft und unausstehlich, wenn man sie ihnen zur Schuldigkeit macht, so gern sie sich auch sonst von selbst damit abgegeben haben mögen! Man mag sagen was man will, so haben Kinder ebensowohl einen Trieb, ihr Freiheitsgefühl zu äußern und zu zeigen, daß ihre guten Handlungen aus eigener Entschließung entstehen, daß sie sich selbst bestimmen können und unabhängig sind wie erwachsene Männer, sie mögen auch für noch so stolz gehalten werden.

§ 74. Hieraus folgt die zweite Regel, daß man Kinder selten, selbst zu solchen Dingen, wozu sie Neigung haben, zu einer anderen Zeit anhalten sollte, als wenn sie selbst Luft und Trieb dazu empfinden. Wer noch soviel Vergnügen am Lesen, Schreiben, Musik usw. findet, hat doch wohl Augenblicke und Stunden, wo er sich nicht gern damit abgibt, und wenn er sich zu solchen Zeiten mit Gewalt dazu antreibt, so quält und ermüdet er sich nur vergebens. Diese veränderliche Stimmung muß man genau wahrnehmen und die günstigen Augenblicke der Aufgelegtheit und des eigenen Antriebes sorgfältig benutzen. Äußert sich aber diese Stimmung nicht oft genug von selbst, so muß man Kindern, ehe sie ein Geschäft vornehmen, auf eine gute Art erst Lust dazu beizubringen suchen. Dies ist, dünkt mich, keine so schwere Sache für einen verständigen Erzieher, der den Charakter seines Zöglings gehörig studiert hat und sich die kleine Mühe nicht verdrießen läßt, den Kopf desselben mit Vorstellungen anzufüllen, die ihm eine

Liebe Zu dem vorliegenden Geschäft einstoßen. Bei dieser Methode kann man ungemein viel Zeit und Langeweile ersparen; denn ein Kind lernt, wenn es recht aufgelegt ist, ungleich mehr als in der doppelten Zeit und mit doppelter Anstrengung, wenn es nicht aufgelegt ist und mit Widerwillen dazu getrieben wird. Weiß man dies recht anzufangen, so kann man ein Kind so lange spielen lassen, als es selbst Lust hat, und es wird immer noch Zeit genug übrigbleiben, das zu lernen, was sich für sein Alter und seine Fähigkeit schickt.

Bei dem gewöhnlichen Schlendrian aber wird hierauf gar nicht Rücksicht genommen; es kann auch nicht wohl geschehen. Denn die rauhe Kinderzucht mit dem Stock ist auf ganz andere Grundsätze gebaut, hat gar nichts Anziehendes und nimmt gar keinen Bedacht auf die Laune, in der sich das Kind befindet, noch auf die Neigung und Stimmung desselben. In der Tat wäre es auch lächerlich von einem Kinde zu verlangen, daß es aus eigenem Antriebe das Spiet verlassen und mit Vergnügen die Gelegenheit zum Lernen ergreifen sollte, wenn ihm einmal durch Schläge und Stöße ein Widerwillen dagegen beigebracht worden ist; da hingegen der Unterricht in jeder Sache, die es lernen soll, wenn man es nur recht anfängt, leicht zur Erholung bei seinen Spielen gemacht werden kann, sowie das Spiel sonst die Erholung vom Lernen zu sein pflegt. Die Mühe ist beim Spiel und beim Unterricht ziemlich gleich; auch machen sich die Kleinen daraus nichts, denn sie wollen stets beschäftigt sein, und bloß der Wechsel und die Veränderung ist es, woran sie von Natur Vergnügen finden. Der Unterschied besteht bloß darin, was wir Spiel nennen wollen. Bei diesem beschäftigen sie sich ohne Zwang; die Mühe, die sie dabei anwenden (und daran lassen sie es, wie man leicht bemerken kann, nie fehlen) ist freiwillig. Zum Lernen aber werden sie gewöhnlich gezwungen und mit Befehlen angetrieben, und dadurch wird es ihnen gleich beim ersten Anfang zuwider, denn sie vermissen dabei ihre Freiheit. Anstatt daß der Lehrer sie zum Unterricht herbeiruft, müssen sie von selbst zu ihm kommen und ihn bitten, daß er sie unterrichte, sowie sie auch von selbst ihre Kameraden zum Spiel einzuladen pflegen. Dann werden sie am Lernen Vergnügen finden und sich ebenso frei dabei fühlen als in anderen Dingen, sich dabei ebenso freuen, wie bei ihren Spielen und Zeitvertreiben. Bei dieser Methode wird ein Kind leicht dahin gebracht werden, daß es selbst ein Verlangen äußert, in dem unterrichtet zu werden, was ihr wünscht, das es lernen soll. Das älteste oder erstgeborene Kind macht, ich gestehe es, immer die größte Mühe; ist aber dieses nur einmal recht angeführt, so kann man auch die nachfolgenden desto leichter ziehen, wie man sie haben will.

§ 75. Ob es gleich keinem Zweifel unterworfen ist, daß das die bequemste Lernzeit für Kinder ist, wenn ihr Geist sich recht aufgelegt und heiter befindet und weder Schlaffheit oder Trägheit noch eine fremde Richtung der Vorstellungskraft auf andere Dinge sie ungeschickt und abgeneigt macht, so darf man doch folgende zwei Regeln hierbei nicht aus der Acht lassen, nämlich 1. daß man jene Zeiten nicht gar zu sorgfältig wahrnehme und, so oft sie sich zeigen, allemal unausgesetzt benutze; denn im Falle diese gute Disposition sich nicht so oft einfinden sollte als nötig wäre, um das Kind weiterzubringen, so könnte ihm Trägheit und Saumseligkeit leicht zur Gewohnheit werden. 2. Obgleich das Lernen nicht gut vonstatten geht, wenn der Geist nicht recht aufgelegt oder mit anderen Dingen beschäftigt ist, so ist es doch ungemein wichtig und der Anstrengung wert, der Seele eine gewisse Herrschaft über sich selbst zu verschaffen, damit sie fähig sei, nach eigener Wahl ihre Aufmerksamkeit von manchen heißverfolgten Gegenständen abzuziehen und selbige mit Leichtigkeit und Vergnügen auf andere zu lenken, oder sich oft selbst aus der Trägheit herauszureißen und mit Eifer und Lebhaftigkeit das zu betreiben, was die Vernunft oder der Rat unserer Freunde erheischet. Hierzu kann man Kinder gewöhnen, indem man sie zuweilen zu einem vorgeschriebenen Geschäft anhält, wenn ihr Gemüt entweder schläfrig oder auf einen ganz anderen Gegenstand gerichtet ist. Werden die Kinder dergestalt in Beherrschung ihrer selbst geübt, so kann man sie zuweilen die Gedanken und Geschäfte, womit sie sich eben abgeben, beiseite legen lassen, um sich ohne Widerwillen und Unlust an andere minder angenehme Verrichtungen zu machen. Dies wird ihnen nützlicher sein und heilsamere Folgen haben als Latein und Logik oder andere Dinge, womit man sie sonst plagt. § 76. Da Kinder in diesem Alter tätiger und rastloser zu sein pflegen als in irgendeinem anderen Teile ihres Lebens und es ihnen übrigens gleichgültig ist, was sie vornehmen, wenn sie es nur zu tun imstande sind, so wird es ihnen z. B. einerlei sein, ob sie tanzen oder auf einem Beine hüpfen lernen, dafern nur die Ermunterungs- oder Verweismittel in beiden Fällen gleich sind. Nur alsdann bekommen sie einen Ekel an dem, was sie lernen sollen, wenn es ihnen anbefohlen und als Arbeit aufgelegt wird, wenn man sie mit Schelten und harten Worten dazu antreibt, so daß sie sich mit Furcht und Zittern dazu anschicken, oder endlich wenn man sie, selbst dann, wenn sie gern daran gehen, bis zum Überdruß dabei aufhält: kurz, alles das verleidet ihnen den Unterricht, was ihre natürliche Freiheitsliebe beeinträchtigt; sowie im Gegenteil ebendieser Trieb ihnen ihre gewöhnlichen Spiele so reizend und angenehm macht. Man kehre nur die Methode um und man wird sehen, daß sie bald fleißig werden, besonders wenn diejenigen, von denen sie glauben, daß sie mehr sind, sie durch ihr Beispiel ermuntern. Kann man überdies die Anstalt treffen, daß das, was andere tun, sich ihnen als ein Vorrecht eines höheren Alters und Standes darstellt, so wird sie die Ehrliebe und das Verlangen, immer vorwärts zu kommen und denen, die weiter find, es gleich zu tun, schon von selbst in Tätigkeit setzen und ihnen Eifer und Vergnügen für ihre Pflicht einflößen – Vergnügen an dem, was sie aus eigenem Antrieb angefangen haben. Hierbei wird der Genuß der so hochgeschätzten Freiheit kein geringes Aufmunterungsmittel abgeben. Kommt nun noch die Neigung nach Beifall und nach einem guten Ruf hinzu, so bin ich versichert, daß es keines anderen Spornes bedarf, um sie so fleißig und arbeitsam zu machen, als nötig ist. Freilich wird, ich gestehe es, Geduld und Geschicklichkeit erfordert, Güte und Aufmerksamkeit, um es fürs erste dahin zu bringen. Aber wozu brauchte man einen Erzieher, wenn die Erziehung keine Mühe verursachte. Hat man aber dies erst einmal zustande gebracht, so gibt sich alles übrige alsdann von selbst und geht weit leichter vonstatten als bei einer strengen und gebieterischen Zucht. Auch glaube ich, ist die Sache so gar schwer nicht oder würde es zuverlässig nicht sein, wenn keine schlimmen Beispiele auf die Kinder wirkten. Die größte Gefahr rührt also, wie mich dünkt, immer von Bedienten, unartigen Kindern oder anderen närrischen Leuten her, welche jungen Gemütern teils durch das schlechte Beispiel ihrer verdorbenen Sitten, teils dadurch schaden, daß sie ihnen Geschmack an lasterhaften Vergnügungen beibringen und falsches Lob erteilen.

§ 77. So wie man Kinder nur sehr selten mit Schlägen strafen muß, so ist es auch nicht gut, sie oft und mit Leidenschaft zu schelten. Dies schwächt das Ansehen der Eltern und die Ehrerbietung der Kinder, denn man muß nicht vergessen, daß die Kleinen sehr bald Vernunft und Leidenschaft unterscheiden lernen, und so wie jene ihnen notwendig Hochachtung einflößt, so empfinden sie gegen die letztere bald Verachtung. Gesetzt aber auch, sie werden dadurch in Schrecken gejagt, so geht der Eindruck doch geschwind vorüber und ihr natürliches Gefühl macht sie gleichgültig gegen ein leeres Gepolter, welches nicht von Vernunft beseelt wird. Werden Kinder von ihren Eltern bloß in bösen Dingen eingeschränkt (und deren gibt es in diesem zarten Alter nur wenig), so wird ein Blick, ein Wink hinreichend sein, sie zurechtzuweisen, wenn sie fehlen.

Ist man indes genötigt, Worte zu gebrauchen, so müssen sie ernsthaft, sanft und gemäßigt sein und ihnen das Böse oder Unanständige erklären; bedient man sich aber harter und empfindlicher Ausdrücke, so weiß das Kind alsdann nicht mehr, ob der Unwille seiner Person oder bloß seinen Fehlern gilt. Leidenschaftliche Verweise werden insgemein in bitteren und niedrigen Redensarten erteilt und das hat die üble Wirkung, daß es die Kinder zu eben der Sprache berechtigt, denn sie werden sich nicht scheuen, anderen die Namen zu geben, die ihnen von ihren Eltern und Vorgesetzten beigelegt worden.

§ 78. Wie aber, wird man mir einwenden, wenn man Kinder um ihrer Vergehungen willen weder schlagen noch schelten soll, so muß man ihnen also in allen Unarten und Unordnungen den Willen lassen. Nicht so sehr als man denkt, antworte ich, wenn man nur bei der ersten Bildung der Kinderseelen den rechten Weg einschlägt und ihnen, wie oben erwähnt, wahre Ehrfurcht für ihre Eltern einflößt, denn Schläge stiften, wie die tägliche Erfahrung lehrt, wenig Gutes, wenn dabei der körperliche Schmerz das einzige ist, was das Kind fürchtet oder empfindet. Es gibt jedoch einen – und zwar nur einen einzigen Fehler, um derentwillen Kinder geschlagen werden müssen, nämlich Widerspenstigkeit und vorsätzlicher Ungehorsam. Doch auch in diesem Falle muß man dahin sehen, daß das Gefühl der Schande, nicht aber des sinnlichen Schmerzes das empfindlichste bei der Strafe sei. Schamgefühl, unrecht getan und Züchtigung verdient zu haben, ist die einzige zweckmäßige Strafe, welche Gutes bewirken kann. Der Schmerz der Rute geht bald vorüber, wird geschwind vergessen und verliert durch Gewohnheit alles Furchtbare, wenn er nicht mit Beschämung verbunden ist. Ich habe Kinder einer gewissen Standesperson gekannt, bei denen die Furcht, daß man ihnen die Schuhe ausziehen würde, ebenso stark wirkte, als bei anderen die Scheu vor der Rute, die beständig über ihnen schwebte. Strafen von dieser Gattung halte ich für weit zweckmäßiger als Schläge. Denn wenn Kinder edle Gesinnungen annehmen sollen, so muß das Gefühl der Reue über den begangenen Fehler und die Vorstellung des Mißfallens, das sie sich dadurch zugezogen, weit mehr wirken als körperlicher Schmerz. Aber Widersetzlichkeit und vorsätzlicher Ungehorsam müssen durch Gewalt und Schläge bestraft werden, denn es gibt kein anderes Mittel dagegen. Alles, was ihr eurem Sohne zu tun oder zu lassen befehlet, das muß er genau befolgen; hierin müßt ihr keine Nachsicht, keinen Widerstand stattfinden lassen. Denn wenn es einmal zwischen beiden zu einem Versuch kommt, wer Herr oder Meister sein soll (welches der Fall ist, wenn der Vater befiehlt und der Sohn sich weigert zu gehorchen), so muß der Vater, falls Winke und Worte nichts ausrichten sollten, seine Sache mit Gewalt durchsetzen und durch Schläge den Ungehorsamen bändigen, sonst würde er zeitlebens in der Abhängigkeit des Sohnes stehen müssen. Eine kluge und sanfte Mutter von meiner Bekanntschaft sah sich in einem ähnlichen Falle genötigt, ihre kleine Tochter, als sie sie von der Amme zurücknahm, acht Tage hintereinander alle Morgen zu peitschen, ehe sie ihre Widerspenstigkeit bändigen und sie in einer sehr leichten und gleichgültigen Sache zum Gehorsam bringen konnte. Hätte die Mutter eher nachgelassen und die Rute nicht zum achten Male gebraucht, so würde sie dem Kinde auf immer geschadet, es in seinem Eigensinn bestärkt und in der Folge, aller angewandten Mühe ungeachtet, schwerlich gebessert haben. Da sie aber diese kluge Standhaftigkeit beobachtete und nicht eher abließ, als bis sie den Sinn und den Willen der Kleinen gebrochen hatte, welches der einzige Zweck der Strafe sein muß, so befestigte sie ihr Ansehen gleich anfangs dermaßen, daß die Tochter nach der Zeit immer die größte Folgsamkeit in allen Stücken bewies, und so wie dies die ersten Schläge waren, so waren es unstreitig auch die letzten.

Wenn man zum erstenmal genötigt ist, körperliche Strafen zu gebrauchen, so muß die Züchtigung solange fortgesetzt und, ohne abzulassen, verstärkt werden, bis der Eigensinn ganz überwunden und das Ansehen der Eltern gesichert ist; und dann muß man dieses Ansehen, durch Ernst mit Güte vermischt, immerdar zu erhalten suchen.

Wenn man hierüber gehörig nachdächte, so würde der Gebrauch der Rute und des Stocks weit seltener sein; man würde endlich von dem elenden Vorurteile zurückkommen, Schläge seien das Universalmittel, dessen man sich geradezu bei allen Gelegenheiten bedienen könne. Soviel ist wenigstens gewiß, daß sie zwar nichts Gutes, aber großen Nachteil stiften. Wenn sie den Eigensinn nicht dämpfen, noch den Willen bändigen, so verhärten sie nur den Übertreter, denn die Schläge mögen ihn noch so sehr geschmerzt haben, so bestärken sie ihn doch nur in der belobten Hartnäckigkeit, die ihm diesmal den Sieg verschafft hat, und erregen in ihm die Hoffnung, künftig durch neue Widersetzlichkeit zu triumphieren. Auf diese Art, glaube ich, wird mancher bloß durch übel angebrachte Züchtigung widerspenstig und eigenwillig, der sonst sehr folgsam und biegsam gewesen sein würde. Denn wenn ihr bei der Strafe so verfahrt, als wolltet ihr bloß den einmal begangenen Fehler, der euren Zorn rege gemacht hat, an dem Kinde rächen, was kann dies wohl in seinem Gemüt, welches doch allein gebessert werden soll, für eine Wirkung hervorbringen? Leuchtete aus seinem Vergehen nicht zugleich Trotz und Eigenwillen hervor, so weiß ich nicht, wozu solche Strenge und Schläge nötig waren. Sind es bloß kleine Fehler, die aus Schwäche, Vergessenheit oder Unachtsamkeit entstehen, so sind ernsthafte und sanfte Erinnerungen hinreichend, und mehr braucht es dazu nicht. Beruht aber der Fehler auf einer Verkehrtheit des Willens, so muß die Strafe, falls es vorsätzlicher und überlegter Ungehorsam wäre, nicht nach der Wichtigkeit oder Kleinfügigkeit der Sache, worin er sich zeigt, abgemessen werden, sondern nach dem Grade der Abweichung von der Ehrfurcht und Unterwerfung, die der Sohn den Befehlen des Vaters schuldig ist; und dann muß man ihm auch die Schläge ganz nach der Strenge und nach dazwischen fallenden Pausen erteilen, bis das Gemüt erweicht ist und man Zeichen aufrichtiger Neue und des Vorsatzes, gehorsam zu sein, verspürt.

Hierzu gehört freilich etwas mehr, als etwa ein Kind zu einem Pensum hinzusetzen und dann ohne weitere Umstände darauf loszuschlagen, wenn es dasselbe nicht fertigschafft oder nicht nach unserem Sinne macht. Es wird Sorgfalt, Achtsamkeit und Beobachtungsgeist erfordert, ein genaues Studium der Kinderseelen und eine sorgfältige Würdigung der Vergehungen, ehe man zu solchen Strafen schreitet. Aber ist denn dies nicht besser, als immerfort die Rute in der Hand zu haben, als gäbe es kein anderes Werkzeug der Erziehung; ist es denn nicht besser, als wenn man dieses äußerste und wirksamste Mittel durch zu häufige Anwendung bei allen Gelegenheiten abnutzt und für den Fall, wo es wirklich nötig ist, ganz unkräftig macht? Und was läßt sich wohl von demselben erwarten, wenn man sich seiner bei jedem unbedeutenden Vergehen bedient? Wenn man einem sonst wohlgesitteten und fleißigen jungen Menschen bei jedem Verstoß gegen die Syntax oder gegen die Prosodie einen ebenso derben Streich versetzt wie einem ungezogenen Buben bei einem vorsätzlichen Frevel; wie kann solch ein Verfahren das Herz bessern und zur Tugend bilden? Und das ist ja der einzige Zweck der Erziehung; denn wenn das Herz mit tugendhaften Gesinnungen erfüllt ist, so gibt sich alles, was man sonst von der Jugend erwartet, von selbst.

§ 79. Wenn also der Wille des Kindes nur gut ist und keiner Verbesserung bedarf, so sind auch keine Schläge nötig. Alle anderen Fehler, die nicht in einem verkehrten Herzen oder in dem Ungehorsam gegen Eltern und Vorgesetzte ihren Ursprung haben, sind bloße Versehen und müssen oft gar nicht bemerkt werden. Werden sie aber bemerkt, so hat man bloß gelinde Mittel anzuwenden, nämlich Rat, Zurechtweisung und Tadel; es sei denn, daß die wiederholte und wissentliche Nichtachtung alles dessen einen Fehler des Herzens verriete und eine offenbare Verkehrtheit des Willens der Grund des Ungehorsams wäre. Wenn es aber wahre Widerspenstigkeit ist, die sich durch offenbaren Trotz zutage legt, so darf man weder Nachsicht noch Geduld anwenden, sondern muß sie auf der Stelle dämpfen und unterdrücken, sich aber sorgfältig in acht nehmen, daß man sich nicht irre und daß es in der Tat Widersetzlichkeit sei und nichts anderes.

§ 80. Da man indes die Gelegenheit zu Strafen, besonders aber zu Schlägen, so sehr als möglich vermeiden muß, so darf man es auch nur selten soweit kommen lassen. Denn wenn den Kindern nur erst wahre Ehrfurcht eingeprägt ist, so wird in den meisten Fällen ein bloßer Wink hinreichend sein. Auch darf man ja nicht von kleinen Kindern dasselbe Verhalten, ebendas gesetzte Wesen und den Fleiß verlangen wie von den größeren. Man muß ihnen die Kindereien und Albernheiten, die ihren Jahren angemessen sind, zugute halten, ohne sich darum zu bekümmern. Unachtsamkeit, Leichtsinn und Fröhlichkeit ist der Charakter dieses Alters. Es wäre höchst unschicklich, die Strenge, von der ich soeben gesprochen, auf dergleichen Fälle auszudehnen, oder das, was eine natürliche Äußerung ihres Alters oder ihrer kindischen Laune ist, sogleich für Widerspenstigkeit und Eigensinn zu erklären. Bei solchen Vergehungen muß man ihnen zu Hilfe kommen, sie wieder auf den rechten Weg führen und sie als Schwache behandeln, die mit einer natürlichen Krankheit behaftet sind; auch darf man ihnen, wenn sie gleich schon gewarnt worden, nicht jeden Rückfall als eine förmliche Übertretung anrechnen und sie deshalb sogleich als widerspenstig behandeln. Schwachheitsfehler müssen zwar nie vernachlässigt werden und ohne Erinnerung bleiben, solange indes der Wille keinen Teil daran nimmt, muß man sie weder vergrößern, noch zu hart ahnden, sondern den Strauchelnden mit Sanftmut zurechtweisen, wie es die Jahre und Umstände erfordern. Bei dieser Methode werden die Kinder bald begreifen, welches Betragen vorzüglich mißfällt und deshalb vermieden werden muß – und, was die Hauptsache ist, so wird sie diese Erkenntnis antreiben, selbst an ihrer Besserung zu arbeiten, weil sie einsehen, daß sie dadurch großem Mißvergnügen entgehen, und im übrigen bei anderen kleineren Fehltritten von ihren Eltern und Vorgesetzten nicht eben Zorn oder leidenschaftliche Verweise, sondern teilnehmende Sanftmut und Hilfe zu erwarten haben. Man bewahre sie nur vor dem Laster und vor lasterhaften Neigungen, die gute Lebensart wird sich nach und nach schon von selbst einfinden, so wie es die Jahre und die Gesellschaft, in der sie leben, mit sich bringen; je älter sie werden, desto mehr wird auch ihr Fleiß und ihre Aufmerksamkeit zunehmen. Doch müßt ihr immer dahin sehen, daß eure Reden nie das gehörige Gewicht und Ansehen bei ihnen verlieren. Verbietet ihr daher dem Kinde einmal etwas, wenn es auch sonst wirklich unbedeutend wäre, so müßt ihr es notwendig durchsetzen, damit das Kind sich keine Herrschaft anmaße. Indessen wünschte ich, daß der Vater in diesen und ähnlichen Fällen nur selten sein Ansehen oder Befehle gebrauchte, es sei denn, daß man böse Gewohnheiten befürchten müßte. Es gibt, dünkt mich, noch andere Mittel, die Jugend zu lenken; meistenteils mögen vernünftige Vorstellungen und Zureden besser angebracht sein als Härte, wenn nur erst die Hauptsache, nämlich Unterwerfung unter euren Willen, vorhanden ist.

§ 81. Man wird sich vielleicht wundern, daß ich von vernünftigen Vorstellungen rede; allein ich bin in der Tat der Meinung, daß dies die beste Methode sei, mit Kindern umzugehen. Sie werden dieser Vorstellungen fähig, sobald sie sprechen lernen, und wenn ich nicht ganz falsch beobachtet habe, so wollen sie weit eher, als man denkt, wie vernünftige Geschöpfe behandelt sein. Man sollte diesen Stolz bei ihnen unterhalten und ihn soviel als möglich zum wichtigsten Werkzeug ihrer Leitung machen.

Wenn hier aber von vernünftigen Vorstellungen die Rede ist, so meine ich nur solche, die der Fähigkeit und der Fassungskraft der Kinder angemessen sind. Niemand wird wohl glauben, daß man mit einem Knaben von drei bis sieben Jahren so räsonieren könne, wie mit einem erwachsenen Manne. Lange Reden und philosophische Abhandlungen können bei einem Kinde höchstens Staunen und Verwirrung hervorbringen, aber es nicht unterrichten. Wenn ich demnach Kinder wie vernünftige Geschöpfe behandelt wissen will, so ist meine Meinung bloß, daß man ihnen durch eine gelinde und sanfte Begegnung, ja selbst durch das Benehmen bei ihrer Züchtigung begreiflich machen müsse, alles was man mit ihnen vornimmt, sei vernünftig, nützlich und notwendig, es sei weder Eigensinn, Leidenschaft noch Laune, wenn man ihnen dieses oder jenes befiehlt oder verbietet. Dieses können sie wohl begreifen, und es gibt, wie ich glaube, keine Tugend, zu welcher sie nicht durch Überzeugung angetrieben, noch irgendeinen Fehler, von welchem sie nicht durch Vernunftgründe zurückgebracht werden könnten. Diese Gründe aber müssen ihrem Alter und Verstande angepaßt und in wenigen, aber klaren und deutlichen Ausdrücken ihnen mitgeteilt werden. Die Urbegriffe, auf welchen alle und jede Pflichten beruhen, und die Quellen von Recht und Unrecht, aus welchen sie entspringen, können vielleicht nur wenig Erwachsenen recht faßlich gemacht werden, weil sie ihren Geist nicht zum Nachdenken gewöhnt haben. Viel weniger also wäre es bei Kindern angebracht, von entfernten Grundsätzen auszugehen. Sie sind nicht stark genug, eine lange Schlußkette zu übersehen. Die Vorstellungen, welche auf sie wirken sollen, müssen ihnen naheliegen, ihrer Denkkraft angemessen sein und ihnen sozusagen handgreiflich gemacht werden. Wenn man indes auf ihr Alter, Temperament und ihre Neigungen genau Rücksicht nimmt, so wird es nie an Motiven fehlen, die hinreichend sind, sie zu überzeugen. Wenigstens werden folgende, dafern es keine anderen geben sollte, immer faßlich und stark genug sein, sie von einem Fehltritt zurückzuschrecken, nämlich: daß sie sich dadurch eine schlechte Meinung, Verachtung und euer Mißfallen zuziehen.

§ 82. Unter allen Mitteln, die Kinder zu belehren und ihre Sitten zu bilden, ist unstreitig das einfachste, leichteste und wirksamste, daß man ihnen Beispiele von solchen Dingen, die sie tun oder lassen sollen, vor Augen stellt. Wählt man diese Beispiele überdem aus den Handlungen solcher Personen, die sie kennen, und stellt zugleich einige Betrachtungen über das Schöne und Wohlanständige oder das Unschickliche dabei an, so wird das weit mehr wirken und sie stärker zur Nachahmung reizen oder davon abschrecken, als die besten Ermahnungen. Tugenden und Laster können ihrem Verstande nie so anschaulich gemacht werden, als sie sich in den Handlungen anderer Menschen darstellen, wenn man ihre Aufmerksamkeit darauf leitet und sie diese oder jene gute oder schlechte Eigenschaft in ihrem Verhalten bemerken läßt. Was in den Handlungen der Menschen schön oder häßlich, gut oder tadelhaft sei, lernt man besser und nachdrücklicher durch Beispiele als durch abgezogene Regeln und Lehren.

Diese Methode ist nicht bloß bei kleinen Kindern, sondern auch dann noch anwendbar, wenn sie bereits zu reiferen Jahren gelangt sind, ja ich halte sie in der Tat für die zweckmäßigste, junge Leute zu bessern; denn nichts macht auf den Geist des Menschen einen sanfteren und tieferen Eindruck als das Beispiel. Selbst über die Fehler und Gebrechen, die man an sich selbst übersteht und entschuldigt, muß man beschämt werden und sie mißbilligen, sobald sie uns an anderen in die Augen fallen.

§ 83. Wenn nun aber wirklich der Fall eintritt, daß man zu dem äußersten Mittel, nämlich zu körperlicher Züchtigung, schreiten muß, so entsteht die Frage: wenn und von wem sie ausgeübt werden müsse? ob es gleich nach begangenem Fehler auf frischer Tat geschehen und ob die Eltern selbst das Kind züchtigen sollen? Was das erste betrifft, so rate ich, es nicht sogleich auf der

Stelle zu tun, weil sich sonst die Leidenschaft leicht ins Spiel mischt und die Strafe, sobald das gehörige Maß überschritten wird, ihre Wirksamkeit verliert; denn Kinder merken bald, ob man etwas mit Leidenschaft tut. Nur das macht, wie ich schon gesagt habe, einen starken Eindruck auf sie, was bloß aus der kalten und ruhigen Vernunft herzukommen scheint – und dieses wissen sie wohl zu unterscheiden. Habt ihr sodann einen verständigen Bedienten, der das Kind etwa unter Aufsicht hat, und dem ihr so etwas auftragen könnt (denn wenn ein Erzieher da ist, so versteht sich von selbst, daß dieser es tut), so halte ich es für besser, daß die Strafe unmittelbar aus einer fremden Hand kommt, nur muß sie auf Anordnung und im Beisein der Eltern vorgenommen werden. Auf die Art wird das Ansehen der letzteren erhalten und die Abneigung des Kindes wegen der erlittenen Strafe wendet sich mehr gegen die Person, die sie unmittelbar ausübte. Denn ich behaupte, daß ein Vater sein Kind nur selten und im dringendsten Notfalle schlagen müsse; dann aber muß es auch so geschehen, daß das Andenken daran nicht sogleich vorübergehen kann.

§ 84. Aber wie gesagt, sind Schläge das schlechteste und daher auch das letzte Mittel, Kinder zu bessern; können auch nur dann erst stattfinden, wenn alle gelinderen Mittel bereits angewandt und fruchtlos befunden worden sind. Wird dies genau beobachtet, so kann die gedachte Notwendigkeit nur selten eintreten; denn es läßt sich nicht denken, daß ein Kind, sich oft dem ausdrücklichen Befehl des Vaters in irgendeiner Sache widersetzen sollte. Wenn der Vater nicht etwa über kindische und gleichgültige Handlungen, in welchen man dem Kinde einige Freiheit lassen muß, oder in betreff des Lernens und des Fleißes, wobei kein Zwang stattfinden darf, unverbrüchliche Gesetze vorschreibt und sein ganzes Ansehen ganz unnötigerweise dabei aufs Spiel setzt, so bleibt in der Tat nur das Verbot einiger lasterhaften Handlungen übrig, wo das Kind wahre Widerspenstigkeit ausüben und Schläge verdienen könnte. Wer also die Pflichten einer guten Erziehung genau erwägt und befolgt, wird sehr wenig Gelegenheiten finden, solche harte Mittel zu gebrauchen. Denn welcher Laster ist ein Kind in den ersten sieben Jahren wohl fähig (außer den Lügen oder einigen boshaften Streichen), deren wiederholte Verübung gegen des Vaters ausdrückliches Verbot es der Widersetzlichkeit schuldig machen und Züchtigung mit der Rute verdienen sollte?

Zeigt sich eine lasterhafte Neigung bei dem Kinde, so muß man sie gleich bei dem Entstehen, bei den ersten Ausbrüchen gehörig zu behandeln wissen. Zuerst gebe man seine Verwunderung darüber zu erkennen, und wenn sie zum zweitenmal sich äußert, so muß der Vater, der Erzieher und alle, die zugegen sind, sie ihm ernsthaft verweisen. Dabei wird ihm so begegnet, wie ich bereits oben erwähnt habe und es der Zustand des Mißfallens mit sich bringt. Diese Begegnung hält denn auch solange an, bis das Kind in sich geht und über den begangenen Fehler Reue und Scham empfindet. Auf diese Art wird es, wie ich glaube, keiner anderen Züchtigung bedürfen und niemals bis zu Schlägen kommen. Denn die Notwendigkeit solcher Strafen entsteht insgemein nur aus vorhergegangener allzu großer Nachsicht und Vernachlässigung. Ist man auf fehlerhafte Neigungen gleich bei ihrer Entstehung aufmerksam und behandelt die ersten Äußerungen derselben auf diese gelinde Weise, so wird man selten mit mehr als einer Unart auf einmal zu kämpfen haben und diese ohne Lärm und Geräusch zu unterdrücken imstande sein, so daß weder Härte noch Schläge erfordert werden. Auf diese Art kann man dieselben, eine nach der anderen, so wie sie sich hervortun, dergestalt ausrotten, daß keine Spur, kein Merkmal ihres Daseins übrigbleibt. Lassen wir aber durch zu große Nachsicht gegen die Kleinen ihre Fehler in die Höhe wachsen, festwurzeln und überhandnehmen, so sind wir alsdann genötigt, das Feld ganz von vorn zu bestellen; der Pflug und der Spaten müssen sehr tief gehen, um das Unkraut mit den Wurzeln herauszuheben; wir müssen alle Kräfte, Geschicklichkeit und Sorgfalt aufbieten, um den verwilderten, mit Disteln bedeckten Acker zu reinigen und die Hoffnung zu der Fruchternte wiederherzustellen, welche unsere Mühe belohnen soll.

§ 85. Bei dieser Methode wird sowohl der Vater als das Kind der wiederholten Erinnerungen und vielfältigen Vorschriften, was es tun oder lassen soll, überhoben sein; denn ich bin der Meinung, daß selbst in Ansehung solcher Handlungen, welche böse Gewohnheiten nach sich ziehen können, und welches übrigens die einzigen sind, wo ein Vater sein Ansehen geltend machen muß – man Kindern eher nichts verbieten sollte, als bis sie wirklich schuldig befunden würden. Denn wenn dergleichen Verbote auch nichts Schlimmeres bewirken, so führen sie die Kinder doch wenigstens auf die Gedanken, daß die Jugend solcher Fehler sich wohl schuldig zu machen pflege. Besser wäre es demnach, wenn diese Fehler ihnen ganz unbekannt blieben. Das beste Mittel, sie zu unterdrücken, ist daher auch, wie ich schon gesagt habe, sobald man an dem Kinde eine Äußerung wahrnimmt, welche eine böse Neigung verrät, darüber Verwunderung und Erstaunen zu erkennen zu geben. Betrifft man es z.B. zum erstenmal auf einer Lüge oder auf einer Bosheit, so muß man mit ihm wie von einer außerordentlichen, abscheulichen Sache davon reden, deren man es nicht für fähig gehalten hätte, damit es sich derselben schäme.

§ 86. „Man mag indes von der Lenksamkeit der Jugend und von der Wirksamkeit solcher gelinder Mittel, wie Lob und Beschämung es sind, sagen was man will, so gibt es doch manche Kinder, die nimmermehr ein Buch anrühren oder sich von selbst zum Lernen antreiben würden, wenn man sie nicht mit Schlägen dazu zwänge.“ Dies ist der Ton des alten Schlendrians und die Sprache verschrobener Orbile, welche durchaus keine neue, auch noch so vernünftige Methode dulden wollen. Warum, kann man ihnen entgegensetzen, ist denn zum Latein und zum Griechischen der Stock so unentbehrlich, da er doch beim Französischen und Italienischen nicht nötig ist? Die Jugend lernt Tanzen und Fechten, ohne daß dabei Schläge ausgeteilt werden, und ebenso auch Rechnen, Zeichnen und andere Künste. Dieses leitet natürlicherweise auf den Gedanken, daß entweder die Dinge selbst, welche in den lateinischen Schulen gelehrt werden, oder die Methode, welche daselbst herrscht, etwas Widernatürliches und Zurückstoßendes an sich haben müsse und solche strenge Zucht notwendig mache – wenn es nicht überhaupt ein leerer Wahn ist, daß die gelehrten Sprachen nicht ohne Schläge erlernt werden können.

§ 87. Gesetzt aber auch, es gäbe so träge und faule Kinder, welche auf keinem gelinden Wege zum Lernen gebracht werden könnten (denn man muß eingestehen, daß die Charaktere sehr verschieden sind), so folgt doch daraus noch nicht, daß eine solche strenge Behandlung mit dem Stock bei allen anwendbar sei. Auch kann man nicht eher behaupten, daß alle gelinden Methoden nicht anschlagen, als bis man sie wirklich alle versucht hat, und wenn diese dann ganz unwirksam bleiben und den Knaben nicht vermögen, zu tun, was er kann, so wollen wir eine solche Hartnäckigkeit keineswegs entschuldigen. Schläge sind alsdann das beste Zuchtmittel, nur muß es nicht nach der gewöhnlichen Weise angebracht werden. Ein Kind, das mit Vorsatz seine Lektion nicht lernt, mit Fleiß sich weigert, das zu tun, was es tun kann, was der Vater verlangt und er ihm ausdrücklich anbefohlen hat, muß nicht etwa in vorübergehender Hitze nur zwei oder drei Hiebe bekommen, und so oft es in der Folge dieselbe Nachlässigkeit und denselben Ungehorsam wieder bezeigt, auf ähnliche Art bestraft werden. Ist es einmal soweit gediehen, daß offenbare Widersetzlichkeit Schläge notwendig macht, so rate ich, die Züchtigung mit gelassenerem Mute und mit etwas mehr Strenge auszuüben, und mit untergemischten Ermahnungen sie so lange fortzusetzen, bis sie wirklich

Eindruck gemacht hat, bis Ton und Miene des Kindes zeigen, daß ihm nicht sowohl der körperliche Schmerz, als vielmehr der begangene Fehler wirklich wehe tut und daß es wahre Reue darüber empfindet. Wäre eine solche Züchtigung, wenn sie nach gehörigen Zwischenzeiten einigemal versucht und mit sichtlichem Widerwillen des Vaters (über die spät erfolgende Wirkung) nach und nach bis zur äußersten Strenge getrieben würde, nicht imstande, das Gemüt zu erweichen und das Kind zum Gehorsam zu bringen, so weiß ich nicht, was man noch von den Schlägen hoffen, oder wozu man noch damit fortfahren sollte. Ein Kind schlagen, ohne daß man einen guten Zweck davon erwartet, steht mehr der Wut eines ergrimmten Feindes ähnlich als dem guten Willen eines mitleidigen Freundes, und solche Züchtigungen ziehen nur Erbitterung nach sich, ohne alle Hoffnung zur Besserung. Ist ein Vater so unglücklich, einen so verdorbenen und unbeugsamen Sohn zu haben, so weiß ich in der Tat nicht, was er anderes für ihn tun kann, als für ihn beten. Allein ich glaube, daß, wenn man Kinder nur von Anfang an gehörig behandelte, es gewiß wenig so schlimme geben würde. Sollten sich aber hin und wieder solche Beispiele finden, so können sie bei Erziehung der besser gearteten, welche gelinder behandelt werden müssen, nicht zur Richtschnur dienen.

§ 88. Könnt ihr einen Erzieher bekommen, der Vaters Stelle vertritt, seine Sorge auf sich nimmt, an der hier geschilderten Erziehungsmethode Geschmack findet und gleich von Anfang an sie ausübt, so wird ihm in der Folge sein Werk sehr leicht werden und euer Sohn wird, wie ich vermute, in kurzer Zeit, sowohl im Unterricht als in den Sitten, größere Fortschritte machen, als ihr euch vorstellt. Ohne euer Vorwissen und Einwilligung aber darf er das Kind nie schlagen; es sei denn, daß ihr seine Klugheit und Mäßigung schon aus Erfahrung kenntet. Damit er aber ein völliges Ansehen über den Zögling erhalte und insbesondere auch der Umstand nicht bekannt werde, daß der Gebrauch der Rute nicht von ihm allein abhängt, so müßt ihr ihn selbst sehr in Ehren halten, und das ganze Haus muß ein gleiches beobachten. Denn ihr könnt nicht erwarten, daß euer Sohn demjenigen Achtung bezeige, dem ihr selbst oder die Mutter Geringschätzung beweist. Haltet ihr ihn eurer Verachtung wert, so habt ihr eine schlechte Wahl getroffen, und lasset ihr sie ihn fühlen, so wird das Kind unfehlbar bald ein gleiches tun. Ist es aber erst so weit gekommen, so mag alsdann der Mann Verdienste besitzen, welche er will, und noch so große Geschicklichkeiten zu seinem Geschäft: bei dem Kinde sind sie verloren; er wird ihm niemals nützlich werden können!

§ 89. So wie des Vaters Beispiel dem Kinde Ehrerbietung gegen den Erzieher einflößen muß, so muß das Beispiel des letzteren auch das Kind zu allem dem anführen, was es tun soll. Seine Handlungen müssen seinen Vorschriften nie widersprechen, wenn er es nicht verderben will. Vergebens predigt der Erzieher Bezähmung der Leidenschaften, wenn er selbst sich ihnen überläßt; vergebens wird er bei seinem Zöglinge ein Laster oder eine Unart zu verbessern suchen, wenn er es sich selbst gestattet. Schlechte Muster werden sicherlich weit besser befolgt als gute Lehren; daher muß er den Zögling sorgfältig vor dem Einfluß böser Beispiele bewahren, besonders vor denen der Bedienten, welche insgemein die gefährlichsten sind. Doch muß er ihn nicht durch Verbote von ihrer Gesellschaft entfernen, denn das würde sie ihm nur noch reizender darstellen, sondern durch andere Mittel, wovon ich oben schon geredet habe.

Neunter Abschnitt

Von den Eigenschaften eines Erziehers.

§ 90. Bei dem ganzen Erziehungswesen ist wohl kein Gegenstand, der insgemein weniger beachtet wird und in der Tat auch recht schwer zu befolgen ist, als der, von dem ich jetzt zu handeln gedenke, daß nämlich Kinder von der Zeit an, da sie sprechen lernen, eine verständige, gesetzte und wirklich einsichtsvolle Person um sich haben sollten, durch deren Sorgfalt sie gehörig gebildet, vor allem Bösen und insonderheit vor der Ansteckung schlechter Gesellschaft bewahrt würden. Dieses Amt erfordert unstreitig große Mäßigung, Nüchternheit, Geduld, Zärtlichkeit, Sorgfalt und Klugheit – Eigenschaften, welche man selten bei Leuten, die sich gegen gewöhnliche Bezahlung verdingen, beisammen antreffen wird und überhaupt wohl nicht leicht zu finden sind. Was indes den Aufwand betrifft, so glaube ich, daß man sein Geld zum besten der Kinder wohl nicht vorteilhafter anlegen könne. Wenn dieser Aufwand nun auch etwas größer sein sollte als gewöhnlich, so ist das, was man dafür erhält, doch wohl niemals zu teuer bezahlt. Wer dafür sorgt, daß sein Kind ein gutes Gemüt, edle Grundsätze, Liebe zur Tugend und Gemeinnützigkeit, anständige Sitten und Höflichkeit besitzt, der sorgt wahrlich reeller für seine Glückseligkeit, als wenn er für das Geld sein künftiges Erbteil mit einigen Hufen Landes vermehrte. Im Putz, in Kleidern, im Spiel und anderen unnützen Aufwand seid so sparsam, als ihr wollt, nur nicht in dieser wichtigen, unentbehrlichen Sache. Wahrlich, es ist keine kluge Sparsamkeit, den Geldkasten eures Sohnes zu füllen und seinen Geist leer zu lassen. Zu meiner großen Verwunderung habe ich freilich oft Leute gesehen, welche viel Geld verschwendeten, um ihre Kinder kostbar zu kleiden, ihnen prächtige Zimmer und Speisen zu geben und überflüssige Bediente zu halten, zu gleicher Zeit aber Kopf und Herz derselben darben ließen und sich nicht darum bekümmerten, die häßlichsten Blößen, nämlich die natürlichen bösen Neigungen und die Unwissenheit, zu bedecken. Ein solcher Aufwand ist mehr als ein Opfer zu betrachten, das die Eltern ihrer eigenen Eitelkeit und ihrem Stolze darbringen, nicht aber dem wahren Besten der Kinder. Alles, was ihr zur Bildung und zur Vervollkommnung eures Sohnes anwendet, wird eure wahre Zärtlichkeit gegen ihn an den Tag legen, wenn es auch sein Vermögen vermindern sollte. Man sei nur weise und gut, und es wird selten fehlen, daß man nicht auch für groß und glücklich gehalten werde oder es wirklich sein sollte. Ein dummer und lasterhafter Mensch aber kann nie groß und glücklich sein, er mag auch noch so viel Vermögen besitzen. Und ich frage euch, gibt es nicht manchen Mann unter eurer Bekanntschaft, den ihr euch lieber zum Sohne wünschen möchtet, obgleich er jährlich nicht mehr als 500 Pfund hat, als viele andere, die jährlich 5000 Pfund zu verzehren haben?

§ 91. Die Größe des Aufwandes kann also diejenigen nicht abschrecken, die sonst nur das Vermögen dazu besitzen. Die große Schwierigkeit ist bloß, einen so tüchtigen Mann zu finden; denn sehr junge Leute von geringen Verdiensten und Tugenden schicken sich zu diesem Geschäft nicht; diejenigen aber, welche die erforderlichen Eigenschaften dazu besitzen, sind selten geneigt, eine solche Stelle anzunehmen. Man muß sich also beizeiten danach umtun und allenthalben Erkundigungen einziehen; denn die Welt hat Menschen von allen Gattungen, wenn man sie nur aufzusuchen weiß. Ich erinnere mich, daß Montaigne in seinen Versuchen erzählt, der gelehrte Castalio sei zu Basel genötigt gewesen, Holzteller zu schnitzen, um nicht Hungers zu sterben, während sein Vater gern einen solchen Hofmeister für seinen Sohn gehabt und Castalio gewiß diese Stelle unter sehr mäßigen Bedingungen mit Vergnügen angenommen hätte, wenn es ihm nur bekannt gewesen wäre.

§ 92. Übrigens darf man sich gar nicht wundern, daß ein solcher Erzieher, wie wir ihn verlangen, schwer zu finden ist. Ich sage nur, daß man, um ihn zu bekommen, keine Mühe und Kosten sparen müsse; durch Geld und Mühe aber kann man in der Welt alles erhalten. Auch getraue ich mir zu behaupten, daß, wenn ihr euren Zweck erreicht, der Aufwand euch nie gereuen werde, vielmehr wird es euch stets Vergnügen machen, zu denken, daß dieses Geld am besten angewandt ist. Vor allen Dingen aber lasse man sich in der Wahl eines solchen Mannes nicht von Freundschaft, Mitleid oder bloßen Empfehlungen leiten. Ja, wenn ich's sagen darf, so halte ich es noch nicht für genug, wenn er bloß das Zeugnis hat, er sei ein gesetzter Mensch und besitze die gewöhnlichen Kenntnisse, die von einem Erzieher verlangt werden. Kurz, ihr müßt in dieser Wahl ebenso behutsam und sorgfältig zu Werke gehen, als wenn ihr dem Sohne eine Gattin aussuchen wolltet; denn man darf es dabei nicht etwa auf einen Versuch ankommen lassen, um nachher eine andere Wahl treffen zu können; das würde euch selbst, noch mehr aber eurem Sohne großen Nachteil stiften. Wenn ich indessen selbst alle die Bedenklichkeiten und Vorsichtigkeitsregeln betrachte, welche ich Eltern in diesem Stücke zur Pflicht mache, so hat es fast das Ansehen, als wäre es mir bloß darum zu tun, einen Rat zu geben, ohne ihn selbst für ausführbar zu halten. Wenn man aber bedenkt, wie sehr das Amt eines Erziehers von dem gewöhnlichen Schlendrian verschieden ist, und wie unrichtig oft selbst diejenigen davon urteilen, die sich ihm widmen, wird man zugestehen, daß ein Mann, der zur Erziehung und Bildung eines jungen Menschen von Stande die erforderlichen Fähigkeiten besitzt, nicht so leicht zu finden sei, und daß in der Wahl desselben mehr als gewöhnliche Sorgfalt angewendet werden müsse, wenn man seinen Zweck nicht ganz verfehlen will.

§ 93. Die Eigenschaften, welche, wie ich schon vorhin bemerkte, ein jeder von einem Erzieher erwartet, sind, daß er gesetzt und gelehrt sein soll. Man hält dies insgemein schon für genug und Eltern sehen fast ganz allein darauf. Wenn nun auch ein solcher Mann allen Kram von Latein und Logik den er von der Universität gebracht hat, dem Zögling eintrichtert, ist denn nun das alles, was zu einem seinen und artigen Weltmann gehört? Oder kann man erwarten, daß er größere Gewandtheit, in der Welt sich fortzuhelfen, habe, daß er feinere Manieren, bessere und solidere Grundsätze der Tugend und des Edelmuts annehmen solle als sein junger Erzieher? – Um einen jungen Menschen von gutem Hause zu bilden, muß der Führer selbst wohlerzogen sein, gute Lebensart verstehen, sich mit allen Personen und in allen Verhältnissen und Umständen klug und höflich zu benehmen wissen, und seinen Zögling nach Maßgabe des Alters beständig zu einem ähnlichen Verhalten anführen. Diese Kunst aber wird weder aus Büchern erlernt noch gelehrt; man erlangt sie bloß in guter Gesellschaft und durch aufmerksame Beobachtung. Der Schnitt des Kleides mag noch so modisch, die Bewegungen und Stellungen des Körpers mögen noch so zierlich sein: beides macht noch nicht den feinen und artigen Mann aus. Man sei obendrein auch grundgelehrt, und man wird eben dadurch, daß man seine Kenntnisse nicht gehörig anzubringen weiß, desto unleidlicher und lästiger im Umgänge sein. Die feine Lebensart verbreitet über alle unsere anderweitigen Vorzüge einen gewissen Glanz und macht uns dieselben erst recht nützlich, indem sie uns die Achtung und das Wohlwollen aller derer verschafft, denen wir uns nähern. Ohne gute Lebensart aber werden alle übrigen Vollkommenheiten uns nur als Stolz, Einbildung, Eitelkeit oder Torheit ausgelegt.

Mut hat bei einem ungesitteten Manne das Ansehen von Brutalität, wenigstens erweckt er fast immer den Verdacht davon. Gelehrsamkeit wird zu Pedanterie, Witz zu Possenreißern, Einfachheit zu bäuerischem Wesen, Gutmütigkeit zu Schmeichelei. Ja, es gibt fast keine gute Eigenschaft, welche durch den Mangel an Lebensart nicht in ein nachteiliges Licht gestellt oder verunstaltet werden sollte. Sogar Tugend und Talente sind, obgleich man ihnen das verdiente Lob nicht versagen kann, noch nicht hinreichend, einem Manne eine gute Aufnahme zu verschaffen und ihn allenthalben willkommen zu machen. Wer sich mit Edelsteinen schmücken will, trägt sie nicht roh, sondern läßt sie erst schleifen und einfassen, damit sie sich recht ausnehmen. Gute Eigenschaften sind die wahren Kleinode des Geistes, aber sie müssen sozusagen in gute Lebensart gefaßt werden, und wer sich beliebt machen will, muß nicht nur mit Festigkeit und Kraft, sondern auch mit Grazie handeln. Solidität und Nützlichkeit sogar sind an und für sich noch nicht hinreichend; die gefällige Manier, mit der man sich bei jeder Sache benimmt, ist das, was uns Beifall und wahren Anstand verschafft. In den meisten Fällen ist die Art und Weise, mit der man etwas verrichtet, von größerer Bedeutung als die Sache selbst, und bloß davon hängt die Zufriedenheit oder das Mißfallen ab, womit sie aufgenommen wird. Es kommt also nicht darauf an, etwa den Hut geschickt abnehmen oder Komplimente schneiden zu können, sondern auf das Schickliche und Ungezwungene im Ausdrucke, in den Mienen, Bewegungen, Stellungen usw., so wie es die Personen und Umstände erfordern. Das alles lernt sich bloß durch Übung und Erfahrung und reicht freilich über die Fähigkeit der Kinder hinaus, welche man mit solchen Dingen nicht quälen darf. Indessen sollte ein junger Mensch schon unter dem Erzieher hierin den Anfang machen und es schon einigermaßen weit gebracht haben, ehe er unter seiner eigenen Führung in die große Welt tritt: alsdann ist es meistenteils schon zu spät, gewisse Unziemlichkeiten in manchen kleinen Dingen, wenn sie einmal in Fertigkeit übergegangen sind, ihm abzugewöhnen. Eher aber sind seine Manieren noch nicht vollkommen, ehe sie ihm nicht in allen Stücken so natürlich geworden wie dem geübten Tonkünstler die Setzung der Finger, welche, ohne daß er selbst daran denkt, in der schicklichsten und bequemsten Lage auf die zu spielenden Töne fallen. Wenn ein Mensch genötigt ist, in einem gewissen Stücke des gesellschaftlichen Betragens genau über sich selbst zu wachen, so wird er, anstatt den Fehler zu verbessern, eben dadurch nur ein gezwungenes und steifes Ansehen erhalten.

Dieser Teil der Bildung sollte überdies auch darum schon vom Erzieher bearbeitet werden, weil die Fehler gegen die gute Lebensart zwar die ersten sind, welche anderen in die Augen fallen, aber die letzten, die man jemand selbst sagt; nicht als ob die Welt nicht boshaft genug wäre, darüber zu schwatzen: aber man läßt es nur denjenigen nicht hören, der sich dergleichen Urteile am besten zunutze machen und durch den Tadel sich bessern könnte. Es ist dies überhaupt eine so delikate Materie, daß sogar unsere Freunde, wenn sie dies und jenes auch gern an uns verbessern möchten, es doch nicht leicht wagen, uns etwas davon zu sagen, oder denen, die sie lieben, zu erkennen geben, daß sie in diesem oder jenem Stück gegen die gute Lebensart gefehlt haben. Irrtümer anderer Art kann man einander oft mit Höflichkeit entdecken, und es lassen sich manche Fehler an anderen verbessern, ohne die Freundschaft oder die gute Lebensart zu verletzen. Die gute Lebensart selbst muß es nur nicht betreffen, weil man es nicht für schicklich hält, anderen zu sagen, daß sie dagegen gefehlt haben. Dergleichen Erinnerungen können nur diejenigen uns erteilen, die Autorität über uns haben; aber auch von diesen sind sie einem erwachsenen Manne sehr bitter und empfindlich. Sie mögen übrigens auch noch so sehr gemildert werden, so bleiben sie für einen jeden eine bittere Arzenei, wenn er sich nur ein wenig in der Welt umgesehen hat. Es ist also eine notwendige Sache, worauf ein Erzieher vorzüglich zu sehen hat, die Sitten und Manieren des Zöglings, ehe er ihn aus den Händen läßt, dergestalt zu bilden und abzuschleifen, damit er in der Folge seines Rats in diesem Stücke entbehren könne, wenn er weder Zeit noch Lust mehr hat, ihn anzunehmen, noch einen Freund, von dem er ihn erwarten dürfte. Der Erzieher muß also vor allen Dingen seine Lebensart besitzen: denn ein junger Mensch, dem von seinem Erzieher nur diese Eigenschaft mitgeteilt worden, hat schon sehr viel voraus. Diese einzige Vollkommenheit wird ihm mehr Wege eröffnen, mehr Freunde erwerben und ihn in der Welt weiter bringen, als aller gelehrter Schwall, wirkliche Einsichten in die Wissenschaften und enzyklopädischen Kenntnisse seines Erziehers. Nicht als ob ich diese vernachlässigt wissen wollte, nur müssen sie jener nicht vorgezogen werden und noch weniger sie ganz ausschließen.

§ 94. Außer der guten Lebensart muß der Erzieher auch die Welt genau kennen, den herrschenden Geschmack, die Launen, Torheiten, Betrügereien und Fehler des Zeitalters und des Landes insonderheit, in welchem er lebt. Damit muß er seinen Zögling nach und nach bekannt machen, so wie es sein Alter gestattet; er muß ihm das Erkünstelte in den Menschen und ihren Sitten enthüllen, ihnen die Maske abnehmen, unter welcher sie ihre verschiedenen Absichten und Ansprüche versteckten; er muß ihm zeigen, was unter solchem Schein verborgen liegt, damit er nicht gleich anderen unerfahrenen jungen Leuten, wenn sie nicht gewarnt werden, ein Ding für ein anderes nehme, bloß nach der Außenseite urteile und, indem er sich durch glatte Worte und einschmeichelndes Betragen hinreißen läßt, selbst Blößen gebe. Der Erzieher muß den Zögling von den Absichten der Menschen, mit denen er zu tun hat, urteilen lehren, ohne ihn weder zu argwöhnisch noch zu leichtgläubig zu machen, sondern so, wie die Natur des jungen Menschen sich entweder auf die eine oder andere Seite zu sehr hinneigt, ihn zurechtweisen. Er muß ihn so viel als möglich anführen, die Menschen aus solchen Merkmalen zu beurteilen, die sie am besten charakterisieren und ihr Inneres offenbaren; und dieses sind oft kleinfügige Dinge, besonders wenn sie nicht auf ihrer Hut sind, oder sich eben zeigen wollen. Er muß ihm ein treues Gemälde von der Welt vorlegen und ihm Anleitung geben, sich den Menschen weder besser noch schlimmer, weder weiser noch törichter vorzustellen, als er wirklich ist. Auf diese Weise wird er unvermerkt und ohne gefährliche Ausschweifungen aus dem Knabenalter in das männliche übertreten, welches ich überhaupt für die mißlichste Periode des ganzen Lebens halte. Während derselben muß man also einen jungen Menschen mit der größten Sorgfalt und Wachsamkeit behandeln, nicht aber, wie es leider gewöhnlich ist, gerade zu der Zeit ihn von seinem Führer entfernen und ihn unter seiner eigenen Leitung, sozusagen mit einemmal, in die Welt schleudern, da er dann nicht selten seinem Verderben geradezu entgegeneilt. Denn nichts ist häufiger, als daß jung“; Leute, sobald sie sich der Fesseln einer strengen und eingeschränkten Erziehung entledigt fühlen, in die größten Ausschweifungen und Unordnungen verfallen, welches hauptsächlich ihrer schlechten und in diesem Stück besonders ganz vernachlässigten Erziehung zuzuschreiben ist. Denn da ihnen die wirkliche Beschaffenheit der Welt ganz unbekannt geblieben, so finden sie dieselbe, wenn sie hineinkommen, ganz anders, als sie nach dem empfangenen Unterricht sein sollte und sie sich nach diesem Maßstabe selbst vorgestellt hatten. Es fehlt alsdann nicht an Führern ganz anderer Art, von denen sie sich ohne Mühe überreden lassen, daß die Zucht, in der sie gehalten worden, und die Lehren, welche man ihnen eingeschärft hatte, nichts als kindische Einschränkung und leerer Wortkram gewesen sei, und daß die Freiheit, die ihnen nun als Männern zuteil geworden, darin bestehe, sich durch den vollen Genuß alles dessen hervorzutun, was ihnen zuvor verboten war. Sie zeigen sodann dem jungen Neuling die schimmernden und verführerischen Beispiele, wovon es allenthalben wimmelt, und dieser läßt sich leicht dadurch blenden. Es wird ihm bald die Lust ankommen, sich gleich anderen jungen Herren von seinem Alter als ein Mann zu zeigen, das heißt, sich allen Ausschweifungen zu überlassen, die er an den Liederlichsten wahrnimmt. Er sucht alsdann seinen Ruhm und sein männliches Ansehen darin, alle Sittsamkeit und Mäßigkeit, Zu der er bis dahin angehalten worden, mit einmal zu ersticken und hält es für brav, gleich bei seiner ersten Ausflucht alle Grundsätze der Tugend, die ihm sein Erzieher eingepredigt hatte, niederzutreten.

Eins der besten Mittel, diesem Übel vorzubeugen, ist, dünkt mich, daß man dem jungen Menschen die Welt so zeigt, wie sie wirklich ist, ehe er noch hineinkommt. Er muß nach und nach mit den Modelastern bekannt gemacht und vor den Fallstricken und den Absichten derer gewarnt werden, die es darauf anlegen, ihn zu verführen. Er muß von ihren Kunstgriffen unterrichtet sein und von den Schlingen, die sie ihm legen, und dann muß man ihm die tragischen und lächerlichen Beispiele derer vor Augen stellen, die auf diesen Wegen sich unglücklich machten oder noch ihrem Verderben entgegenrennen. Das jedesmalige Zeitalter wird es an Beispielen dieser Gattung nicht fehlen lassen, welche man ihm als Warnungszeichen darstellen muß, um daran zu lernen, wie mancher hoffnungsvolle Jüngling sich in Unglück, Krankheiten, Armut und Schande stürzt und nachher selbst von denen, die unter dem Scheine der Freundschaft und der Hochachtung ihn ins Verderben locken und plündern halfen, in seinem Elende verlassen und verachtet wird, um zu lernen, ehe er durch eigene schreckliche Erfahrung davon überzeugt wird, daß diejenigen, welche ihn überreden, dem weisen Rat seiner Lehrer und der Vorschrift seiner eigenen Vernunft (denn das heißt in ihrer Sprache, sich von anderen befehlen lassen) nicht zu folgen, keine andere Absicht haben, als sich selbst die Herrschaft über ihn anzumaßen und ihm einzureden, er handle als ein Mann nach seinen eigenen Einsichten und nach seinem eigenen Gutbefinden, da er doch wahrlich sich von ihnen wie ein unmündiges Kind zu allen Lastern leiten läßt, die ihre eigennützigen Absichten befördern. Diese Kenntnisse muß ein Erzieher seinem Zöglinge bei allen Gelegenheiten einprägen und alle Mittel anwenden, sie ihm recht begreiflich und anschaulich zu machen.

Ich weiß, man hat es oft gesagt, einem jungen Menschen die im Schwange gehenden Laster aufdecken, hieße sie ihn lehren. So, wie dies gewöhnlich geschieht, mag man wohl nicht ganz unrecht haben; denn es wird dazu ein Mann von Verstand und Talenten erfordert, der nicht nur die Welt, sondern auch das Temperament, die Neigungen und die schwache Seite seines Zöglings kennt. Auch ist zu bedenken, daß es unter den jetzigen Zeitumständen nicht mehr tunlich ist, einen Jüngling vom Laster durch gänzliche Unkenntnis desselben abzuhalten, es sei denn, daß man ihn sein ganzes Leben hindurch in ein Kloster sperren und gar nicht in Gesellschaft gehen lassen wollte. Je länger er mit verbundenen Augen einhergeht, desto schwerer wird er bei hellem Tageslicht sehen lernen und um so öfter von sich selbst und von anderen hintergangen werden. Wenn ein solcher alter Knabe zum erstenmal auftritt, so wird er bald die Blicke aller losen Vögel auf sich ziehen und von ihnen ausgezischt, verfolgt und gerupft werden.

Die sicherste Schutzwehr gegen die Welt ist eine genaue Kenntnis derselben; in diese muß ein junger Mensch nach und nach, so wie es seine Fähigkeiten erlauben, eingeweiht werden, und zwar je früher, je besser, wenn er sich nur unter verständiger Leitung befindet. Der Schauplatz muß sich ihm allmählich eröffnen, der Eintritt Schritt für Schritt geschehen und die Gefahren, die er von den verschiedenen Klassen, Charakteren, Absichten und Gesellschaften der Menschen zu besorgen hat, müssen ihm genau bekannt gemacht werden. Er muß gefaßt sein, Anfechtungen und Schmeicheleien auszuhalten; er muß die Leute kennen, die geneigt sind, entweder sich ihm entgegenzustellen, ihn zu verführen, heimlich zu hintergehen oder ihm zu dienen. Man gebe ihm Anleitung, diese verschiedenen Gesinnungen der Menschen zu erforschen und zu unterscheiden, wenn es ratsam oder nicht ratsam ist, sie merken zu lassen, daß er ihre Absichten und Unternehmungen weiß. Und sollte der Jüngling etwa sich auf seine Stärke oder Klugheit zu viel einbilden, so muß man ihn zuweilen selbst in dieser oder jener Verlegenheit stecken lassen, wenn nur sonst für seine Unschuld, Gesundheit und Ehre kein Nachteil daraus entstehen kann, um ihn fürs künftige behutsamer und gegen sich selbst mißtrauischer zu machen.

Menschenkenntnis ist unstreitig ein sehr wichtiger Teil der echten Weisheit und folglich auch keineswegs die Frucht eines flüchtigen Nachdenkens oder des bloßen Bücherlesens, sondern das Resultat der Erfahrung und Beobachtung eines Mannes, der mit offenen Augen in der Welt gelebt hat und mit Menschen von allen Gattungen umgegangen ist. Es ist demnach auch ungemein wichtig, diese Kenntnis dem jungen Menschen bei allen sich darbietenden Veranlassungen beizubringen, damit er dereinst nicht gleich einem Schiffer ohne Senkblei, Kompaß und Seekarte auf dem Meere des Lebens herumgetrieben werde, sondern im voraus die Klippen und Felsen, die Ströme und Untiefen einigermaßen kennen lerne, um selbst das Steuerruder zu führen und nicht aus Mangel an Erfahrung zu scheitern. Ein Vater, der bei der Wahl eines Erziehers auf diese Kenntnisse nicht mehr Gewicht legt als auf Sprachen und Gelehrsamkeit, bedenkt nicht, daß es weit mehr wert ist, die Menschen recht beurteilen und klug mit ihnen umgehen zu können, als Griechisch und Lateinisch zu sprechen, alle syllogistische Formen und Figuren der Logik innezuhaben; mit den abstraktesten philosophischen und metaphysischen Spekulationen genau bekannt zu sein und selbst in den besten Schriften der Griechen und Römer eine starke Belesenheit zu besitzen; wiewohl die letztere einem jungen Menschen weit nützlicher ist als das Studium der Peripatetischen oder Cartestanischen Philosophie, weil jene alten Schriftsteller den Menschen genau kannten und schilderten und über dieses Erkenntnisfach ein helles Licht verbreiteten. Wer indes die östlichen Gegenden von Asien Indien.besucht, wird daselbst viele geschickte und gewandte Leute antreffen, die von dem allen nichts wissen. Ohne Tugend, Weltkenntnis und Höflichkeit aber kann man nirgends als ein vollkommener und schätzbarer Mann gelten.

Ein großer Teil der Gelehrsamkeit, die heutzutage in den europäischen Schulen getrieben und in den gewöhnlichen Erziehungsplan gezogen wird, ist von der Beschaffenheit, daß ein Mensch von gutem Hause ohne großen Übelstand oder Nachteil für seine Geschäfte sie wohl entbehren kann. Klugheit und gute Lebensart aber sind in allen Lagen und Vorfällen des menschlichen Lebens unentbehrlich. Die meisten jungen Leute müssen diesen Mangel teuer genug büßen, und es fehlt ihnen insgemein, wenn sie in die Welt kommen, an der gehörigen Gewandtheit und Anstelligkeit, weil eben diese Eigenschaften gewöhnlich ganz verabsäumt, geringgeachtet und nicht zu den Pflichten des Erziehers gerechnet werden, obwohl sie in der Tat der Anweisung, Bildung und des Beistandes des Erziehers am meisten bedürfen. Von Latein und

Gelehrsamkeit wird das größte Wesen gemacht und überhaupt der größte Wert auf solche Dinge gelegt, die mit dem Beruf eines künftigen Geschäftsmannes in geringer oder gar keiner Gemeinschaft stehen; denn dieser geht vielmehr dahin, daß er das ihm angewiesene Geschäft genau kenne, sich seinem Stande gemäß zu betragen wisse und dem Vaterlande nach seinen Kräften und Umständen auszeichnend nützlich werde. Hat er sodann einige müßige Nebenstunden und treibt seine Neigung ihn, irgendein Fach, wovon der Erzieher ihm einige Vorkenntnisse beigebracht hat, weiter auszubilden, so werden die ersten Anfangsgründe, die er gelernt, schon hinreichend sein, ihm den Weg zu eröffnen, auf welchem sein eigener Fleiß weiter fortgehen kann, so wie seine Lust und seine Talente es erlauben. Glaubt er aber sich Zeit und Mühe zu ersparen, wenn er sich dabei der Hilfe eines geschickten Meisters bedient, so wird er leicht selbst einen solchen Mann ausfindig machen können. Um indes einen jungen Menschen in diejenigen Wissenschaften einzuweihen, welche allgemein zu dem Jugendunterricht gerechnet werden, so bedarf es dazu nur einer gewöhnlichen Kenntnis von seiten des Erziehers. Es ist auch gar nicht nötig, daß derselbe ein vollkommener Gelehrter sei und alle die Wissenschaften, wovon der junge Mensch einen Vorgeschmack und eine allgemeine Übersicht oder ein kurzes System bekommen soll, in ihrem ganzen Umfange innehabe. Will alsdann der Jüngling tiefer eindringen, so muß es durch eigenen Fleiß und Fähigkeit geschehen; denn nie hat jemand in Kenntnissen es weit gebracht oder in einer Wissenschaft sich hervorgetan, der es bloß auf den Zwang der Lehrstunden und des Lehrmeisters ankommen ließ.

Das große Geschäft des Erziehers besteht also darin, die Manieren und den Geist seines Zöglings zu bilden, ihm Fertigkeiten im Guten und die Grundsätze der Weisheit und Tugend einzuprägen, nach und nach ihn die Menschen kennen zu lehren, ihm Liebe und Nachahmungstrieb dessen, was vortrefflich und lobenswürdig ist, einzuflößen und seine Seele in Verfolgung dieser wichtigen Gegenstände mit Eifer und Tätigkeit zu beleben. Die Studien, zu welchen er ihn anhält, sollen hauptsächlich nur dazu dienen, seine Fähigkeiten in Übung zu setzen, ihn vor Trägheit und Untätigkeit zu bewahren, ihn zu einem nützlichen Gebrauch der Zeit, zum Fleiß und zur Überwindung der Schwierigkeiten zu gewöhnen und endlich ihm Geschmack an dem beizubringen, was er sodann durch eigene Tätigkeit weiter vervollkommnen muß. Denn wer wird verlangen, daß ein junger Mensch bloß unter Anleitung des Erziehers ein vollkommener Philologe, Redner oder Logiker werden, Metaphysik, Philosophie und

Mathematik aus dem Grunde studieren oder Geschichte und Chronologie im ganzen Umfange erlernen soll? Freilich muß er von dem allen einige Kenntnisse erhalten: diese aber müssen ihm sozusagen nur die Türe öffnen, damit er sich darin umsehen und eine vorläufige Bekanntschaft machen, nicht aber sich häuslich niederlassen möge. Ja, ein Erzieher würde in der Tat zu tadeln sein, der seinen Zögling zu lange damit aufhielte und in die meisten Wissenschaften sehr tief hineinführte. Aber von guter Lebensart, Weltkenntnis, Tugend, Betriebsamkeit und Liebe zur Rechtschaffenheit kann er ihm nie zu viel mitteilen, und wenn der Jüngling diese Eigenschaften besitzt, so wird er auch die übrigen Vorzüge, die er bedarf oder begehrt, bald erlangen. Da man auch nicht hoffen darf, daß er Zeit und Kraft haben sollte, alles zu lernen, so muß man auf das, was ihm das Unentbehrlichste ist, die meiste Mühe verwenden und hauptsächlich auf das bedacht sein, was er in der Welt am nötigsten und öftesten braucht.

Seneca klagt, daß schon zu seiner Zeit das Gegenteil hiervon geschah; und doch wimmelte es damals noch nicht von Burgersdiciussen und Scheiblern wie jetzt. Was würde er gesagt haben, wenn er jetzt lebte und sehen sollte, wie sehr sich's die Erzieher angelegen sein lassen, die Köpfe ihrer Zöglinge mit solchem scholastischen Wust anzufüllen? Wahrlich, er würde noch weit mehr Ursache finden auszurufen: Non vitæ, sed scholæ discimus! Wir lernen nicht die Kunst zu leben, sondern zu disputieren, und unsere Erziehung bildet uns mehr für die Universität als für die Welt. Allein es ist kein Wunder, daß diejenigen, welche hierin den Ton angeben, ihn eben nicht nach dem Bedürfnis der Zöglinge, sondern nach ihren eigenen Fähigkeiten und Talenten anstimmen. Wenn nun die Mode aber einmal eingeführt ist, wen kann es befremden, daß sie wie in allen anderen Dingen so auch hierin ein unverletzliches Ansehen behauptet, und daß der größte Teil von denen, die ihre Rechnung dabei finden, es sogleich für Ketzerei erklären, wenn jemand sich davon entfernt. Trotzdem muß man in der Tat erstaunen, daß Männer von großem Ansehen und Talenten sich durch das Herkommen dergestalt beherrschen und in ihren Einsichten beschränken lassen. Wenn sie die Vernunft zu Rate ziehen wollten, so würden sie Sorge tragen, daß ihre Kinder die Zeit nur auf solche Dinge verwendeten, die ihnen einst als Männern nützen können, anstatt ihre Köpfe mit tausend unnützen Sachen anzufüllen, an die sie zum Teil, wenn sie erwachsen, nie wieder denken, noch daran zu denken Ursache haben; dann aber ist solcher überflüssiger Wust ihnen mehr schädlich als vorteilhaft. Es ist dies eine so unleugbare Sache, daß ich mich sogar auf diejenigen Eltern berufen darf, die selbst mit vielen Kosten ihren künftigen Erben einen solchen Unterricht erteilen lassen; sie mögen selbst sagen, ob sich ihre Söhne nicht lächerlich und sehr mißfällig machen würden, wenn sie in der großen Welt und in seinen Gesellschaften diese Schulgelehrsamkeit auskramen wollten? Wie kann man aber solche Dinge des Bestrebens wert achten oder zu einem wesentlichen Stück des Jugendunterrichts machen, deren wir als Männer, wenn es darauf ankommt, unsere Talente und die Früchte der genossenen Erziehung zu zeigen, uns schämen müssen?

Noch ein anderer Grund, warum man bei der Wahl eines Erziehers hauptsächlich auf Feinheit der Sitten und Weltkenntnis sehen sollte, ist dieser: weil ein Mann von Talenten und reifen Jahren leicht einen jungen Menschen in irgendeiner Wissenschaft weit genug bringen kann, ohne selbst eine tiefe Einsicht in dieselbe zu besitzen. Bücher werden ihn schon instandsetzen, den jungen Anfänger zu unterrichten und ihm gehörig voranzuschreiten. Niemals aber wird der einem anderen wahre Weltkenntnis und noch weniger gute Lebensart beibringen, der hierin selbst ein Stümper ist. Diese Kenntnis muß er sich ganz zu eigen gemacht, durch Umgang und Erfahrung erworben und durch fleißige Beobachtung, wie es in den besten Gesellschaften zugeht, gebildet haben. Wenn der Erzieher dies alles nicht selbst besitzt, nicht in seiner eigenen Person vereinigt, so weiß ich in der Tat nicht, wo es der Zögling sonst hernehmen soll; denn sollte der letztere auch die zweckmäßigsten und vollständigsten Abhandlungen über alles das, was zu dem schönen Anstände und einem artigen Betragen gehört, in Büchern finden, so würde doch das schlechte Muster des Erziehers, falls derselbe nicht artig erzogen wäre, jenen Unterricht unwirksam machen; denn es ist nicht möglich, in unmanierlicher Gesellschaft manierlich zu werden.

Freilich ist solch ein Erzieher nicht alle Tage, noch unter gewöhnlichen Bedingungen zu bekommen. Ich habe mich nur darum hierbei solange aufgehalten, um diejenigen, welche es tun können, zu ermuntern, in dieser überaus wichtigen Sache weder Kosten noch Erkundigungen zu sparen; diejenigen Eltern aber, welche nach ihren Vermögensumständen kein starkes Gehalt geben können, zu erinnern, worauf sie bei der Wahl eines Hauslehrers ihr vorzügliches Augenmerk richten müssen, und worauf sie selbst bei ihren Kindern, solange sie sich unter ihren Augen befinden und von ihnen beobachtet werden können, hauptsächlich zu sehen haben. Denn wahrhaftig, es kommt nicht bloß auf Latein und Französisch an oder auf ein trockenes System der Logik und Philosophie.

Zehnter Abschnitt.

Von der Vertraulichkeit der Eltern gegen die Kinder.

§ 95. Um wieder auf unsere Methode zurückzukommen so hab' ich zwar vorhin gesagt, daß der Vater eine gewisse Ernsthaftigkeit und Strenge beobachten und dem Kinde, wenn es noch klein ist, Ehrfurcht gegen sich einprägen müsse, weil diese das vornehmste Werkzeug ist, das Kind zu regieren und zu lenken. Ich bin jedoch weit entfernt zu behaupten, daß diese Art der Behandlung so lange fortdauern solle, als es noch unter Zucht und Aufsicht steht; vielmehr bin ich der Meinung, daß dieselbe gemildert werden müsse, so wie das Alter, der Verstand und die gute Aufführung des Kindes es verstatten und zwar in dem Maße, daß ich dem Vater rate, mit seinem Sohn, sowie er zu Jahren kommt und verständiger wird, vertraulich zu sprechen, ja sogar ihn in Dingen, in welchen er einige Kenntnis und Einsicht besitzt, zu Rate zu ziehen und um seine Meinung zu befragen. Hierdurch wird derselbe zwei wichtige Vorteile zugleich bezwecken. Erstlich wird er das Nachdenken des Sohnes auf ernsthafte Betrachtungen leiten, besser als durch Regeln oder Anweisung. Je früher man ihm als einem Manne begegnet, desto früher wird er anfangen, es wirklich zu sein, und wenn ihr ihn zuweilen in ernsthafte Gespräche zieht, so wird er unvermerkt sein Gemüt über die gewöhnlichen Zerstreuungen der Jugend und über die spielenden Beschäftigungen, worauf sie gewöhnlich so erpicht ist, erheben. Denn man kann leicht selbst wahrnehmen, daß viele junge Leute die Denkungsart und den Umgang von Schulknaben weit länger beibehalten, als sonst geschehen würde, weil die Eltern sie immer in großer Entfernung von sich halten und in allen Stücken ihnen als kleinen Kindern begegnen.

§ 96. Eine andere noch wichtigere Sache, welche man hierdurch erlangt, ist die Freundschaft des Kindes. Viele Väter lassen es zwar bei ihren Söhnen nach Beschaffenheit ihres Alters und Standes nicht an anständigem Aufwande fehlen, halten aber den wahren Zustand ihres Vermögens und ihrer Angelegenheiten vor denselben so geheim, als ob sie ein Staatsgeheimnis vor einem Spion oder Feinde zu bewahren hätten. Wenn dies nicht ein offenbares Mißtrauen verrät, so ist es wenigstens kein Merkmal derjenigen Güte und Zutraulichkeit, die ein Vater gegen seinen Sohn beweisen sollte und hält unstreitig die liebevolle und freudige Zuversicht zurück, womit der Sohn dem Vater zugetan sein sollte. Und ich muß wohl gestehen, daß ich mich recht sehr wundere, wenn ich Väter sehe, die, obgleich sie ihre Söhne wirklich lieben, doch ihr ganzes Leben hindurch ein so steifes, ernsthaftes Wesen und eine solche Entfernung gegen sie beobachten, als ob sie von denen, die sie doch in der Welt am meisten lieben, in der Tat nicht eher etwas zu genießen oder Unterstützung zu erwarten hätten, als nur dann, wenn sie sie verlieren, d. h. nach ihrem Hinscheiden. Nichts aber gründet und befestigt die Freundschaft und das gegenseitige Wohlwollen mehr, als vertrauliche Mitteilung seiner Angelegenheiten und seines Interesses. Liebreiche Begegnung anderer Art läßt noch immer einen Zweifel zurück: aber wenn nun der Sohn sieht, daß ihr euer Herz ihm öffnet, wenn er bemerkt, daß ihr ihn an euren Angelegenheiten teilnehmen laßt, damit er ihnen dereinst selbst vorstehen könne, so wird er sich derselben als seiner eigenen annehmen, seine Zeit mit Geduld abwarten und bis dahin euch wirklich lieben, weil ihr ihn nicht in der Entfernung wie einen Fremden haltet. Zu gleicher Zeit wird er auch einsehen lernen, daß der Genuß, den ihr von den Glücksgütern habt, nicht von Sorgen befreit ist; jemehr er dies empfindet, desto weniger wird er euch um den Besitz beneiden, vielmehr wird er sich selbst umso glücklicher schätzen, daß er sich unter der Führung eines so gütigen Freundes und eines so liebevollen Vaters befindet. Schwerlich wird man einen jungen Menschen antreffen, der so wenig Nachdenken oder so wenig Empfindung besäße, daß er sich nicht einen zuverlässigen Freund wünschen sollte, zu dem er unter allen Umständen seine Zuflucht nehmen und ihn offenherzig zu Rate ziehen könnte. Durch die Zurückhaltung und Entfernung aber, welche Väter gegen ihre Söhne beobachten, berauben sie dieselben oft einer solchen Zutraulichkeit, die doch wahrlich mehr Nutzen stiften würde als unzählige Verweise und Schelte. Will euer Sohn etwa einmal einen lustigen Einfall oder einen Jugendstreich ausführen, wäre es denn nicht besser, daß es mit, als ohne euer Wissen geschähe? Denn da man in solchen Dingen jungen Leuten durch die Finger sehen muß, so kann man um so leichter großes Unheil verhüten, wenn Man von ihren Anschlägen und Absichten gehörig unterrichtet ist; man kann ihnen die wahrscheinlichen Folgen darstellen und auf diese Art sie mit guter Manier auch von geringeren Fehltritten zurückhalten. Wünscht ihr, daß euer Sohn euch sein Herz eröffne und zu Rate ziehe, so müßt ihr ihm hierin zuvorkommen und durch eine solche Begegnung sein Vertrauen zu gewinnen suchen.

§ 97. Er mag euch übrigens zu Rate ziehen, worin er will, so nehmt bloß den Ton eines Freundes von reiferer Erfahrung an, ohne Befehle noch das väterliche Ansehen mit unterzumischen, nicht anders als ob ihr es mit euresgleichen oder mit einem Fremden zu tun hättet – es sei denn, daß er in Gefahr wäre, sich in ein unwiederbringliches Unglück zu stürzen. Denn sonst würde er euch gewiß nie wieder fragen, noch jemals euren Rat sich wieder zunutze machen. Ihr müßt bedenken, daß er noch jung und daher zu Einfällen und Vergnügen aufgelegt ist, über die ihr schon hinaus seid. Ihr müßt nicht erwarten, daß er einerlei Neigungen mit euch haben und im zwanzigsten Jahre ebenso denken solle wie ihr im fünfzigsten. Alles was ihr verlangen könnt, ist, daß, da er einmal als junger Mensch einige Freiheit haben muß, er bei seiner jugendlichen Munterkeit immer die Offenherzigkeit eines Sohnes beibehalten und jene Munterkeit unter den Augen seines Vaters auslassen möge, weil alsdann keine sehr nachteiligen Folgen daraus entstehen können. Das beste Mittel hierzu ist, wie ich schon bemerkt habe, ihm, so wie es seine Fähigkeit erlaubt, eure Angelegenheiten zu entdecken, ihn vertraulich um Rat zu fragen, diesen, sobald er vernünftig ist, zu befolgen und wenn er gut ausschlägt, ihm das gebührende Lob zu erteilen. Solange ihr euer Vermögen noch selbst verwaltet, so lange bleibt der Kommandostab immer in euren Händen, und euer Ansehen ist um so fester, je mehr es durch Vertrauen und Güte gestärkt wird. Denn ihr dürft euch nicht eher schmeicheln, völlige Gewalt über ihn zu haben, als bis er sich mehr scheut, einen so gütigen Freund zu beleidigen, als einen Teil seiner künftigen Erwartungen einzubüßen.

§ 98. Wenn es einem Vater nicht unanständig ist, sich mit seinem Sohne vertraulich zu unterhalten, so wird um so mehr auch der Erzieher sich hierzu gegen den Zögling herablassen können. Er ist nicht da, ihm bloß Stunden zu geben oder in einem gebieterischen Tone bloß zu befehlen, was er beobachten und befolgen soll. Er muß auch den Zögling anhören und ihn gewöhnen, über das Vorgetragene zu sprechen. Dadurch werden die guten Lehren leichter eingehen, tiefer eindringen, und er wird Lust und Geschmack am Studieren bekommen. Dann erst wird er den Wert der Kenntnisse schätzen lernen, wenn er sieht, daß sie ihn zur Unterhaltung geschickt machen, wenn er Vergnügen und Lob einerntet, indem er das Seinige auch dazu beiträgt, seine Gründe zuweilen Beifall erhalten und Aufmerksamkeit erregen. Besonders muß man Fälle, welche die Moral, Klugheit und gute Lebensart betreffen, ihm vorlegen und sein Urteil darüber verlangen. Dieses öffnet den Verstand besser als Grundsätze, wenn sie auch noch so deutlich vorgetragen werden, und prägt die

Verhaltungsregeln dem Gedächtnis weit tiefer ein, als es sonst geschehen könnte. Was man auf die Art lernt, haftet fester und behält länger dieselbe Klarheit und Evidenz wie bloße Reden, die gleich leeren Schatten vorübergehen und bald vergessen werden. Die Grundsätze und Regeln der Anständigkeit und Gerechtigkeit wird der Jüngling leichter fassen, das, was er zu tun hat, wird sich ihm lebendiger und dauernder eindrücken, wenn er über die ihm vorgelegten Fälle seine eigene Meinung sagt und mit seinem Erzieher über wohlgewählte Beispiele räsonniert, als wenn er den Vorlesungen stillschweigend, nachlässig und schläfrig zuhört. Auch wird dies ihm weit ersprießlicher sein als alle logischen Spitzfindigkeiten, Chrien und Deklamationen, die man ihm zur Ausarbeitung gibt. Das letztere würde ihn nur verwöhnen, nach witzigen Einfällen und falschem Schimmer zu haschen, nicht aber die Wahrheit zu suchen; das erstere aber verführt ihn zu Trugschlüssen, zur Disputiersucht und Rechthaberei; und beides schadet der Urteilskraft und entwöhnt uns vom gesunden und richtigen Denken. Wer sich aber selbst vervollkommnen und bei anderen beliebt machen will, muß sich vor beidem sorgfältig hüten.

§ 99. Um demnach euer Ansehen bei dem Kinde festzusetzen, dürft ihr es nur empfinden lassen, daß es unter eurer Abhängigkeit und Gewalt steht. Beobachtet ihr hierbei eine unbiegsame Strenge, wenn es sich bei wirklichen Bosheiten, die ihr ihm ausdrücklich verboten habt, besonders bei Lügen, hartnäckig und widerspenstig beweist, so werdet ihr ihm die für solche Fälle notwendige Scheu einflößen. Verstattet ihr sodann auf der anderen Seite ihm die seinem Alter angemessene Freiheit und legt ihm in kindischen Handlungen und in der unschuldigen Fröhlichkeit, die in den Jahren ihm ebenso unentbehrlich ist als Speise und Schlaf – auch wenn es sich in eurer Gesellschaft befindet, keinen Zwang an, so werdet ihr eure Gesellschaft ihm angenehm machen. Bezeugt ihr ihm überdem Nachsicht und Zärtlichkeit und – so oft es etwas recht macht, euren Beifall; gebt ihr ihm endlich aus tausend verschiedene Arten, welche die Natur selbst die Eltern besser lehrt, als ich es zu tun imstande bin, eure Zuneigung zu erkennen: so wird es von selbst gegen eure Liebe und Sorgfalt empfindlich werden. Eure Liebe und eure Zärtlichkeit, woran es den Eltern nie fehlt, wird auch dem Kinde besondere Zuneigung zu euch einflößen, und durch diese gelinde und liebevolle Behandlung werdet ihr in seinem Gemüt jene wahre Ehrerbietung hervorbringen, die ihr nachher sorgfältig zu erhalten suchen müsset, und zwar nach ihren wesentlichen Bestandteilen, nämlich Furcht und

Liebe, welche die großen Triebfedern sind, durch die ihr sein Gemüt zur Tugend und zur Ehre leiten könnt.

Elfter Abschnitt.

Von der Eigenart der Kinder.

§ 100. Ist dieser Grund einmal recht gelegt und zeigen sich bereits die Früchte jener Ehrerbietung, so muß man sodann die Eigenart des Kindes und die besondere Beschaffenheit seines Gemüts genau studieren. Widerspenstigkeit, Lügen und Bosheiten dürfen, wie ich schon gesagt habe, von Anfang an ihm nie verstattet werden, seine Gemütsart sei übrigens welche sie wolle. Diese Keime des Lasters müssen schlechterdings nicht Wurzel fassen, sondern sorgfältig ausgerottet werden, sobald sie nur hervorsprossen. Eure Autorität muß bei dem ersten Erwachen der Erkenntnisfähigkeit in seiner Seele Platz nehmen, damit sie sozusagen zu einem natürlichen Grundtrieb werde, dessen Entstehung das Kind selbst sich nicht bewußt ist, damit es nicht wisse, daß es je anders gewesen oder anders sein könne. Ist aber die Ehrerbietung, die es euch schuldig ist, so früh gegründet worden, so wird sie ihm gewiß heilig sein und es wird ihn: ebenso schwer werden, ihr zu widerstehen wie den Trieben seiner Natur.

§ 101. Hat man nun seine Autorität so frühzeitig festgesetzt und durch gelinde Behandlung das Kind von alledem, was unmoralische Fertigkeiten nach sich ziehen könnte, gleich bei den ersten Äußerungen zurückgebracht (wozu keineswegs Schelte und noch weniger Schläge gebraucht werden müssen, es sei denn, daß Hartnäckigkeit und Unsträflichkeit es erfordern), so muß man nun untersuchen, wohin die natürliche Anlage des Gemüts sich neigt. Einige Menschen sind vermöge der unveränderlichen Form ihres Naturells stolz, andere furchtsam, manche sind zuversichtlich, andere bescheiden, biegsam oder hartnäckig, neugierig oder unachtsam, lebhaft oder schläfrig. Mit einem Wort, die Menschen sind nach ihren inneren Anlagen und Neigungen ebenso verschieden als nach ihren Gesichtszügen und der Bildung des Körpers. Nur darin liegt der Unterschied, daß der unterscheidende Charakter in. der Gesichtsbildung und in den Umrissen des Körpers mit den Jahren und mit dem Alter immer sichtbarer wird und sich mehr entfaltet, dahingegen die Physiognomie der Seele im Kindesalter unverhüllter und in die Augen fallender ist, weil sie noch nicht gelernt haben, durch Kunst und Gleisnerei ihre

Häßlichkeiten zu verbergen und ihre bösen Neigungen unter einer täuschenden Außenseite zu verhehlen.

§ 102. Man fange also beizeiten an, die Gemütsart eines Kindes genau zu beobachten, und zwar, wenn es den wenigsten Zwang empfindet, bei seinen Spielen, wenn es gar nicht bemerkt zu werden glaubt; man sehe, welches seine herrschenden Leidenschaften und überwiegenden Neigungen find; ob es wild oder sanft, kühn oder blöde, mitleidig oder grausam, offen oder zurückhaltend ist usw.; denn nach diesen Verschiedenheiten muß sich auch die Behandlung richten und die Art und Weise, das Kind zu lenken und zu regieren. Diese natürlichen Anlagen, welche in der individuellen Konstitution oder im Temperament ihren Grund haben, lassen sich jedoch weder durch Vorschriften noch durch direkten Widerstand abändern, und am wenigsten solche, die ihre Quelle in der Furcht und Niedergeschlagenheit des Gemüts haben, obgleich sie durch Kunst großenteils verbessert und zu guten Zwecken hingeleitet werden mögen. Allein wenn man auch in dieser Ansicht alles tut, was man kann, so bleibt doch das Übergewicht immer auf der Seite, wo die Natur es zuerst hinlegte, und wer den Charakter eines Kindes in den ersten Lebensszenen sorgfältig beobachtet, wird in der Folge den Gang seiner Gedanken und seine Absichten leicht erraten, wenn auch die Entwürfe des erwachsenen Jünglings verwickelter und die Gestalten, worunter er sich verbirgt, mannigfaltiger werden.

Zwölfter Abschnitt.

Man muß den Kindern nicht zuviel Willen lassen.

§ 103. Ich sagte vorhin, daß Kinder die Freiheit liebten und daß man sie deshalb zu ihren Geschäften ohne merklichen Zwang anhalten sollte. Jetzt muß ich noch erinnern, daß sie wirklich noch nach etwas mehr als Freiheit trachten, nämlich nach Herrschaft, und dies ist die Urquelle der meisten fehlerhaften Neigungen, die Kindern gewöhnlich und natürlich sind. Auch äußert sich dieser Hang zur Gewalt und zur Herrschaft sehr frühzeitig und zwar auf zweierlei Weise.

§ 104. Wir sehen erstlich, daß Kinder, wenn sie kaum auf die Welt gekommen sind, ja weit früher, als sie noch sprechen lernen, schreien, unwillig werden, sich erzürnen und erbosen aus keiner anderen Ursache, als weil sie ihren Willen haben wollen. Andere sollen sich nach ihren Wünschen bequemen, sie fordern von allen, die sie umgeben, vollkommene Willfährigkeit, besonders von denen, die in Ansehung des Alters und Ranges ihnen gleich sind oder unter ihnen stehen, sobald sie nur fähig sind, dieses zu unterscheiden.

§ 105. Sie äußern ferner ihre Herrschbegier dadurch, daß sie alles, was sie sehen, gern selbst haben mögen. Sie streben nach dem Besitz dieser Dinge, weil sie dadurch eine Art der Gewalt zu erhalten glauben und ein Recht, darüber nach ihrem Belieben zu schalten. Wer nicht weiß, daß diese beiden Neigungen sehr früh bei den Kindern wirken, der hat ihr Tun und Lassen gewiß schlecht beobachtet, und wer nicht darauf bedacht ist, diese beiden Quellen fast aller Ungerechtigkeiten und Streitigkeiten, welche das menschliche Leben beunruhigen, beizeiten zu verstopfen und entgegengesetzte Fertigkeiten zu bewirken, verabsäumt die bequemste Zeit, in der der Grund zu einem guten und rechtschaffenen Manne gelegt werden muß. Diese Absicht werden folgende Regeln merklich befördern.

§ 106. Erstlich sollte man nie zugeben, daß ein Kind das erhielte, was es namentlich verlangt, und noch weniger, wenn es danach weint oder schreit. – Ich würde gesagt haben „worum es euch anspricht"; da man dies aber mißverstehen und so auslegen könnte, als sollten Kinder ihre Eltern nie um etwas ansprechen (welches das Gemüt derselben zum Nachteil der Liebe und Zuneigung, die zwischen Eltern und Kindern stattfinden muß, leicht zu sehr niederdrücken könnte), so will ich mich hierüber etwas umständlicher erklären. Man muß ihnen allerdings die Freiheit gestatten, den Eltern ihre Bedürfnisse zu erkennen zu geben, sie mit Zärtlichkeit anhören und ihnen willfahren, wenigstens solange sie noch klein sind. Aber es ist nicht einerlei, ob das Kind sagt: „Ich bin hungrig", oder „Ich will Braten haben". Wenn Kinder bloß ihre natürlichen Bedürfnisse zu erkennen geben, d. h. die unangenehme Empfindung, die ihnen Hunger, Durst, Kälte oder andere natürliche Übel verursachen, so ist es Pflicht der Eltern und derer, die, um sie sind, ihr Verlangen zu befriedigen: allem sie müssen es der Wahl und dem Willen ihrer Eltern überlassen, was und wieviel sie ihnen zu geben für gut finden. Es muß ihnen nicht erlaubt sein, selbst zu wählen oder zu sagen: „Ich will Wein oder Weißbrot haben", bloß einer solchen näheren Bestimmung wegen sollten sie nichts erhalten.

§ 107. Eltern müssen immer darauf bedacht sein, die Bedürfnisse der Einbildung von den Bedürfnissen der Natur zu unterscheiden, welche letztere Horaz in folgender Zeile sehr genau bezeichnet hat:

Queis humana sibi doleat natura negatis.

Das sind die wirklich natürlichen Bedürfnisse, welche die Vernunft allein ohne anderweitigen Beistand nicht zu besiegen, noch zu verhindern imstande ist, daß sie uns nicht beunruhigen sollten. Alle Menschen fühlen das Schmerzhafte der Krankheit, des Hungers, des Durstes, der Kälte, des Mangels an Schlaf oder an Ruhe und Erholung des durch Arbeit abgematteten Körpers, und die standhaftesten Seelen sind gegen die daher entstehende Unbehaglichkeit empfindlich. Man muß also auch diesen Übeln durch schickliche Mittel abzuhelfen suchen, doch aber nicht mit ungeduldiger und übergroßer Eile bei der ersten Annäherung derselben, wenn nicht etwa der Verzug sehr großen Nachteil befürchten läßt. Die Schmerzen, welche aus der Einrichtung der menschlichen Maschine entstehen, sind Erinnerer und Vorboten, um uns vor größerem Schaden zu warnen. Man muß sie also nicht zu lange verhalten oder zu stark werden lassen. Je mehr man aber Kinder zu dergleichen Unbequemlichkeiten abhärten und durch kluge Maßregeln ihren Geist und Körper fester machen kann, desto besser wird es für sie sein. Ich brauche wohl nicht hinzuzufügen, daß man hierbei in den Schranken der wohltätigen Wirkung bleiben und dahin sehen müsse, daß weder das Gemüt, noch die Gesundheit des Kindes darunter leide; denn Eltern sind ohnehin mehr zur Gelindigkeit geneigt.

Ob man nun gleich die Forderungen der Natur bei Kindern befriedigen muß, so sollte man ihnen doch nie die Bedürfnisse der Einbildungskraft gewähren, noch gestatten, daß sie solche erwähnten. Schon um der bloßen Erwähnung willen muß man sie ihnen abschlagen. Kleider z. B. müssen sie haben, wenn sie sie brauchen; aber wenn sie dieses oder jenes Zeug, diese oder jene Farbe verlangen, so sollte man ihren Wunsch nicht erfüllen. Ich verlange indes nicht, daß Eltern den Wünschen der Kinder in gleichgültigen Dingen mit Vorsatz zuwider sein sollen; im Gegenteil bin ich der Meinung, daß, sobald es ihre Aufführung verdient und man versichert ist, daß dadurch ihr Gemüt nicht verzärtelt, noch ihr Geschmack auf eitle Dinge geheftet wird, man alles so viel als möglich zu ihrer Zufriedenheit einrichten sollte, damit sie von ihrem Wohlverhalten Freude und Vergnügen einernteten. Das Beste der Kinder aber erfordert, daß sie nicht eben in solchen Dingen ihr Vergnügen suchen und ihre Zufriedenheit von der Einbildungskraft abhängig machen, sondern daß sie gegen das, was seiner Natur nach gleichgültig ist, sich auch so verhalten. Hierauf sollten Eltern und Lehrer ihr Hauptaugenmerk richten; und in dieser Hinsicht behaupte ich, daß man sich dem ausdrücklichen Verlangen der Kinder entgegensetzen und die lüsternen Einfälle ihrer Phantasie nie befriedigen müsse.

Der natürlichen Zärtlichkeit der Eltern wird dies vielleicht zu hart vorkommen; es ist aber nichtsdestoweniger sehr nötig. Denn da die hier auseinandergesetzte Methode den Gebrauch der Rute verbannt, so wird diese Bezähmung der Zunge von großem Nutzen sein, um die Scheu, von der ich schon oben geredet, sowie die den Eltern gebührende Ehrerbietung aufrechtzuerhalten. Hiernächst lernen die Kinder auch ihre Neigungen bezähmen und beherrschen. Sie werden in der Kunst geübt, ihre Begierden gleich im Entstehen zu unterdrücken, wenn sie noch am leichtesten unterjocht werden können. Denn seinen Begierden luftmachen, heißt ihnen Leben und Stärke erteilen; und wer die Dreistigkeit hat, seine Wünsche in Bitten zu verwandeln, ist auf dem halben Wege, die Erfüllung derselben als eine Schuldigkeit zu betrachten. Gewiß ist es auch, daß ein jeder sich leichter selbst etwas versagt, als eine Weigerung von einem anderen erträgt. Der Mensch muß also beizeiten gewöhnt werden, seine eigene Vernunft zu Rate zu ziehen und ihr zu folgen, ehe er seinen Neigungen Raum gibt, und er hat schon einen großen Schritt zur Herrschaft über seine Begierden getan, wenn er sie stillschweigend in sich selbst zu verschließen imstande ist. Erlangen die Kinder eine gewisse Fertigkeit mit den Einfällen ihrer Phantasie nicht gleich herauszuplatzen, sondern, ehe sie etwas sagen, erst zu überlegen, ob es auch schicklich ist, so wird ihnen dies im künftigen Leben bei weit wichtigeren Angelegenheiten zu großem Vorteil gereichen. Denn ich kann es nicht zu oft erinnern, das Vornehmste, ja ich möchte fast sagen, das einzige, worauf man bei jeder Sache, sie sei so groß oder so klein als sie wolle und bei jeder Handlung des Kindes Rücksicht zu nehmen hat, ist dieses: Was wird sie auf den Charakter für Einfluß haben, was für eine Fertigkeit kann wahrscheinlich daraus entstehen, was wird daraus werden, wenn das Kind größer wird, und wohin wird diese Fertigkeit, falls man dieselbe bestärkt, es führen, wenn es erwachsen ist?

Meine Meinung ist also nicht, daß man Kinder mit Vorsatz verdrießlich machen und quälen soll. Das würde in der Tat Unmenschlichkeit und Bosheit verraten und die Kinder selbst mit diesen Lastern anstecken. Sie sollen nur ihre Begierden bezähmen lernen, der Geist sowohl als der Körper soll an Lebhaftigkeit, Wohlsein und Stärke gewinnen, indem man sie gewöhnt, ihre Neigungen zu besiegen und ihren Körper zu Beschwerlichkeiten abhärtet. Es darf daher bei diesem Verfahren auch keine Spur, kein Verdacht stattfinden, als wollte man ihnen Übles tun. Die unausbleibliche Versagung dessen, wonach sie selbst gelüsten und begehren, muß sie Bescheidenheit, Unterwerfung und Erduldsamkeit lehren, daß aber diejenigen, welche diesen strengen Gehorsam von ihnen fordern, sie dem ungeachtet lieben, davon werden sie dadurch überzeugt, daß diese ihre Bescheidenheit und ihr Stillschweigen mit Dingen, die ihnen angenehm sind, vergelten. Wenn sie sich bei Entbehrung dessen, was sie wünschen, beruhigen, so ist dies eine Tugend, welche zu einer anderen Zeit durch das, was ihnen lieb ist und sich für sie schickt, belohnt werden muß. Doch muß ihnen dies bloß als eine natürliche Folge ihrer guten Aufführung zuteil werden, nicht aber als eine erkaufte Bedingung. Inzwischen würde alle eure Mühe und, was noch mehr ist, alle eure Achtung und Ehrerbietung verloren gehen, wenn sie das, was ihr ihnen versagt, von anderen erhalten könnten, welches man also auf das sorgfältigste verhüten muß. – Doch hier kommen mir wieder die Bedienten in den Weg.

§ 108. Werden Kinder nach dieser Methode frühzeitig angehalten, ihre Begierden zum Schweigen zu bringen, so wird sich diese überaus nützliche Fertigkeit in ihnen bald befestigen. So wie sie aber an Alter und Verstand zunehmen, kann man ihnen auch größere Freiheit verstatten, wenn nämlich nicht mehr bloß die Begierde, sondern die Vernunft in ihnen sich zu äußern beginnt; der letzteren aber muß man jederzeit Gehör geben. Ob man ihnen nun gleich nie zu Willen sein darf, wenn sie dies oder jenes verlangen, ohne daß man es ihnen zuvor angeboten hat, so sollte man doch auf der anderen Seite ihre Fragen, wenn sie etwas gern wissen möchten, oder wovon unterrichtet sein wollen, immer gütig aufnehmen und freundlich beantworten; denn die Wißbegierde ist bei Kindern ebenso sorgfältig zu unterhalten, als andere Begierden zu unterdrücken.

So sehr indes die Jugend in Ansehung der bloß eingebildeten Bedürfnisse einzuschränken ist, so gibt es doch einen Fall, wo die Einbildungskraft ihre Stimme geben und Gehör verlangen darf, bei den Erholungen nämlich, welche ebenso nötig sind als Arbeit und Speise. Denn da keine Erholung ohne Ergötzung stattfinden kann, die Ergötzung aber nicht immer von der Vernunft, sondern weit öfter von der Einbildungskraft abhängt, so muß man auch Kindern erlauben, daß sie sich nach ihrer Weise vergnügen, wenn es nur auf eine unschuldige, ihrer Gesundheit nicht schädliche Art geschieht. Bringen sie daher eine besondere Art der Erholung in Vorschlag, so kann man ihnen selbige nicht versagen. Inzwischen glaube ich, daß bei einer wohlgeordneten Erziehung das

Kind selten genötigt sein werde, eine solche Freiheit zu verlangen. Denn man wird alsdann dahin sehen, daß Kinder das, was zu ihrem Besten dient, allezeit mit Vergnügen tun und zu dem Ende, noch ehe ihnen solch eine Arbeit Überdruß verursacht, sie unvermerkt auf eine andere nützliche Beschäftigung leiten. Solange sie aber noch nicht so weit sind, daß irgendeine nützliche Beschäftigung ihnen zur Erholung werden kann, muß man sie lieber den kindlichen Spielen, worauf sie verfallen, überlassen, von diesen aber sie dadurch abzubringen suchen, daß man sie selbige bis zum Überdruß fortsetzen läßt. Sind es nützliche Gegenstände, womit sie sich beschäftigen, so müssen sie allemal noch mit etwas Lust zur Fortsetzung davon entlassen werden; wenigstens doch eher, als sie ihrer ganz müde und überdrüssig geworden sind, damit sie immer wie zu einem unterhaltenden Vergnügen zu ihnen zurückkehren. Denn solange sind sie noch nicht auf dem rechten Wege, so lange die Ausübung lobenswürdiger Dinge ihnen noch nicht Vergnügen macht, solange die nützlichen Beschäftigungen des Geistes und des Körpers noch nicht dergestalt miteinander abwechseln, daß ihr ganzes Dasein, ihr Wachstum im Guten in einer ununterbrochenen Reihe von angenehmen Erholungen besteht, wobei bald der Geist, bald der Körper sich von der Ermüdung erquickt. Ob dies gerade bei allen Charakteren der Kinder sich tun läßt, ob Eltern und Erzieher Lust haben, diese etwas mühsame Methode zu wählen und sich die dazu erforderliche Einsicht und Geduld zu erwerben, muß ich freilich dahingestellt sein lassen: aber daß es bei den meisten Kindern möglich ist, wenn man auf eine kluge Art das Verlangen nach Lob, Achtung und einem guten Ruf in ihnen anzuregen weiß, daran kann ich gar nicht zweifeln. Sind sie dann von diesen Empfindungen beseelt, so kann man ohne Nachteil von dem, was ihnen Vergnügen macht, mit ihnen sprechen und sie es frei genießen lassen, damit sie erfahren, daß sie mit wahrer Zärtlichkeit geliebt werden, und daß diejenigen, unter deren Aufsicht sie stehen, keine Feinde ihres Vergnügens sind. Solch eine Behandlung wird ihnen Liebe für den Erzieher und für die Tugend, zu der sie angeführt werden, einflößen.

Bei der Freiheit, welche man Kindern in Ansehung ihrer Ergötzungen gestattet, hat man überdies auch den Vorteil, daß man ihren natürlichen Charakter, ihre Neigungen und Fähigkeiten dadurch kennen lernt. Vernünftige Eltern können sich hiernach nicht nur in der Wahl der Lebensart und Beschäftigung richten, wozu sie die Kinder bestimmen wollen, sondern auch in der Wahl der Mittel, deren sie sich bis dahin bedienen müssen, um diesen oder jenen Hang der Natur, welcher dieselben einst mißleiten könnte, zu verbessern.

§ 109. 2. Die Herrschbegier der Kleinen offenbart sich ferner auch dadurch, daß sie oft mit den Kindern, mit welchen sie zusammenleben, um die Oberhand streiten, wessen Wille den Vorzug haben soll. Sobald solch ein Streit beginnt, muß man sogleich bedacht sein, ihn beizulegen, ja nicht nur dies, sondern man muß die Kinder auch lehren, sich wechselseitig alle mögliche Gefälligkeit, Achtung und Höflichkeit zu beweisen. Sehen sie nun, daß solch ein Betragen ihnen Beifall, Liebe und Wertschätzung erwirbt und daß sie dadurch keinen Vorzug verlieren, so werden sie mehr Vergnügen daran finden als an übermütiger Herrschsucht.

Die Anklagen der Kinder gegeneinander, die gemeiniglich nur die Befriedigung ihrer Rache und ihres Zorns zur Absicht haben, sollten nicht günstig aufgenommen, noch angehört werden. Sie werden nur weich und weibisch, wenn sie sich oft beklagen. Es kann ihnen nicht schaden, wenn sie auch zuweilen Verdruß oder Schmerz von anderen erdulden, ohne sich darüber umständlich beschweren zu dürfen: denn sie lernen dadurch etwas ertragen und werden beizeiten abgehärtet. Ob man aber gleich den Beschwerden des Klagsüchtigen nicht immer Gehör geben darf, so muß man doch nicht verabsäumen, dem Übermut und der Bosheit des Beleidigers Einhalt zu tun. Ist man selbst dabei zugegen, so verweise man es ihm in Gegenwart des beleidigten Teils. Betrifft aber die angebrachte Klage etwas, das wirklich Ahndung verdient und dem für die Zukunft vorgebeugt werden muß, so nehme man den Täter allein und gebe ihm den verdienten Verweis, ohne daß der Kläger dabei ist; man bringe ihn dahin, daß er hingehe, es dem Beleidigten abbitte und sich mit ihm aussöhne. Kann man dies so veranstalten, als käme es von selbst, so wird beides, die Abbitte und Aussöhnung, mit willigerem Herzen geschehen, die gegenseitige Zuneigung wird dadurch gestärkt und ein höfliches Betragen den Kindern untereinander zur Gewohnheit werden.

§ 110. 3. Da sie auch so gern Dinge selbst haben und besitzen mögen, so lehre man sie, das Ihrige gern und willig ihren Freunden mitzuteilen und zeige ihnen durch Erfahrung, daß der Freigebigste immer am besten daran ist und obendrein Achtung und Lob einerntet. Auf die Art werden sie diese Tugend bald ausüben lernen; Brüder und Schwestern werden dadurch untereinander selbst und folglich auch gegen andere freundschaftlicher und gefälliger werden, als wenn ihnen noch so viel Regeln und Sittenlehren vorgepredigt würden, womit man

Kinder insgemein nur verwirrt und ihnen Langeweile verursacht. Habsucht und die Begierde, mehr im Besitz und unter unserer Herrschaft zu haben, als wir bedürfen, ist die Wurzel alles Übels und muß daher beizeiten und mit Sorgfalt ausgewurzelt, die entgegengesetzte Eigenschaft aber, nämlich die Bereitwilligkeit anderen von dem Seinigen mitzuteilen, dafür eingepflanzt werden. Hierzu sollte man das Kind durch häufiges Lob und Beifall aufmuntern und zugleich dahin sehen, daß es durch diese Freigebigkeit nichts einbüßte. In allen Fällen, wo es dieselbe äußert, muß sie ihm jederzeit und mit Zinsen vergolten werden; und es muß sichtlich wahrnehmen, daß die Gefälligkeiten, welche es anderen erweist, keine Verschwendung in Rücksicht auf sich selbst seien, daß sie ihm vielmehr reichlich wiedererstattet werden, sowohl von denen, welchen sie wirklich zuteil wurden, als von denen, die davon bloß Zeugen waren. In diesem Stücke muß man eine Art von Wetteifer unter den Kindern veranlassen, und auf diese Weise wird die gegenseitige Mitteilung und Opferwilligkeit den Kindern durch beständige Übung zur Natur werden und Gutherzigkeit bei ihnen zu einer solchen Fertigkeit anwachsen, daß sie sich's zur Ehre und zum Vergnügen rechnen werden, dienstfertig, höflich und freigebig zu sein.

So wie man indes die Kinder zur Freigebigkeit aufmuntern muß, so muß man sie um so mehr von der anderen Seite zurückhalten, die Regeln der Gerechtigkeit nicht zu übertreten. Wenn sie es aber tun, so muß man sie zurechtweisen und nach den Umständen ernstlich bestrafen.

Da die erste Quelle unserer Tätigkeit nicht sowohl in der Vernunft und Überlegungskraft als in der Selbstliebe zu suchen ist, so darf man sich nicht wundern, daß Kinder sehr aufgelegt sind, die Grenzen von Recht und Unrecht zu überschreiten; denn diese Begriffe sind das Resultat der Vernunft und des ernsthaften Nachdenkens. Je leichter nun die Jugend hierin fehlen kann, desto wachsamer muß die Aufsicht in diesem Stücke sein. Der kleinste Verstoß gegen diese wichtige gesellschaftliche Tugend muß bemerkt und geahndet werden, und zwar auch bei den geringfügigsten Dingen, teils um ihren Verstand darüber aufzuhellen, teils um bösen Gewohnheiten vorzubeugen. Diese fangen bei unbedeutenden Kleinigkeiten, bei Nadeln und Kirschkernen an, gehen, wenn sie nicht eingeschränkt werden, zu größeren Betrügereien fort und stürzen am Ende den Menschen in Gefahr, ein verhärteter Bösewicht zu werden. Der Hang zur Unredlichkeit muß in den ersten Ausbrüchen erstickt werden, indem Eltern und Erzieher Verwunderung und Abscheu darüber bezeugen. Da man aber Kindern nicht leicht verständlich machen kann, was Unredlichkeit ist, bevor sie Begriffe von Eigentum haben, und wie einzelne Personen dazu gelangen, so ist der sicherste Weg, ihre Ehrlichkeit sicherzustellen, dieser, daß man sie früh zur Freigebigkeit gewöhnt und zur Bereitwilligkeit, anderen das, was sie haben und was ihnen selbst lieb ist, mitzuteilen. Hierzu müssen Kinder angeführt werden, noch ehe sie ihre Sprache und ihren Verstand so weit ausbilden, daß sie sich deutliche Begriffe von Eigentum erwerben und inwiefern etwas durch ein ausschließendes Recht ihnen zugehört. Weil sie nun auch selten zu irgend etwas anderem gelängen als durch Geschenk, und zwar meistens von ihren Eltern, so muß man ihnen nicht erlauben, sich etwas anzumaßen oder zu nehmen, was ihnen nicht von denen, die ihrer Meinung nach darüber disponieren können, gegeben worden. Mit der Zunahme ihrer Fähigkeiten kann man ihnen sodann die Anwendung der Begriffe von Mein und Dein in einzelnen Fällen erklären und ihnen die näheren Grundsätze der Gerechtigkeit einschärfen. Sieht man, daß eine ungerechte Tat nicht etwa aus Irrtum, sondern aus verkehrtem Willen herrührt und sind sanfte Verweise und Beschämung nicht hinreichend, solch eine unordentliche und habsüchtige Neigung zu dämpfen, so müssen härtere Mittel angewandt werden. Der Vater oder der Erzieher muß ihnen alsdann etwas, das ihnen wert ist und sie als ihr eigen betrachten, wegnehmen, oder es muß hierzu jemand anderes angestellt werden, damit sie empfinden, wie schlecht sie fahren würden, wenn sie ungerechterweise sich fremdes Gut anmaßen wollten, da es außer ihnen noch mehr und stärkere Menschen in der Welt gibt. Das sicherste und beste Mittel, diesem Verbrechen vorzubeugen, ist ein aufrichtiger Abscheu gegen dieses schändliche Laster. Dieser muß ihnen frühzeitig und, mit der größten Sorgfalt eingeflößt werden, er wird alsdann eine stärkere Schutzwehr gegen Unredlichkeit abgeben, als alle auf das eigene Interesse hingeführte Raisonnements. "Gewohnheiten wirken überhaupt zuverlässiger und leichter als die Vernunft; denn diese wird in den Fällen, wo wir sie am nötigsten brauchen, nur selten gehörig zu Rate gezogen und noch seltener befolgt.

Dreizehnter Abschnitt.

Vom Weinen der Kinder.

§ 111. Das Weinen ist ein Fehler, den man bei Kindern nicht dulden muß, nicht nur weil es einen unangenehmen und unanständigen Lärm im Haufe verursacht, sondern auch aus noch weit triftigeren Gründen in Rücksicht auf die Kinder selbst, aufweiche überall das Hauptaugenmerk bei der Erziehung gerichtet werden muß.

Der Grund, warum sie weinen, ist zweierlei, entweder ist es Eigensinn und Herrschsucht oder Weichlichkeit und Klagsucht.

1. Oft schreien sie bloß, weil sie ihren Willen haben wollen. Wenn sie das, was sie verlangen, nicht anders erlangen können, so glauben sie ihr Recht oder ihre Ansprüche durch Weinen und Schluchzen geltend zu machen. Es ist dies nichts anderes als eine Fortsetzung ihrer Forderung und eine Art von Protestation gegen die vermeinte Bedrückung und Ungerechtigkeit derer, die ihren Willen nicht erfüllen wollen.

§ 112. 2. Manchmal aber ist das Weinen auch die Wirkung des Schmerzes und eines wirklichen Übels, das ihnen Tränen auspreßt.

Beide Gattungen lassen sich, wenn man genau acht hat, leicht durch den verschiedenen Ausdruck der Mienen, Gebärden und besonders durch den Ton der Stimme voneinander unterscheiden; keines von beiden aber darf geduldet und noch weniger gereizt werden.

1. Das Schreien und Weinen aus Zorn und Halsstarrigkeit darf man ihnen keineswegs verstatten, weil man dadurch nur ihrem Willen und denjenigen Leidenschaften schmeicheln würde, die wir durchaus bei ihnen unterdrücken müssen. Weint ein Kind auf die Art, wie dies öfters geschieht, wenn es etwa gestraft wird, so geht eben dadurch alle Frucht davon gänzlich verloren; denn jede Züchtigung, wobei das Kind in der Widerspenstigkeit beharret, dient bloß dazu, es noch mehr zu verschlimmern. Alle Verweise und Strafen sind übel angebracht und fruchtlos, wenn der Sinn nicht gebrochen wird, wenn das Kind nicht lernt, seine Leidenschaften unterdrücken und seinen Willen der Vernunft der Eltern unterwerfen, damit es dereinst seiner eigenen Vernunft gehorchen könne. Läßt man aber Kinder bei irgendeiner Gelegenheit, wo man ihnen etwas versagte, weinend davongehen, so bestärken sie sich nur in ihren Begierden; sie geben durch das fortgesetzte Schmollen ihr Recht zu erkennen und fassen den

Entschluß, ihren Wunsch bei der ersten besten Gelegenheit zu befriedigen. Hier offenbart sich ein anderer Grund, warum man Schläge nicht zu oft brauchen darf, denn wenn es bis zu diesem Äußersten kommt, so ist es nicht genug, dem Knaben etwa nur einen oder zwei Streiche zu geben, sondern man muß so lange damit fortfahren, bis der Wille wirklich gebeugt ist und sich der Knabe geduldig der Züchtigung unterwirft, welches man am besten aus dem Ton des Weinens wahrnehmen kann, und wenn er auf euer Gebot damit einhält. Außerdem sind Schläge nur leidenschaftliche Tyrannei, und bloß dem Körper wehe tun, ohne das Gemüt zu bessern, verdient Grausamkeit, nicht Züchtigung genannt' zu werden. Man sieht hieraus zugleich, inwiefern solch ein Benehmen den Veranlassungen zu dergleichen Strafen von seiten der Kinder vorbeugt. Denn übt man sie jedesmal ohne Leidenschaft mit gesetztem Wesen und doch mit Nachdruck aus, zählt man ihnen die Schläge und Streiche nicht in wütendem Affekt und schnell hintereinander, sondern langsam zu, mit untermischten Vorstellungen und mit sorgfältiger Beobachtung des Eindrucks, den sie machen, hält man damit so lange an, bis das Kind zum Nachgeben, zur Reue und Unterwerfung gebracht worden, so werden solche Strafen nur selten nötig sein und es wird sich vor den Fehlern, die ihm dieselben zugezogen, sorgfältigst hüten. Überdies wird bei einem solchen Verfahren die Züchtigung weder allzu gelinde, und darum fruchtlos, noch von der anderen Seite zu strenge ausfallen; weil man damit aufhört, sobald man spürt, daß der Sinn des Kindes gebrochen und gebessert ist. Schelte und Schläge sollten immer so gemäßigt und gelinde sein als möglich; im Affekt des Zornes aber wird selten das rechte Maß beobachtet, sondern gemeiniglich überschritten und dadurch um so weniger der Zweck erreicht.

§ 113. 2. Manche Kinder pflegen bei jedem kleinen Ungemach zu schreien und brechen über den geringsten Unfall, der sie trifft, in Tränen und Wehklagen aus. Diesen Fehler bemerkt man bei den meisten Kindern. Denn Weinen ist das erste und natürlichste Mittel, wodurch sie ihre Leiden und Bedürfnisse zu erkennen geben, ehe sie sprechen lernen. Allein durch das Mitleid, welches man diesem zarten Alter schuldig zu sein glaubt, wird diese Unart törichterweise verstärkt und dauert, wenn sie auch schon sprechen können, lange fort. Ich gebe zu, es ist Pflicht, mit Kindern Mitleid zu haben, wenn ihnen etwas zustößt, man muß es aber nicht durch Bedauern an den Tag legen. Schaffet ihnen alle Hilfe und Erleichterung, die ihr könnt, doch beklagt sie nicht. Dies macht sie nur weichlich und zärtlich gegen jede Ungemächlichkeit und erschlafft den edleren Teil ihres

Wesens, der allein der Empfindung fähig ist, und läßt tiefere Wunden daselbst zurück, als sonst geschehen würde. Statt dessen muß man sie vielmehr gegen alle Leiden abhärten, besonders gegen die körperlichen; denn nur für wahre Ehre und Schande müssen sie ein feines und zartes Gefühl haben. Da aber das menschliche Leben so vielen Ungemächlichkeiten ausgesetzt ist, so dürfen wir nicht gegen jedes kleine Ungemach empfindsam sein. Ein Übel, dem das Gemüt nicht nachhängt, macht geringen Eindruck und verursacht uns wenig Leiden; nur das Leiden der Seele verursacht größtenteils und verlängert die Qual. Diese Härte und Unempfindsamkeit ist der beste Talisman gegen die gewöhnlichen Plagen und Widerwärtigkeiten des Lebens, und da diese Gemütsverfassung mehr durch Übung und Gewöhnung als durch andere Mittel erworben wird, so sollte man in Zeiten damit den Anfang machen. Glücklich ist, wer früh hierzu angeführt wird. So wie aber jene Weichlichkeit der Seele, der man auf alle Weise vorbeugen und abhelfen muß, bei Kindern durch nichts mehr bestärkt wird als durch das Weinen, so kann auch nichts sie besser heilen, als wenn man den Kleinen diese Äußerung abgewöhnt. Ziehen sie sich etwa durch einen Stoß oder Fall eine kleine Verletzung zu, so sollte man, statt sie zu beklagen, lieber das, wobei ihnen dies begegnete, sie noch einmal vornehmen lassen. Denn außerdem, daß sie dadurch aufhören würden zu schreien, so würde dies ein wirksameres Mittel gegen ihre Unachtsamkeit sein und sie behutsamer machen, nicht zu fallen, als Schelte oder Bedauern. Die Verletzung sei übrigens, wie sie wolle, so muß man doch ihr Schreien und Weinen stillen; denn das wird fürs Gegenwärtige ihnen mehr Ruhe und Linderung verschaffen und für die Zukunft sie abhärten.

§ 114. Bei der ersten Gattung des Schreiens, wenn es nämlich aus Bosheit geschieht, muß man das Kind mit Strenge zum Schweigen bringen. Richtet ein Blick oder ein ausdrückliches Verbot nichts aus, so müssen es Schläge tun. Denn da Stolz, Eigensinn und Zorn die Quelle desselben ist, so muß der Wille, in dem der Fehler liegt, gebrochen und durch hinlängliche Schärfe zur Unterwerfung gebracht werden. Bei der anderen Gattung des Weinens aber, welches gewöhnlich von der Weichheit des Gemüts herrührt, muß man eine ganz andere Methode und sanftere Mittel gebrauchen. Anfangs mag es vielleicht helfen, wenn man den Kindern zuredet, ihre Gedanken auf einen anderen Gegenstand lenkt oder ihres Weinens lacht. Hierin aber muß man sich genau nach den Umständen und nach der besonderen Gemütsart der Kinder richten. Es lassen sich hierüber keine allgemeine, unwandelbare Regeln vorschreiben, die Klugheit der Eltern und Erzieher muß hier allein entscheiden. Aber so viel glaube ich im allgemeinen erinnern zu dürfen, daß man auch diese Art des Weinens jederzeit unterdrücken müsse; der Vater muß demselben durch sein Ansehen allemal Einhalt tun und zwar mit desto größerem Ernst in Mienen und Worten, je älter und starrsinniger das Kind ist. Doch muß man es dabei bewenden lassen, daß es aufhört, zu weinen und sich ungebührlich zu betragen.

Vierzehnter Abschnitt.

Von der Furcht und Beherztheit der Kinder.

§ 115. Furchtsamkeit und Beherztheit sind mit den eben gedachten Gemütszuständen so nahe verwandt, daß es nicht unschicklich sein wird, hier etwas davon zu sagen. Die Furcht ist eine Leidenschaft, die, wenn sie die gehörige Richtung bekommt, ihren guten Nutzen hat, und obschon die Selbstliebe nie ermangelt, sie wach und lebhaft in uns zu erhalten, so kann es doch geschehen, daß man hiervon zu wenig hat. Gefühllosigkeit gegen Gefahr und Verwegenheit ist ebensowenig vernünftig, als wenn man bei der Annäherung jedes kleinen Übels zusammenfährt und zittert. Die Natur gab uns die Furcht als einen Erinnerer, unsere Tätigkeit zu beleben und gegen bevorstehende Übel auf der Hut zu sein. Das einbrechende Unglück also nicht fürchten, die drohende Gefahr nicht achten, sich unbesonnenerweise selbst hineinstürzen, ohne die Folgen zu überlegen, schickt sich mehr für ein wütendes Tier als für ein vernünftiges Geschöpf. Bei so gearteten Kindern hat man nichts weiter zu tun, als ihren Verstand ein wenig aufzuhellen, und die Selbsterhaltung wird sie schon von selbst antreiben, demselben Gehör zu geben, es sei denn, daß sie (welches gewöhnlich der Fall ist) von einer anderen Leidenschaft hingerissen und so alles Nachdenkens und aller Überlegung beraubt würden. Abscheu gegen das Übel ist dem Menschen so natürlich, daß meines Erachtens niemand sich der Furcht davor enthalten kann; denn Furcht ist nichts anderes als die unangenehme Empfindung, die aus der Erwartung eines bevorstehenden Übels entsteht. Wenn also jemand der Gefahr selbst entgegenläuft, so wird man allemal finden, daß es entweder aus Unwissenheit oder aus Antrieb einer noch stärkeren Leidenschaft geschieht, weil niemand so feindlich gegen sich selbst gesonnen ist, daß er sich aus freier Wahl dem Übel preisgeben oder die Gefahr um der Gefahr willen lieben sollte. Wenn daher Stolz, falsche Ruhmsucht oder

Zorn die Furcht des Kindes dermaßen überwältigen, daß es den Warnungen derselben nicht Gehör gibt, so muß man jene Affekte durch zweckmäßige Mittel zu dämpfen und ihr Feuer durch etwas Nachdenken zu mäßigen suchen, damit sie überlegen, ob das Wagnis auch des Gegenstandes wert sei. Da indes Kinder nur selten in diesen Fehler verfallen, so darf ich mich dabei nicht länger verweilen. Weit allgemeiner ist dagegen der entgegengesetzte Fehler, nämlich Schwäche des Geistes, daher dieser auch eine weit sorgfältigere Behandlung erfordert.

Standhaftigkeit ist die Bewahrerin und Stütze aller übrigen Tugenden. Ohne Mut wird ein Mensch schwerlich seinen Pflichten getreu bleiben und dem Charakter eines wirklich achtungswerten Mannes Genüge leisten.

Der Mut, der uns gegen die Gefahren, die wir befürchten, und gegen die Übel, welche wir empfinden, beherzt macht, ist von großem Nutzen in einem Zustande wie der unserige in diesem Leben, wo wir von allen Seiten mit Anfechtungen umgeben sind. Es ist daher sehr ratsam, Kinder so viel als möglich mit dieser Rüstung zu versehen. Freilich tut hierbei die natürliche Anlage ungemein viel; gesetzt aber auch, daß diese mangelhaft und das Herz an sich selbst schwach und furchtsam wäre, so kann es doch durch eine kluge Behandlung zu mehr Entschlossenheit gebracht werden. Was geschehen müsse, um den Geist der Kinder nicht niederzuschlagen durch fürchterliche Vorstellungen, die ihnen in der Jugend eingeflößt werden, oder dadurch, daß sie sich über jedes kleine Ungemach beklagen dürfen, davon habe ich schon vorhin geredet. Jetzt haben wir noch zu untersuchen, wie ihr Gemüt abgehärtet und mit Mut erfüllt werden müsse, wenn sie zu furchtsam sind.

Die wahre Standhaftigkeit besteht, dünkt mich, darin, daß man mit völliger Gegenwart des Geistes und unerschüttert durch das Ungemach, das uns umringt, oder die Gefahr, die uns im Wege steht, seine Pflicht erfüllt. Wenig Männer bringen es so weit; man darf es also auch nicht von Kindern erwarten. Inzwischen kann doch etwas geschehen, und eine weise Leitung kann sie vielleicht allmählich stärker machen, als man glauben sollte.

Die Ursache, daß wenig Leute auch als Männer diese Tugend in ihrem ganzen Umfange auszuüben fähig sind, liegt meistenteils darin, daß sie in diesem Stücke in der Jugend ganz vernachlässigt wurden. Ich würde jedoch von einer Nation, die so brav ist als die unserige, dies nicht behaupten, wenn ich glaubte, daß zur wahren Standhaftigkeit nichts gehörte, als Mut im Felde und Verachtung des

Lebens im Angesicht der Feinde. Ich gestehe auch, daß dies nicht das geringste Erfordernis der gedachten Tugend ist; auch gebührt dem mit Recht der Lorbeer und der Ruhm der Tapferkeit, der sein Leben für das Vaterland wagt. Aber dies ist noch nicht alles: auch außer dem Schlachtfelde gibt es Gefahren, und wiewohl der Tod der König des Schreckens ist, so haben doch Schmerz, Verachtung und Armut, wenn sie über uns einzubrechen drohen, einen so furchtbaren Anblick, daß auch Männer dadurch außer Fassung gebracht werden können. Ja, es gibt Menschen, welche den Tod nicht scheuen und doch durch diese Übel in Schrecken gejagt werden. Wahre Standhaftigkeit ist gegen alle Gattungen von Gefahren gefaßt und wird durch kein drohendes Ungemach erschüttert. Ich behaupte indes nicht, daß man durch die Furcht ganz und gar nicht gerührt werden sollte. Wenn die Gefahr selbst sich zeigt, kann man ohne offenbare Stumpfheit sich der Besorgnis nicht erwehren. Wo Gefahr ist, muß man sie auch empfinden; die Furcht dafür muß jedoch bloß die Anstrengung unserer Aufmerksamkeit, Tätigkeit und Kraft bewirken, uns aber im ruhigen Gebrauch der Vernunft nicht stören, noch in der Ausübung ihrer Vorschriften hinderlich sein.

Der erste Schritt zu dieser edlen und männlichen Standhaftigkeit ist, daß man Kinder, solange sie klein sind, wie schon oben erwähnt, sorgfältig vor jeder Art von Furcht bewahrt, ihnen keine gruseligen Vorstellungen einprägt und sie nicht durch schauderhafte Gegenstände erschreckt. Dieses zerrüttet und bringt die Lebensgeister oft dergestalt in Unordnung, daß sie nie wieder die gehörige Stimmung erhalten, sondern das ganze Leben hindurch bei der mindesten Veranlassung, wenn eine solche schreckbare Vorstellung nur in der Ferne sich zeigt, in die größte Verwirrung geraten; der Körper wird entnervt, die Seele untüchtig gemacht, und der Mensch ist kaum seiner selbst mächtig, noch irgendeiner vernünftigen und überlegten Handlung fähig. Es mag dies nun entweder von einem habituellen Aufruhr der Lebensgeister, welcher durch den ersten starken Eindruck bewirkt worden, oder von irgendeiner anderen nicht genugsam bekannten Veränderung in der Konstitution des Körpers herrühren: genug, die Sache selbst ist nicht zu leugnen. Beispiele von Personen, die von einem in der zarten Kindheit empfangenen Schrecken das ganze Leben hindurch schwach und furchtsam geblieben sind, finden sich überall. Diesem Übel muß also so sehr als möglich vorgebeugt werden.

Man gewöhne daher Kinder nach und nach an diejenigen Dinge, vor denen sie sich fürchten. Es ist aber hierbei große Behutsamkeit nötig, damit man die Sache nicht übereile oder die Kur zu schnell vollenden wolle, weil das Übel sich sonst eher verschlimmern als verbessern könnte. Solange die Kinder noch auf dem Arm getragen werden, kann man sie leicht vor schreckhaften Gegenständen hüten; denn solange sie noch nicht sprechen und das, was man ihnen sagt, verstehen können, sind sie auch der vernünftigen Vorstellungen nicht fähig, deren man sich in der Folge bedienen kann, um ihnen zu zeigen, daß sie von den gefürchteten Gegenständen, die man ihnen nach und nach bekannt machen und zu dem Ende allmählich immer näherbringen muß, nichts zu besorgen haben. Daher wird es auch selten nötig sein, in diesem Stücke eher etwas zu tun, als bis sie herumlaufen und sprechen können. Sollte jedoch ein so kleines Kind gegen etwas, was nicht leicht aus dem Wege geschafft werden könnte, Furcht verraten und allemal Zeichen des Schreckens äußern, so oft dieselbe Sache ihm vor Augen käme, so muß man alles anwenden, um seine Furcht zu zerstreuen, indem man entweder seinen Gedanken eine andere Richtung gibt oder andere angenehme und gefallende Gegenstände mit dem gefürchteten verbindet, bis ihm derselbe bekannt und gleichgültig wird.

Man kann leicht bemerken, daß Kindern, wenn sie auf die Welt kommen, alle Gegenstände des Gesichts, wenn sie den Augen nur nicht wehetun, gleichgültig sind: sie fürchten sich nicht mehr vor einem Mohren oder Löwen wie vor ihrer Amme oder einer Katze. Woher kommt es denn nun, daß sie nachher vor gewissen Gestalten und Farben der Dinge erschrecken? Bloß daher, weil sie glauben, solche Dinge möchten ihnen Schaden zufügen. Würde ein Kind täglich von einer neuen Amme gestillt, so bin ich gewiß, daß es im sechsten Monat ebensowenig vor fremden Gesichtern erschrecken würde wie im sechzigsten Jahre. Daß das Kind nicht gern zu Fremden geht, rührt bloß daher, weil es gewohnt ist, nur von einer oder zwei Personen, die beständig bei ihm sind, Pflege und Nahrung zu erhalten, und weil es, sobald ein Fremder es auf den Arm nimmt, besorgt, es möchte die Pflege und Nahrung, die es alle Augenblicke bedarf, verlieren. Daher schreit es, wenn die Amme sich entfernt.

Das einzige, wofür wir von Natur einen Abscheu haben, ist Schmerz oder Verlust des Vergnügens. Da aber diese Empfindungen an keine Gestalt, Farbe noch irgend etwas Sichtbares gebunden sind, so kann auch kein Gegenstand uns eher Furcht erwecken, als bis wir einen unangenehmen Eindruck davon empfunden haben, oder bis uns die Meinung beigebracht ist, daß er uns schaden könne. Der angenehme Schein und der Glanz der Flamme oder des Feuers ergötzt Kinder dermaßen, daß sie anfangs immer begierig sind, es zu betasten;

wenn aber öftere Erfahrung durch die heftigsten Schmerzen sie überzeugt hat, wie grausam und verzehrend es ist, so werden sie sich fürchten, es anzurühren und sich sorgfältig davor in acht nehmen. Es ist also nicht schwer einzusehen, woher die Furcht entsteht und wie man sie vertreiben müsse, wenn der Gegenstand an sich nicht furchtbar ist. Ist nun das Gemüt einmal dagegen gestärkt und hat sich selbst und die gewöhnliche Furcht bei unbedeutenderen Anlässen beherrschen gelernt, so wird es desto geschickter sein, bei wirklichen Gefahren standzuhalten. Erschrickt z. B. das Kind und läuft vor einem Frosche davon, so laßt einen anderen ihn greifen und in einiger Entfernung vor das Kind hinsetzen. Erst gewöhne man es, ihn nur anzusehen, und wenn es das kann, so bringe man ihn näher, damit es ihn ohne Beunruhigung hüpfen sehe. Dann müsse es, wenn ein anderer ihn hält, ihn anrühren und so immer weitergebracht werden, bis es ihn so gleichgültig betasten kann wie einen Schmetterling oder Sperling. Auf ebendiese Art kann auch manche andere Furcht gehoben werden, wenn man nur nicht zu voreilig zu Werke geht oder das Kind zu schnell auf eine neue Stufe der Unerschrockenheit heben will, ehe es noch auf der vorhergehenden genugsam befestigt ist. So muß der junge Held zu den Feldzügen dieses Lebens angeführt und vorbereitet werden; nur muß man verhüten, daß er nicht Gefahren sehe, wo keine sind. Gibt es Gegenstände, vor denen er sich mehr fürchtet, als er sollte, so bringe man sie ihm nach und nach näher, bis er die Furcht fahren läßt, die Schwierigkeit überwindet und Beifall davonträgt. Dergleichen Siege werden, wenn sie oft erfolgen, ihn belehren, daß das Übel nicht immer so unvermeidlich und so groß ist, als die Furcht es ihm vorstellt, und daß man, um ihm zu entgehen, nicht die Flucht ergreifen oder durch die Furcht sich aus der Fassung bringen, niederschlagen und abschrecken lassen müsse, wenn Pflicht und Ehre gebieten, unseren Weg zu verfolgen.

Da aber der Schmerz überhaupt der Grund aller Furcht bei den Kindern ist, so müssen sie, um vor diesem Affekt verwahrt zu bleiben und gegen die Gefahr abgehärtet zu werden, Schmerz erdulden lernen. Zärtliche Eltern werden dies vielleicht für eine widernatürliche Methode halten; ja die meisten dürften es wohl gar ungereimt finden, jemandem Schmerz verursachen zu wollen, um ihn mit dem Gefühl desselben auszusöhnen. „Diese Methode, wird man sagen, mag wohl geschickt sein, dem Kinde Abscheu gegen den einzuflößen, der ihm Leiden verursacht, aber es nicht selbst leiden lernen. Wahrlich eine sonderbare Methode! Ihr wollt nicht, daß man Kinder um ihrer Fehler willen körperlich strafen soll, aber man soll sie quälen, wenn sie sich gut aufführen, und zwar bloß um sie zu quälen.“ Ich zweifle gar nicht, daß man mir dergleichen Einwürfe machen und mich um solcher Äußerungen willen für einen Phantasten schelten werde, der selbst nicht weiß, was er will. Ich gestehe indes, daß hierzu allerdings viel Klugheit erforderlich wird und daß es insofern wirklich gut ist, wenn nur diejenigen die hier vorgetragene Meinung annehmen und zu befolgen trachten, die imstande sind, in die Natur der Dinge tiefer einzudringen und alles gehörig zu unterscheiden. Nur darum will ich nicht, daß man Kinder begangener Fehler wegen schlage, weil der körperliche Schmerz keineswegs die schärfste Strafe werden darf, und eben darum verlange ich auch, daß man ihnen zuweilen, auch wenn sie sich gut aufführen, Schmerz verursachen sollte, um sie zu Erduldung desselben zu gewöhnen, ohne ihn für das größte Übel zu halten. Wie sehr junge Leute durch Erziehung an Schmerz und Leiden gewöhnt werden können, sieht man deutlich genug an dem Beispiele von Sparta, und wer es einmal soweit gebracht hat, daß er den körperlichen Schmerz weder für das größte noch für das furchtbarste Übel hält, hat auf der Bahn zur Tugend nicht wenig voraus. Und obwohl ich zwar nicht so töricht bin, in unserem Zeitalter und bei unserer Verfassung die lazedämonische Zucht einführen zu wollen, so behaupte ich doch, daß Kinder eine gewisse Festigkeit erlangen und einen guten Grund zum Mut und zur Entschlossenheit in reiferen Jahren legen, wenn man sie allmählich gewöhnt, einige Grade des Schmerzes ohne weichliches Zusammenfahren auszuhalten.

Das erste hierbei ist, daß man sie nicht bei jedem kleinen Schmerz bedauert, noch gestattet, daß sie sich selbst beklagen. Doch hiervon habe ich schon geredet. Das zweite ist, daß man ihnen zuweilen mit Vorsatz Schmerz verursacht; dies muß aber nur dann geschehen, wenn das Kind bei guter Laune und von dem Wohlwollen und der Liebe dessen, der ihm diesen Schmerz zufügt, vollkommen überzeugt ist. Daher muß es keine Spur von Zorn oder Unwillen bemerken, und ebensowenig darf man hinterher Mitleid oder Reue blicken lassen, endlich aber auch dem Kinde nicht mehr tun, als es aushalten kann, ohne zu murren, die Sache unrecht zu verstehen oder für eine Strafe zu halten. Ich habe ein so behandeltes Kind gesehen, welches bei einigen derben Hieben mit der Gerte lachend davonlief, sonst aber über ein unsanftes Wort geweint und einen kalten Blick von derselben Person, die ihm die Schläge erteilte, als eine Züchtigung empfunden haben würde. Versichert nur das Kind durch ein ununterbrochen freundliches Betragen von eurer vollkommenen Liebe und es wird nach und nach sich gewöhnen, eine wirklich schmerzhafte und rauhe

Behandlung von euch auszuhalten, ohne sich zu sträuben oder zu beklagen. Wir sehen ja, daß Kinder untereinander selbst bei ihren Spielen sich so begegnen. Je zärtlicher ein Kind ist, desto mehr muß man Gelegenheit nehmen, es zur gehörigen Zeit abzuhärten. Es kommt übrigens hierbei nur darauf an, daß man mit sehr geringen Schmerzen den Anfang macht und sie in unmerklichen Graden erhöht, indem man mit ihm spielt und scherzt und ihm seine Zufriedenheit bezeigt. Wenn ein Kind nur erst soweit gebracht ist, daß es durch das Lob, das ihr seinem Mut erteilt, sich für das Leiden entschädigt hält; wenn es eine Ehre darin sucht, solche Proben seiner Standhaftigkeit zu geben; kurz, wenn es aus Begierde, für brav und mannhaft gehalten zu werden, imstande ist, Schmerz zu erdulden und das Ächzen zu ersticken, so kann man hoffen, daß es mit der Zeit und mit Hilfe der zunehmenden Überlegungskraft seine natürliche Furchtsamkeit ziemlich ablegen und seine zärtliche Konstitution merklich verbessern werde. Sowie der Knabe größer wird, muß man ihn zu kühneren Versuchen anhalten, als wozu er selbst nach seiner natürlichen Anlage aufgelegt scheint. Sollte er alsdann an manche Dinge nicht daran wollen, von denen man übrigens glauben kann, daß erste zu leisten imstande sei, wenn er nur Mut hat, sie zu unternehmen, so muß man ihm anfangs helfen und ihn durch Beschämung nach und nach weiterbringen, bis er durch Übung mehr Zuversicht gewinnt und endlich ganz allein damit fertig wird. Dann muß er durch reichliches Lob und durch die gute Meinung anderer von ihm für seine Bemühung belohnt werden. Auf diese Art muß man stufenweise dem jungen Menschen so viel Entschlossenheit beibringen, daß er sich durch keine Gefahr von dem, was ihm zu tun obliegt, abschrecken läßt, daß er bei unvorhergesehenen, plötzlichen Zufällen nicht zittert, noch durch die Furcht dermaßen hingerissen wird, daß er alle Fassung verliert, die Flucht ergreift oder unfähig wird zu handeln. Dies ist der Mut, der einem vernünftigen Wesen geziemt, und hierzu muß man Kinder durch Gewöhnung und Übung bilden und zu diesem Zweck jede schickliche Gelegenheit benutzen, die sich uns darbietet.

Fünfzehnter Abschnitt.

Von der Neigung der Kinder zur Grausamkeit.

§ 116. Ich habe häufig beobachtet, daß Kinder, wenn sie eines Tieres habhaft werden können, dasselbe zu mißhandeln pflegen; sie quälen und martern junge

Vögel, Schmetterlinge und andere Tiere, die sie in die Hände bekommen und scheinen dabei in der Tat ein Vergnügen zu finden. Hierauf hat man Ursache, sehr aufmerksam zu sein und, wenn sich solche Grausamkeit bei ihnen äußert, sie zu einem entgegengesetzten Verhalten zu gewöhnen. Denn die Gewohnheit, Tiere zu martern und zu töten, macht sie nach und nach auch gegen Menschen hartherzig, und wer an dem Leiden und der Zerstörung geringerer Geschöpfe Vergnügen findet, wird nicht leicht gegen sein eigen Geschlecht mitleidig und wohlwollend handeln. Selbst bei der britischen Verfassung ist hierauf Rücksicht genommen, indem die Fleischer (als Geschworene) nicht mit über Leben und Tod richten dürfen. Kinder müssen also von Anfang an so erzogen werden, daß sie einen Abscheu bekommen, irgendein lebendiges Geschöpf zu martern oder zu töten; sie müssen gelehrt werden, kein Wesen zu verderben oder zu zerstören, wofern es nicht zur Erhaltung oder zum Vorteil eines edleren Wesens geschieht. Wahrlich, wenn ein jeder für sich, so viel er könnte, zum Wohl seiner Nebenmenschen beitrüge (so wie dies in der Tat eines jeden Schuldigkeit und das Fundament ist, auf welchem alle Religion, Politik und Moralität beruht), so würden die Menschen weit glücklicher und besser gesinnt sein, als sie sind.

Doch dies nur beiläufig! Ich muß hierbei die Klugheit und Güte einer Mutter von meiner Bekanntschaft rühmen, die gewohnt war, ihren Töchtern, wenn sie Hunde, Eichhörnchen, Vögel oder dergleichen Dinge, welche junge Mädchen gern haben mögen, verlangten, jederzeit zu willfahren; nur mußten sie dieselben, wenn sie sie einmal hatten, auch gut halten und fleißig Sorge tragen, daß ihnen nichts abging, oder daß sie nicht übel behandelt wurden. Die Nachlässigkeit in diesem Stücke ward ihnen sehr hoch angerechnet und brachte sie oft um den Besitz, wenigstens ging es nie ohne einen Verweis ab, und dadurch gewöhnten sie sich frühzeitig zur Ordnung und Gutmütigkeit. Ich glaube auch, daß man überhaupt die Menschen von der Wiege an gewöhnen müsse, wohlwollend gegen alle empfindenden Geschöpfe zu sein, damit sie mutwilligerweise keins verderben oder vernichten. Ich kann mich nicht überreden, daß das Vergnügen, Schaden zu tun, das heißt, etwas ohne alle Absicht zu verderben, vorzüglich aber einem empfindungsfähigen Geschöpf Leiden zu verursachen, seine Quelle in dem Menschen selbst und nicht vielmehr in einer von außen hineingebrachten Neigung und im Umgange angenommenen Gewohnheit haben sollte. Man lehrt das Kind schlagen und lachen, wenn es anderen Schaden tut oder andere leiden sieht, und das Beispiel derer, die es umgeben, bestärkt es darin. Alles, was man ihm von der Geschichte sagt, kommt auf Schlachten und Morden hinaus. Die Ehre und der Ruhm, den diese den Eroberern beilegt, welche meistenteils nur die Henker des Menschengeschlechts waren, bringt den heranwachsenden Jüngling vollends auf die Gedanken, daß Menschenmord das rühmlichste Geschäft und die größte Heldentugend sei. Auf diese Art wird uns widernatürliche Grausamkeit eingeprägt, und so söhnt die Gewohnheit uns mit Dingen aus, vor welchen die Menschheit zurückbebt, indem sie die Bahn der Ehre damit bestreut. So wandelt das Vorurteil und die Mode das in Vergnügen um, was an sich selbst keines ist, noch sein kann. Diesem Hange muß man also bei der Erziehung mit der größten Sorgfalt und sehr frühzeitig vorzubeugen suchen und dahin arbeiten, daß die weit natürlicheren Neigungen des Wohlwollens und Mitleids die Stelle desselben einnehmen, jedoch durch ebenso gelinde Mittel, als ich bereits bei den vorhin gedachten beiden Fehlern empfohlen habe.

Es wird Vielleicht nicht überflüssig sein, noch folgende Erinnerung hinzuzufügen. Richten Kinder etwa Schaden oder Unheil an, ohne daß sie selbst es dafür erkennen oder eine böse Absicht dabei haben, wie dies wohl im Spiel aus Unachtsamkeit und Unwissenheit zu geschehen pflegt, so muß man es entweder gar nicht, oder doch nur sehr gelinde ahnden, wenn der Schade sonst auch an sich wirklich beträchtlich ist. Denn ich kann es, wie mich dünkt, nicht oft genug einschärfen, das, worauf man bei jeder Unart, deren sich ein Kind schuldig macht (sie sei übrigens von welcher Beschaffenheit oder von welchen äußeren Folgen sie immer wolle), hauptsächlich zu sehen hat, ist die Quelle, aus der sie entsteht und die Gewohnheiten, welche sie nach sich ziehen kann. Aus dem Gesichtspunkte muß man auch die Strafen anordnen und deshalb das Kind nie eines Schadens wegen züchtigen, den es etwa beim Spiel oder aus Versehen angerichtet hat. Die Fehler, welche verbessert werden müssen, liegen im Gemüt; sind es aber solche, welche die Jugend mit den Jahren von selbst ablegt und aus denen keine üblen Gewohnheiten entstehen, so mag die einzelne Handlung auch mit noch so unangenehmen Nebenumständen verknüpft sein, so muß man sie ohne weitere Ahndung hingehen lassen.

§117. Ein anderes Mittel, den Kindern Menschenliebe einzustoßen und diese Tugend in dem Herzen der Jugend lebendig zu erhalten, ist, daß man sie zur Höflichkeit im Ausdrucke und im Betragen gegen Geringere, gegen Leute von niederem Stande und besonders gegen die Bedienten gewöhnt. Man bemerkt nicht selten, daß Kinder in guten Familien den Hausbedienten mit gebieterischen und verächtlichen Reden und überhaupt mit einem herrschsüchtigen Wesen begegnen, als ob sie Geschöpfe von anderer Art und von einer niederen Gattung wären. Dieser Hochmut, mag er nun seine Quelle in dem bösen Beispiele, in den Vorzügen des Glücks oder in der natürlichen Eitelkeit haben, so muß man ihm vorbeugen oder ihn ausrotten und dafür die Kinder zu einem sanften, höflichen und leutseligen Betragen gegen Leute von geringerem Stande gewöhnen. Sie verlieren dadurch nichts von ihren Vorzügen; im Gegenteil wird ihr höherer Stand noch mehr hervorstechen, ihr Ansehen noch mehr befestigt werden, wenn Geringere mit der äußeren Ehrerbietung gegen sie zugleich Liebe verbinden und ihre Unterwürfigkeit zum Teil auf persönliche Hochachtung gegründet ist. Das Gesinde wird seine Dienste mit willigerem und vergnügterem Herzen verrichten, wenn es sieht, daß es von der Herrschaft darum nicht geringschätzig behandelt wird, weil das Glück ihm einen niedrigeren Rang anwies. Kinder müssen unter dem Flittergold des äußeren Glücks die Würde der menschlichen Natur nie aus dem Gesichte verlieren. Je mehr ihnen von den Glücksgütern zuteil geworden, desto mehr muß man ihr Herz zur Menschenliebe bilden, desto mitleidiger und wohlwollender müssen sie gegen diejenigen ihrer Brüder gesinnt sein, denen das Schicksal einen geringeren Rang und ein ärmeres Los angewiesen hat. Wenn sie hingegen von der Wiege an den Leuten schlecht und grob begegnen dürfen, weil sie vermöge des Ranges, den ihr Vater besitzt, eine Art von Gewalt sich über sie anmaßen zu können glauben, so werden sie zum mindesten immer ungesittet bleiben; ja läßt man es so hingehen, so wird ihr Stolz nach und nach zu einer eingewurzelten Verachtung aller derer, die unter ihnen sind, anwachsen: und was kann am Ende anderes daraus entstehen als Unterdrückung und Grausamkeit?

Sechzehnter Abschnitt.

Von der Wißbegierde der Kinder.

S 118. Die Neugier der Kinder ist nichts anderes als ein Trieb, ihre Kenntnisse zu erweitern. Siehe oben § 108.Sie ist allezeit ein gutes Zeichen und das wichtige Werkzeug, dessen sich die Natur bedient, die Unwissenheit wegzuschaffen, in der wir geboren werden, und die uns ohne jene geschäftige Wißbegier zu dummen und unbrauchbaren Geschöpfen machen würde. Die Mittel, sie tätig in uns zu erhalten, sind, wie ich glaube, folgende:

Erstens muß man die Nachfragen der Kinder nie mit Unwillen aufnehmen oder abweisen, noch darüber lachen, vielmehr muß man alle ihre Fragen beantworten, ihnen das, was sie wissen wollen, erklären und es ihnen so faßlich machen, wie ihre Fähigkeit, Alter und Kenntnisse es erfordern. Nie aber verwirre man ihren Verstand mit Erklärungen und Begriffen, die über ihren Horizont sind, oder mit zu vielen und mannigfaltigen Dingen, die zur gegenwärtigen Absicht nicht gehören. Bei ihren Fragen sehe man nicht sowohl auf das, was in den Worten liegt, als auf das, was sie ihrer Absicht nach damit sagen wollen. Habt ihr alsdann dem Kinde die verlangte Aufklärung gegeben, so werdet ihr sehen, wie seine Gedanken sich von selbst entwickeln werden, und daß man es durch geschickte Antworten viel weiter bringen kann, als man denken sollte. Denn Kenntnisse leisten dem Verstande ebendie Dienste wie das Licht den Augen. Kinder finden ein großes Vergnügen daran, besonders wenn sie sehen, daß man auf ihre Nachfragen achtet und ihre Wißbegierde aufmuntert und lobt. Ja, ich behaupte, die Hauptursache, warum manche Kinder sich gänzlich den abgeschmacktesten Spielen überlassen und alle ihre Zeit auf die dümmste Art verschleudern, ist keine andere, als daß man ihre Neugierde niedergeschlagen und ihre Nachfragen nicht geachtet hat. Hätte man ihnen mit mehr Güte und Achtung begegnet und ihre Fragen zu ihrer Zufriedenheit beantwortet, so würden sie zuverlässig auch mehr Vergnügen am Lernen und in Erweiterung ihrer Kenntnisse gefunden haben; weil diese wegen der Neuheit und Mannigfaltigkeit der Gegenstände in der Tat weit mehr Reize für sie hat als die einförmige Rückkehr zu denselben Spielen und Spielsachen.

§ 119. Zweitens sollte man mit den ernsthaften Antworten auf ihre Fragen und mit den Aufschlüssen über Dinge, die sie zu wissen verlangen, zuweilen ein kleines Lob verbinden; man sollte in Gegenwart solcher Personen, die sie schätzen, von den Kenntnissen reden, die sie sich in diesem oder jenem Stück erworben haben. Denn da der Mensch einmal von Kindes Beinen an ein eitles und stolzes Geschöpf ist, so schmeichle man seiner Eitelkeit wenigstens in wirklich guten Dingen und leite seinen Stolz auf etwas, das zu seinem wahren Vorteil gereicht. Man wird daher auch finden, daß das ältere Kind alles und jedes immer besser lernt und faßt, wenn man ihm sagt, daß es dereinst seine jüngeren Geschwister dasselbe wieder lehren solle.

§ 120. So wenig man nun die Anfragen der Kinder mit Verachtung abweisen darf, so sehr muß man drittens auch verhüten, daß sie keine falschen, spottende oder täuschenden Antworten erhalten. Kinder merken bald, wenn man sie verachtet oder hintergeht, und was noch ärger ist, sie gewöhnen sich dasselbe spöttische und verächtliche Wesen, dieselbe Falschheit und Verstellung an, die sie bei anderen beobachten. Nie sollten wir im Umgange die Wahrheit verletzen, am wenigsten aber im Umgange mit Kindern; denn wenn man ihnen was Falsches sagt, so täuscht man nicht nur ihre Erwartung und hindert das Wachstum an Kenntnis, sondern man verführt auch ihre Unschuld und lehrt sie eins der häßlichsten Laster. Kinder sind nicht anders zu betrachten als Reisende, die eben in einem fremden Lande ankommen, wo sie nichts kennen; es müßte uns daher eine Gewissenssache sein, sie nicht irrezuführen und ihre Fragen, wenn sie uns zuweilen auch sehr unbedeutend scheinen, immer ernsthaft zu beantworten. Denn wenn sie uns, die wir längst mit den Gegenständen bekannt sind, auch sehr überflüssig und unnötig vorkommen, so können sie doch für den ganz Unwissenden von Belang sein. Kindern sind alle Dinge fremd, die wir genau kennen; alles, was ihnen zum erstenmal aufstößt, ist ihnen ebenso unbekannt, als es uns einstmals war. Sie sind daher glücklich, wenn sie gute Leute finden, die mit ihrer Unwissenheit Geduld haben und sie davon zu befreien suchen.

Wenn wir jetzt mit aller unserer Kenntnis und Klugheit, auf die wir uns so viel zugute tun, daß wir die Einfälle und Fragen der Kinder verachten, auf einmal nach Japan versetzt würden, und wir uns von allem, was uns dort vorkäme, gehörig unterrichten wollten, so würden wir ohne Zweifel unzählige Fragen tun, die einem hochmütigen und gedankenlosen Japanesen sehr unnütz und abgeschmackt vorkommen müßten, obwohl uns deren Beantwortung sehr wichtig und wesentlich wäre; wir würden froh sein, einen Menschen anzutreffen, der die Höflichkeit und Gefälligkeit hätte, unsere Anfragen zu beantworten und unserer Unwissenheit abzuhelfen.

Wenn Kindern ein neuer Gegenstand vorkommt, so fragen sie gewöhnlich wie jeder Fremde: „Was ist das?“ Und damit meinen sie gewöhnlich weiter nichts als den Namen des Dinges. Ihnen also diesen zu sagen, ist fast immer die passendste Antwort. Die nächste Frage ist sodann: „Wozu dient das?“ Und hierauf muß man ihnen wahr und geradezu antworten; man muß ihnen den Gebrauch des Dinges erklären und die Art und Weise, wie es zu diesem Zweck angewandt wird, soweit es ihre Fähigkeit zuläßt. Fragen sie alsdann noch nach anderen Umständen, so sollte man sie nicht eher davon abbringen, als bis sie nach Maßgabe ihrer Fassungskraft völlig befriedigt wären, und dergestalt muß man sie durch die ihnen erteilten Antworten immer auf neue Fragen leiten. Vielleicht ist solch eine Unterhaltung selbst für einen erwachsenen Mann nicht so ganz uninteressant und leer, als man wohl denken möchte. Die natürlichen und naiven Einfälle wißbegieriger Kinder können oft dem Geist eines denkenden Mannes zu schaffen machen. Ja mich dünkt, man kann zuweilen aus den unerwarteten Fragen eines Kindes mehr lernen als aus den Unterredungen mancher Männer, die sich eine gewisse Fertigkeit erworben haben, ihre erborgten Begriffe und anerzogenen Vorurteile in einem wohlklingenden Fluß von Worten herunterzurollen.

§ 121. Zur Erweckung der Neugier dürfte es viertens auch nicht undienlich sein, den Kindern allerlei seltsame und neue Gegenstände vor Augen zu bringen, in der Absicht, sie zum Nachforschen zu reizen und ihnen zu Erkundigungen Anlaß zu geben. Sollten sie vielleicht auch nach Dingen fragen, die sie nicht zu wissen brauchen, so ist es weit besser, geradezu zu sagen, daß sie das nicht zu wissen nötig haben, als sie durch leere oder falsche Antworten zu täuschen.

§ 122. Zuweilen offenbart sich bei Kindern sehr frühzeitig eine gewisse Plauderhaftigkeit, die aber selten mit einer starken Leibesbeschaffenheit verbunden zu sein pflegt und ebenso selten zu einer gründlichen Beurteilungskraft reift. Wäre so viel daran gelegen, das Kind früh zu einem munteren Schwätzer zu bilden, so, dünkt mich, könnte es an Mitteln dazu nicht fehlen. Indes halte ich dafür, ein weiser Vater werde lieber wünschen, daß sein Sohn dereinst ein wackerer und tüchtiger Mann werden, als daß er als Kind anderen bloß zur angenehmen Unterhaltung und zum Zeitvertreib dienen möge. Allein wenn auf das letztere auch wirklich etwas ankäme, so getraue ich mir doch zu sagen, daß ein Kind, welches richtig urteilt, mehr Vergnügen gewährt als eins, das angenehm schwatzt. Man ermuntere demnach seine Wißbegier durch Beantwortung aller seiner Fragen und suche seine Beurteilungskraft so auszubilden, als es seine Fähigkeit erlaubt. Sind seine Urteile nur irgend erträglich, so nehme man sie mit Lob und Beifall auf; sind sie aber ganz verkehrt, so weise man das Kind mit Sanftmut zurecht, ohne über seinen Irrtum zu lachen. Äußert sich bei ihm ein gewisser Drang, über vorkommende Gegenstände zu urteilen, so sehe man dahin, daß niemand diese Neigung unterdrücke oder ihr durch verfängliche, irreleitende Reden eine falsche Richtung erteile. Denn unter allen Fähigkeiten und Vorzügen des Menschen verdient unstreitig die Urteilskraft die größte Aufmerksamkeit und sorgfältigste Ausbildung. Die höchste Vollkommenheit, die ein Mensch in diesem Leben erreichen kann, besteht in der rechten Ausbildung und Übung seiner Vernunft und in der genauesten Befolgung ihrer Vorschriften.

Siebzehnter Abschnitt.

Von der Gleichgültigkeit mancher Kinder gegen den Unterricht.

§ 123. Bei manchen Kindern bemerkt man eine dieser regen Wißbegier ganz entgegengesetzte Stimmung, nämlich eine gleichgültige Achtlosigkeit gegen alles, so daß nichts sie interessiert und in allem ihrem Tun eine gewisse Verdrossenheit herrscht. Diese Gleichgültigkeit ist unstreitig eine der schlimmsten Eigenschaften bei Kindern und am schwersten zu heilen, wenn der Grund davon wirklich im Charakter liegt. Man kann sich aber hierin leicht irren, und man hat daher wohl zuzusehen, daß man über die Trägheit, worüber man sich zuweilen bei Kindern in Ansehung der Bücher und der ihnen angewiesenen Geschäfte beklagt, ein richtiges Urteil fälle. Bei dem ersten Verdachte, den ein Vater wegen einer solcher Anlage bei seinem Sohne schöpft, muß er genau beobachten, ob derselbe durchgängig oder nur in einigen Stücken sich so träge, sorglos und gleichgültig zeigt, oder ob er in anderen Dingen desto mehr Lebhaftigkeit und Munterkeit äußert. Denn wenn er sich auch bei dem Buche verdrossen beweist und einen großen Teil der Zeit im Lernzimmer müßig verschleudert, so ist doch daraus noch nicht auf einen gleichgültigen Charakter zu schließen. Es kann sein, daß er aus Kinderei andere Dinge, worauf er gerade verfällt, dem Studieren vorzieht, und daß ihm das Buch zuwider ist, mag vielleicht daher rühren, daß er wie zu einem Tagewerk dazu gezwungen wird. Um ihn also ganz kennen zu lernen, muß man ihn beim Spiel, wenn weder Zeit noch Ort ihn zum Studieren antreibt und er seinen eigenen Neigungen folgt, genau beobachten und zusehen, ob er alsdann träge oder geschäftig ist, ob er ein gewisses Ziel sich vorsetzt und es mit unverdrossenem Eifer verfolgt, bis er es erreicht hat, oder ob er seine Zeit in lässiger Sorglosigkeit verträumt. Äußert sich diese Trägheit bloß bei den Büchern, so, deucht mir, kann sie leicht gehoben werden. Liegt sie aber in seiner Anlage, so erfordert es mehr Aufmerksamkeit und Mühe, ihr abzuhelfen.

§ 124. Habt ihr durch den Ernst, den der junge Mensch bei seinen Spielen oder bei anderen Dingen beweist, womit er sich außer den ordentlichen Arbeitsstunden abgibt, euch überzeugt, daß seine Trägheit nicht in seiner Anlage begründet ist, sondern daß er bloß aus Mangel des Geschmacks am Studieren faul und verdrossen bei der Arbeit ist, so stellt ihm fürs erste die Torheit und Ungereimtheit einer solchen Aufführung liebreich vor, und daß er durch seine Schläfrigkeit einen großen Teil der Zeit verliert, die er sonst zu seinem Vergnügen anwenden könnte. Dieses muß anfangs ganz gelassen und freundlich und mit wenig Worten geschehen. Hilft es, so habt ihr euren Zweck auf die beste Art erreicht, nämlich durch Vernunft und Güte. Schlagen aber diese gelinden Mittel nicht an, so versuche man es, ihn deshalb zu beschämen. Man lache und spotte seiner und frage ihn alle Tage, wenn er zu Tisch kommt und kein Fremder zugegen ist, wie viel Zeit er heute bei seiner Arbeit zugebracht habe. Und wenn er sie in der seinen Fähigkeiten entsprechenden Zeit nicht beendigt hat, so ziehe man ihn deshalb auf, ohne ihn jedoch zu schelten. Der Vater aber nehme eine ganz kalte Miene gegen ihn an, bis er sich bessert, und die Mutter, der Erzieher nebst allen anderen, die um ihn sind, müssen dann ein gleiches tun. Sollte dies noch nicht den gewünschten Eindruck machen, so sage man ihm, er solle nicht länger mit einem Führer belästigt werden, der für seine Erziehung Sorge trägt: man wolle weiter keine Kosten anwenden, damit er seine Zeit in Faulheit verschwenden könne, sondern da er diese oder jene Sache (es sei ein Spiel oder Zeitvertreib) den Büchern vorziehe, so solle er sich künftig auch ganz allein damit beschäftigen, und so halte man ihn im Ernst zu dem belobten Spiele an, damit er es ununterbrochen, wie ein ordentliches Geschäft, Vor- und Nachmittag fortsetze, bis er es gänzlich überdrüssig ist und es gern gegen einige Lehrstunden vertauschen möchte. Wenn ihr ihm aber ein Spiel dergestalt zur Arbeit macht, so müßt ihr selbst acht haben oder einen anderen dazu bestellen, damit er es unausgesetzt forttreibe und nicht auch hierbei nachlässig sei. Ich sage, daß ihr es selbst tun müßt; denn so beschäftigt auch sonst ein Vater sein mag, so kann er doch wohl zwei oder drei Tage seinem Sohne widmen, um ihn von einem so großen Übel, wie die Nachlässigkeit ist, zu heilen.

§ 125. So, denke ich, muß man verfahren, wenn die Faulheit nicht von der natürlichen Anlage, sondern von einer besonderen, angenommenen Abneigung gegen das Lernen herrührt, welches man sorgfältig untersuchen muß. Nur darf er es selbst nicht merken, daß ihr oder ein anderer ihn zu der Zeit, da er sich selbst überlassen ist, so genau beobachtet. Das würde ihn sonst hindern, der Neigung zu folgen, die seine ganze Seele beschäftigt, und da er von der einen Seite aus Scheu vor euch es nicht wagt, den Gegenstand zu verfolgen, womit sein Kopf und Herz angefüllt ist, von der anderen Seite aber auch alles das vernachlässigt, woran er zu der Zeit keinen Geschmack findet: so könnte man leicht auf die Gedanken geraten, daß er durchaus faulen und trägen Temperaments sei, wiewohl er im Grunde nur auf den gedachten Gegenstand erpicht ist, und bloß euer aufmerksames Auge und die Furcht ihn zurückhält, sich damit zu beschäftigen. Um nun hierin ganz hinter die Wahrheit zu kommen, so muß die Beobachtung in eurer Abwesenheit angestellt werden, wenn nicht der mindeste Verdacht, bemerkt zu werden, ihm Zwang auflegt. In solchen Augenblicken, da er sich vollkommen frei dünkt, muß jemand, auf den ihr euch verlassen könnt, wahrnehmen, wie er seine Zeit anwendet und ob er sie ganz untätig verschleudert, wenn er ungehindert seiner Neigung folgt. Dergestalt wird man nach dem Gebrauch, den er in voller Freiheit von seiner Zeit macht, leicht beurteilen können, ob die Trägheit wirklich in seinem Temperament liegt, oder ob nur der Abscheu vor Büchern an seiner Nachlässigkeit in den Lehrstunden schuld ist.

§ 126. Hat aber jene Stumpfheit, Gleichgültigkeit und Schlaffheit ihren Grund in der natürlichen Anlage, so ist es in der Tat keine leichte Sache, eine solche nichtsversprechende Gemütsbeschaffenheit gehörig zu behandeln; denn gewöhnlich ist eine gänzliche Sorglosigkeit in Ansehung der Zukunft damit verknüpft, und es mangeln Vorhersehung und Begierde, zwei wichtige Triebfedern der Tätigkeit. Es entsteht also die Frage: wie diese bei dem Kinde anzuregen und zu beleben sind, wenn die Anlage von Natur kalt und schläfrig ist. Sobald man sich überzeugt hat, daß dies wirklich der Fall sei, so ist genau zu untersuchen, ob ihm nichts Vergnügen macht. Man muß acht geben, woran es am meisten Gefallen findet. Zeigt sich dann irgendein bestimmter Hang, so muß man alles tun, ihn zu nähren und sich seiner bedienen, um das Kind in Tätigkeit zu setzen und zu beleben. Vielleicht ist es reizbar für Lob, Spiel, schöne Kleider usw., oder es fürchtet auf der anderen Seite Schmerz, Tadel, Mißfallen und dergleichen, kurz alles, wofür es einige Reizbarkeit äußert (nur die Faulheit ausgenommen, bei der es nie die Arbeit liebgewinnen wird), muß man anwenden, um es aus der Trägheit herauszureißen und zu ermuntern. Denn bei solchen trägen Temperamenten hat man auch nicht wie in jedem anderen Falle zu befürchten, daß irgendeine Begierde durch Begünstigung zu stark anwachsen möchte. Dies ist es eben, was wir bei ihnen vermissen: und darum muß man selbige auf alle Weise anzuregen bemüht sein; denn wo keine Begierde ist, da ist auch keine Tätigkeit.

§ 127. Ist dies noch nicht hinreichend, das Kind zur Geschäftigkeit zu ermuntern, so halte man es zu irgendeiner körperlichen Arbeit an, damit es sich gewöhne, doch etwas vorzunehmen. Besser wäre es freilich, es mit Kopfarbeit stark zu beschäftigen, damit es seine Seelenkräfte üben und anstrengen lernte. Allein da man von dem Grade seiner Aufmerksamkeit nicht nach dem Äußeren urteilen und niemals gewiß wissen kann, ob es wirklich faul ist oder nicht, so gebe man ihm lieber körperliche Verrichtungen, mit welchen es sich beständig beschäftigen müsse. Gesetzt, daß diese auch wirklich etwas beschwerlich und beschämend wären, so ist nichts dabei verloren, weil es sie dann noch eher überdrüssig werden und verlangen wird, zum Buch zurückzukehren. Laßt ihr es aber die Handarbeit gegen das Buch vertauschen, so müßt ihr ihm ein solch Pensum aufgeben, daß es in der dazu bestimmten Zeit nicht Gelegenheit habe, seiner Faulheit nachzuhängen. Habt ihr dann den jungen Menschen auf diesem Wege zur Aufmerksamkeit und zum Fleiß bei den Büchern gebracht, so könnt ihr ihm zur Belohnung, wenn er in der gesetzten Zeit sein Pensum gehörig vollendet hat, eine Erholung von seiner körperlichen Arbeit verstatten. Diese kann sodann nach und nach vermindert werden, sowie er mehr Fleiß und Tätigkeit zeigt, und wenn seine Nachlässigkeit beim Unterricht völlig gehoben ist, kann man sie ihm ganz erlassen.

Achtzehnter Abschnitt.

Man soll Kinder nicht zum Unterricht zwingen.

§ 128. Wir haben schon oben bemerkt, daß Kinder einen großen Hang zur Freiheit und zur Abwechslung haben, daß beides ihnen ihre Spiele so angenehm macht, und daß man daher ihnen die Lektion, oder was sie sonst lernen sollen, nicht als eine Arbeit auflegen müsse. Aber Eltern, Erzieher und Lehrer vergessen das gar zu leicht; das ungeduldige Verlangen, daß der Zögling dies oder jenes mit Fleiß tun möge, läßt ihnen keine Zeit, ihm hierin ein Blendwerk Siehe den folgenden Paragraph.vorzumachen. Die Kinder merken allzubald aus den wiederholten Erinnerungen, was man von ihnen fordert oder nicht. Hat man ihnen nun durch solch ein Versehen das Buch zuwider gemacht, so muß man die Kur von einem anderen Ende anfangen, und da es alsdann gewöhnlich zu spät ist, ihnen das Lernen zum Spiel zu machen, so muß man eine ganz andere Methode ergreifen. Man bemerke, welches Spiel dem Knaben am meisten Vergnügen macht; zu diesem treibe man ihn an und lasse ihn dasselbe mehrere Stunden hintereinander fortsetzen, nicht als hätte man die Absicht, ihn des Spieles wegen zu bestrafen, sondern als verlangte man es bloß als eine Arbeit von ihm. Hierdurch wird ihm, wenn ich mich nicht irre, sein liebster Zeitvertreib in wenig Tagen so zum Ekel werden, daß er weit lieber das Buch, oder was es sonst sei, wird vornehmen wollen, besonders wenn er dadurch etwas von seinem Spielpensum los werden kann und man ihm erlaubt, einen Teil der Zeit, die zu dem aufgegebenen Spiel bestimmt war, beim Buche oder bei irgendeiner anderen nützlichen Beschäftigung zuzubringen. Dies ist meines Erachtens eine bessere Heilmethode als das Verbieten (wodurch insgemein nur die Begierde gestärkt wird) oder irgendeine andere Strafe, deren man sich zu diesem Zweck bedienen könnte. Denn hat man ihn einmal seine Lust recht büßen lassen (welches ich in allen Fällen, nur im Essen und Trinken nicht, für ratsam halte) und ihm dadurch verleidet, was man will, daß er unterlassen soll, so wird er gewiß einen beständigen Abscheu dagegen bekommen und sich nie wieder danach sehnen wollen.

§ 129. Es ist klar, daß Kinder überhaupt Untätigkeit scheuen. Die Hauptsache ist demnach, ihre Tätigkeit immerdar auf etwas Nützliches zu richten, und wenn man diesen Zweck erreichen will, so muß man das, was sie tun sollen, ihnen zur Erholung, nicht aber zur Arbeit machen. Damit sie aber diesen Kunstgriff nicht merken, so ist ungefähr folgender Weg einzuschlagen. Das, was sie nicht tun sollen, verleide man ihnen dadurch, daß man es ihnen unter irgendeinem Vorwand zu einem wirklichen Geschäft macht, bis sie es gänzlich überdrüssig sind. Ist z. B. euer Sohn zu sehr auf den Kreisel erpicht, so laßt ihn denselben alle Tage mehrere Stunden hintereinander peitschen und seht zu, daß er es auch tue. Auf die Art wird er es bald müde werden und gern unterlassen. Indem ihr aber die Erholung, welche ihr mißbilligt, ihm zum Geschäft macht, so wird er von selbst an den Gegenständen, die er betreiben soll, Geschmack gewinnen, vorzüglich wenn sie ihm als Belohnungen zuteil werden, die er sich durch ordentliches Betreiben des ihm aufgegebenen Spiels erwirbt. Wer kann zweifeln, daß er nicht mit lebhaftem Eifer über sein Buch herfallen und sich danach sehnen werde, wenn man es ihm als eine Belohnung verspricht, nachdem er seinen Kreisel wacker die ganze, einmal festgesetzte Zeit hindurch gepeitscht hat? Kinder machen unter den Dingen, womit sie sich beschäftigen, wenig Unterschied, wenn sie nur ihrem Alter angemessen sind und ihnen zu tun geben. Wenn sie eine Sache höher achten als eine andere, so richten sie sich hierin bloß nach der Meinung anderer, und das, was diejenigen, die um sie sind, ihnen zur Belohnung machen, ist es auch in der Tat. Es hängt demnach bloß von dem Erzieher ab, ob das Hüpfen auf einem Beine sie für das Tanzen oder das Tanzen für das Herumhüpfen belohnen soll, ob das Kreiseltreiben ihnen mehr Vergnügen machen soll oder das Lesen, das Spielen mit Schnellkugeln oder der

Unterricht über den Globus. Sie wollen bloß beschäftigt sein und zwar mit Dingen, die von ihrer eigenen Wahl abhängen und die sie von ihren Eltern oder von anderen, die sie hochschätzen und mit denen sie gern gut stehen wollen, als Gunstbezeugungen erhalten. Eine Gesellschaft von Kindern, welche so behandelt wird und von bösen Beispielen unangesteckt bleibt, muß, wie mich dünkt, mit ebensoviel Eifer und Vergnügen lesen, schreiben und alles übrige lernen, als andere ihre gewöhnlichen Spiele. Wenn man alsdann nur das älteste Kind so angeführt hat, daß es bei den übrigen den Ton angeben kann, so wird es ebenso schwer halten, die Kinder vom Lernen wie sonst vom Spiel abzubringen.

Neunzehnter Abschnitt.

Von den Spielsachen der Kinder.

§ 130. Kinder müssen meines Erachtens Spielzeug haben und zwar von verschiedener Art. Es muß sich aber stets in der Verwahrung des Erziehers oder sonst jemandem befinden; auch darf das Kind niemals mehr als eins in die Hände bekommen und nie ein anderes dafür erhalten, als bis es das erste wieder zurückgegeben hat. Hierdurch werden die Kleinen beizeiten behutsam gemacht, das, was sie haben, nicht zu verlieren oder zu verderben. Gibt man ihnen hingegen sehr viel und mancherlei Sachen auf einmal, so werden sie leichtsinnig und unratsam und gewöhnen sich von Kindheit an zur Verschwendung und zum Durchbringen. Freilich scheinen dies Kleinigkeiten zu sein und die Aufmerksamkeit des Erziehers nicht zu verdienen; allein es darf nichts übersehen oder vernachlässigt werden, was auf die Bildung der Kinderseele Einfluß hat. Alles, was Gewohnheiten und Fertigkeiten bewirken kann, ist der Sorgfalt und Aufmerksamkeit des Erziehers wert und um der Folgen willen nicht unbedeutend.

Noch verdient ein Umstand hierbei die Aufmerksamkeit der Eltern. Obgleich ich gesagt habe, daß Kinder verschiedene Arten von Spielzeug haben können, so, dünkt mich, sollte man ihnen doch keines kaufen. Dergestalt werden sie nie mit einer zu großen Menge überhäuft werden, wodurch ihr Gemüt nur verwöhnt wird, nach Überfluß und Abwechslung zu trachten, unruhig zu sein, immer nach etwas mehr zu streben, ohne selbst zu wissen, wonach und mit dem, was sie haben, nie zufrieden zu sein. Der Hof, der vornehmen Leuten dadurch gemacht wird, daß man ihre Kinder mit dergleichen Dingen beschenkt, tut den letzteren großen Schaden; denn sie werden dadurch eingebildet, eitel und habsüchtig, noch ehe sie sprechen lernen. Ich habe ein Kind gesehen, welches durch die große Menge und Mannigfaltigkeit der Spielsachen so zerstreut wurde, daß es alle Tage seine Wärterin plagte, ihm eines nach dem anderen vorzuzeigen. Es hatte sich an den Überfluß so gewöhnt, daß es immer fragte: „Was noch? Und was nun? Was werde ich jetzt Neues bekommen?“ In der Tat eine treffliche Anweisung zur Mäßigung der Begierden, und der rechte Weg, einen zufriedenen und glücklichen Menschen zu bilden!

„Wo soll denn nun das Kind die Spielsachen hernehmen, die ihr ihm verstattet, wenn man ihm keine kaufen darf?“ Ich antworte: es muß sie sich selbst verfertigen oder wenigstens sich darum Mühe geben und dazu Hand anlegen. Bis es dies nicht kann, solange darf es keine haben, und bis dahin bedarf es auch keiner Kunst oder Umstände, ihm welche zu verschaffen. Ein glatter Stein, ein Stück Papier, der Schlüsselbund der Mutter oder sonst etwas, womit die Kleinen sich nicht verletzen können, macht ihnen ebensoviel Vergnügen wie jene noch so kostbaren und künstlichen Spielsachen, die in Buden feil sind und von den Kindern, bald in Unordnung gebracht und zerbrochen werden. Kinder sind über den Mangel solchen Spielkrams nie verlegen oder mißmutig, es sei denn, daß sie dazu gewöhnt worden. Solange sie klein sind, ist ihnen alles, was ihnen vorkommt, dazu gut genug; und wenn sie größer werden, so werden sie sich solches schon selbst verfertigen, falls die verschwenderische Torheit anderer sie damit nicht überhäuft. Schicken sie sich alsdann an, selbst etwas nach ihrer eigenen Erfindung zuwege zu bringen, so muß man ihnen Anweisung dazu geben und helfen, solange sie aber müßig und untätig abwarten, daß andere ihnen dergleichen Sachen herbeischaffen sollen, ohne selbst Hand anzulegen, muß man ihnen nichts geben. Die Hilfe, die wir ihnen alsdann leisten, wenn sie allein nicht fertig werden können, wird uns ihnen werter machen, als wenn wir ihnen noch so kostbare Spielsachen gekauft hätten: Spielzeug, das sie selbst nicht machen können, wie Kreisel, Raketen zum Ballschlagen und andere Dinge, deren Gebrauch ihre Kräfte anstrengt, kann man ihnen freilich anschaffen. Solche Sachen müssen sie haben, nicht bloß zur Abwechslung, sondern um ihren Körper zu üben; aber auch diese sollten so einfach sein wie möglich. Gibt man ihnen einen Kreisel, so müssen sie für den Peitschenstock und die Schnur selbst sorgen und sie sich zurecht machen. Verlangen sie aber, daß diese Dinge ihnen sozusagen in den Mund laufen sollen, so verdienen sie nichts zu bekommen. Dadurch werden sie sich gewöhnen, das, was ihnen fehlt, selbst aufzusuchen und sich Mühe darum zu geben; zu gleicher Zeit aber Mäßigung ihrer Begierden, Fleiß, Betriebsamkeit, Nachdenken, Erfindsamkeit und Wirtschaftlichkeit lernen: alles Eigenschaften, die ihnen einst als Männern sehr zustatten kommen und daher nicht Zu früh gelernt oder zu tief eingeprägt werden können. Alle Spiele und Vergnügungen der Kinder müssen zu guten Gewohnheiten hingeleitet werden, sonst entstehen böse daraus. Alles, was sie in diesem zarten Alter vornehmen, läßt einen Eindruck zurück, welcher ihre Neigung zum Guten oder zum Bösen bestimmt, und was solchen Einfluß haben kann, darf keineswegs verabsäumt werden.

Zwanzigster Abschnitt.

Vom Lügen der Kinder.

§ 131. Nichts scheint bequemer und kürzer, einen begangenen Fehltritt zu verbergen, als Lügen, und es ist unter Leuten von allen Klassen so gewöhnlich, daß auch einem Kinde diese Untugend alle Augenblicke auffallen muß und es sehr schwer hält, es davon rein zu erhalten. Allein es ist eine so schlimme Eigenschaft und die Mutter so vieler anderer Laster, welche von ihr ausgebrütet werden und unter ihrem Schirm gedeihen, daß man Kindern den größten Abscheu dagegen einstoßen muß. So oft es die Gelegenheit gibt, sollte man in seiner Gegenwart mit dem größten Unwillen davon sprechen wie von einer Eigenschaft, die dem guten Namen und dem Charakter eines ehrbaren Menschen gerade entgegensteht, so daß kein ehrlicher Mann die Beschuldigung einer Lüge auf sich haften lassen darf; man sollte ihm das Lügen als ein Laster vorstellen, welches die größte Verachtung verdient, den Menschen zu dem niedrigsten Grade schändlicher Niederträchtigkeit herabwürdigt, ihm seine Stelle unter der verächtlichsten Menschengattung und dem verworfensten Pöbel anweist, als ein Laster endlich, das an einem Menschen, der mit Leuten von Stande umgehen will und in der Welt einigen Anspruch auf Achtung und guten Ruf macht, ganz und gar nicht geduldet werden kann. Das erste Mal, daß man ein Kind bei einer Lüge betrifft, sollte man, anstatt sie ihm wie einen gewöhnlichen Fehler zu verweisen, bloß seine Verwunderung darüber bezeugen wie über eine außerordentliche Sache. Schützt dieses es nicht vor dem Rückfall, so muß es das nächste Mal einen scharfen Verweis bekommen, und Vater, Mutter und alle, die um das Kind sind und die Sache erfahren, müssen es die größte Unzufriedenheit empfinden lassen. Sollte aber auch dieses noch nicht helfen, so muß man endlich zu Schlägen greifen; denn nachdem es dergestalt gewarnt worden, hat man eine vorsätzliche Lüge immer als eine Widerspenstigkeit zu betrachten, die nie ungeahndet hingehen darf.

§ 132. Kinder pflegen aus Furcht, ihre Fehler in ihrer Blöße aufgedeckt zu sehen, wie alle Adamssöhne auf Entschuldigungen zu deuten. Diese Unart verleitet gewöhnlich zur Unwahrheit und muß darum auch nicht geduldet, jedoch mehr durch Beschämung als durch Härte gehoben werden. Wird daher ein Kind zur Rede gesetzt und seine erste Antwort ist eine Entschuldigung, so ermahne man es mit Gelassenheit, die Wahrheit zu sagen, und wenn es dann beharrt, sich durch Unwahrheit herauszuhelfen, so muß es gezüchtigt werden. Gesteht es aber die Sache offenherzig, so lobe man seine Aufrichtigkeit und verzeihe ihm den Fehler, er sei, welcher er wolle – und zwar dergestalt, daß man ihm denselben nie wieder vorwerfe, noch dessen erwähne. Denn wenn ihr wollt, daß es die Aufrichtigkeit liebgewinnen und durch beständige Übung sich dieselbe angewöhnen soll, so muß man dahin sehen, daß sie ihm nicht die geringste Unannehmlichkeit verursache, im Gegenteil lasse man es nicht dabei bewenden, daß das Geständnis es gänzlich von der Strafe befreie, sondern ermuntere es zugleich durch einige Merkmale des Beifalls. So oft indes die Entschuldigung, die es vorbringt, so beschaffen ist, daß man es von der Unwahrheit derselben nicht geradezu überführen kann, so lasse man sie für wahr passieren und zeige ganz und gar keinen Verdacht. Die gute Meinung, die man von ihm hat, muß ihm über alles gelten und daher auch solange als möglich beibehalten werden; denn wenn es erst gewahr wird, daß es diese eingebüßt hat, so ist das beste und wirksamste Erziehungswerkzeug verloren. Solange es also nur vermieden werden kann, ohne ihm zu schmeicheln, so lasse man es nicht auf den Gedanken geraten, daß man es für einen Lügner halte, und darum übersehe man allenfalls einige kleine Abweichungen von der Wahrheit. Ist es aber einmal für eine Lüge bestraft worden, so muß man sie ihm nie wieder verzeihen, wenn man es darauf ertappt oder erfährt, daß es sich derselben schuldig gemacht habe. Denn da ihm dieser Fehler verboten worden und es ihn, wenn es sonst nicht störrisch ist, auch wohl vermeiden kann, so muß man seine Wiederholung als eine vorsätzliche Bosheit betrachten und so bestrafen, wie sie es verdient.

§ 133. Dies ist es, was ich über die Erziehung eines jungen Menschen im allgemeinen zu sagen hatte. Obwohl ich nun weit entfernt bin zu glauben, alles und jedes, was bei zunehmenden Jahren und besonderen Charakteren zu beobachten ist, berührt zu haben, so schmeichle ich mir doch, daß man aus diesen Bemerkungen im ganzen Erziehungslaufe überhaupt einigen Nutzen werde schöpfen können. Ich will nun noch einige besondere Betrachtungen über verschiedene einzelne Teile der Erziehung hinzufügen.

Einundzwanzigster Abschnitt.

Von der Verehrung des höchsten Wesens als der Grundlage der Tugend.

§ 134. Das, was jeder edeldenkende, rechtschaffene Mann, dem die Erziehung einigermaßen am Herzen liegt, seinem Sohne außer den Glücksgütern, die er ihm hinterläßt, wünschen kann, besteht, wie ich glaube, in folgenden vier Stücken: Tugend, Klugheit, Wohlverhalten und Wissenschaft. Ich will mich hier nicht darauf einlassen, zu untersuchen, ob diese Ausdrücke ihrer wahren Bedeutung nach nicht einer den anderen in sich schließen, oder ob sie wirklich ganz verschiedene Gegenstände bezeichnen. Ich nehme diese Worte hier bloß nach dem populären Gebrauch, und in dieser Hinsicht, hoffe ich, wird es weiter keiner Erklärung bedürfen, um zu verstehen, was ich darunter meine.

§ 135. Ich stelle die Tugend voran als die erste und notwendigste Eigenschaft eines jeden gesitteten Menschen. Sie ist ihm unentbehrlich, um in seinen eigenen und in fremden Augen einen Wert zu behaupten, und ohne sie kann man weder in dieser noch in einer anderen Welt glücklich sein.

§ 136. Als die erste Grundlage dazu muß dem Gemüte früh ein richtiger Begriff von Gott eingeprägt werden, als dem höchsten und unabhängigsten Wesen, dem Urheber und Schöpfer aller Dinge, von dem wir alles Gute empfangen, der uns liebt und dem wir alles zu verdanken haben. Demzufolge muß man das Herz des Kindes mit Liebe und Ehrerbietung gegen dieses höchste Wesen erfüllen. Dies ist zum Anfange genug, ohne daß eine weitere Erklärung nötig ist. Denn wenn man das Kind zu früh mit der Geisterlehre bekannt machen und zu voreilig ihm metaphysische Ideen von der unbegreiflichen Natur des unendlichen Wesens beibringen wollte, so möchte man seinen Kopf nur mit irrigen Vorstellungen anfüllen oder ihn durch unverständliche Vorstellungen verwirren. Man sage ihm bloß bei einer schicklichen Gelegenheit, daß Gott alle Dinge gemacht hat und regiert, alles hört und sieht und denen, die ihn lieben und ihm gehorchen, auf alle Weise Gutes tut. Wenn man so mit Kindern von Gott redet, so wird man finden, daß in ihrem Gemüt bald mehr Gedanken von selbst aufsteigen werden, welche man dann, wenn sie irrig sind, berichtigen muß. Ja, ich halte dafür, daß es überhaupt wohlgetan sein würde, wenn die Menschen überall bei diesem Begriff von Gott stehenblieben, ohne ihre Neugier in Erforschung eines Wesens, das alle Geschöpfe für unbegreiflich erkennen müssen, je weiter zu treiben; denn viele, deren Denkkraft weder stark noch aufgehellt genug ist, um das gehörig zu unterscheiden, was außer- oder innerhalb unseres Erkenntnisvermögens liegt, stürzen sich durch solche Grübeleien nur in Aberglauben oder Unglauben. Entweder stellen sie sich Gott als ein ihnen selbst ähnliches Wesen vor, oder sie glauben gar keinen, weil sie außer dem Menschen kein anderes Wesen begreifen können. Man gewöhne die Kinder, alle Abend und Morgen Gott, ihrem Schöpfer, Beschützer und Wohltäter, in faßlichen und kurzen Gebeten ihre Verehrung zu bezeigen, so wie es ihrer Fähigkeit und ihrem Alter angemessen ist: dies wird für ihre Religion, Erkenntnis und Tugend von größerem Nutzen sein als alle metaphysischen Untersuchungen über jenes unerforschliche Wesen.

§ 137. Hat man nun der Seele des Kindes nach und nach, seiner Fähigkeit entsprechend, einen solchen Begriff von Gott eingeprägt und es gelehrt, ihn zu preisen und anzubeten, als den Urheber seines Daseins und alles Guten, das es selbst zu tun oder zu genießen fähig ist: so enthalte man sich, ihm von dem Wesen der Geister weiter etwas zu sagen, bis der fernere Religionsunterricht hierzu Gelegenheit geben wird.

§ 138. Aber auch dann noch, und überhaupt solange es noch Kind ist, bewahre man sein Gemüt vor allen Eindrücken und Vorstellungen von Geistern oder Gespenstern oder anderen Dingen, die es im Finstern furchtsam machen können. In diese Gefahr geraten Kinder gewöhnlich durch den Unverstand des Gesindes, welches gewohnt ist, sie dadurch in Furcht und Gehorsam zu halten, daß es ihnen von schwarzen Männern, Poltergeistern und anderen Dingen vorschwatzt, welche ihnen, wenn sie allein sind und besonders im Finstern, Grausen erwecken. Dies muß man sorgfältig verhüten; denn obwohl man Kinder durch dergleichen Schreckbilder von manchen kleinen Fehlern abhalten kann, so ist das Mittel doch in der Tat schlimmer als das Übel selbst; es werden dadurch der Einbildungskraft Vorstellungen eingedrückt, die ihnen überall Furcht und Schrecken einjagen. Sind den Kindern einmal solche Spukgeschichten beigebracht, so pflegt der Eindruck davon wegen des damit verbundenen Grausens so stark zu sein und so fest zu haften, daß er sich schwer oder wohl gar nie wieder ganz vertilgen läßt. Solange er aber nicht ganz erloschen ist, werden die Kinder häufig mit seltsamen Einbildungen geplagt, können nicht allein sein und bleiben oft ihr ganzes Leben hindurch furchtsam im Finstern. Mir haben erwachsene Männer, die in ihrer Kindheit so behandelt waren, geklagt, daß, obwohl sie die Torheit und Ungereimtheit jener absurden Vorstellungen hätten einsehen lernen und vollkommen überzeugt wären, daß sie im Finstern ebensowenig als bei hellem Tage sich vor unsichtbaren Wesen zu fürchten Ursache hätten, jene Schreckbilder doch immer bei der ersten besten Gelegenheit in ihrer Einbildungskraft wieder erwachten und nicht ohne Mühe verbannt werden könnten.

Wie dauerhaft und schreckbar dergleichen Bilder sind, wenn sie der Seele sehr früh eingeprägt worden, wird folgende merkwürdige und wahre Geschichte beweisen. In einer Stadt im westlichen Teile von England lebte ein verrückter Mensch, den die Jungen zu necken pflegten, wenn er ihnen in den Weg kam. Als er einst einen solchen Knaben auf der Straße erblickte, ging er in den Laden eines Schwertfegers, bemächtigte sich eines bloßen Degens und lief hinter dem Knaben her. Dieser, als er ihn so bewaffnet sah, machte sich auch auf die Beine, lief, was er konnte, und hatte zum Glück Kraft und Geschwindigkeit genug, noch eben seines Vaters Haus zu erreichen, ehe der Wahnwitzige ihn einholte. Die Tür war bloß zugeklinkt; und als er die Klinke bereits in der Hand hatte, wandte er sich noch einmal um, zu sehen, wie nahe ihm sein Verfolger sei. Dieser war bereits am Eingange und hatte den Degen schon aufgehoben, um nach ihm zu hauen, so daß der Knabe nur noch gerade so viel Zeit hatte, in das Haus zu springen und die Tür hinter sich zuzuschlagen, um dem Streiche zu entgehen. Doch sein Körper entging ihm nur, nicht aber sein Geist. Denn diese schreckliche Vorstellung machte darin einen so tiefen Eindruck, daß er viele Jahre, wo nicht das ganze Leben hindurch gedauert hat. Er versicherte mir noch als erwachsener Mann, da er mir die Geschichte erzählte, daß er sich nicht erinnern könne, jemals nach der Zeit wieder zu dieser Tür eingegangen zu sein, ohne sich vorher umzusehen, er möchte sonst auch noch so viel im Kopfe gehabt, oder, ehe er an die Tür gekommen, noch so wenig an den Wahnwitzigen gedacht haben. – Wenn man Kindern nichts weismachte, so würden sie sich im Dunkeln nicht mehr fürchten als bei hellem Sonnenschein. Die Finsternis würde ihnen als Einladung zum Schlaf ebenso willkommen sein wie das Licht zum Spiel. Sie würden zwischen beiden Zeiten gar keinen Unterschied machen und die eine nicht für gefährlicher oder schreckbarer halten als die andere. Sollte aber jemand von den Leuten, die um sie sind, sie auf die Gedanken bringen, daß es nicht einerlei sei, ob sie im Finstern wären oder bloß die Augen schlössen, so muß man ihnen dieses Vorurteil so gut als möglich auszuroden suchen. Man sage ihnen, daß Gott alle Dinge zum Besten der Menschen eingerichtet und die Nacht dazu gemacht habe, damit sie desto besser und ruhiger schlafen können, daß sie sich überall unter seinem Schutz befinden und im Finstern ihnen nichts Übles begegnen könne. Andere Begriffe von Gott und von guten Geistern können bis auf einen späteren Zeitpunkt verschoben werden, von dem wir nachher reden wollen, und was die bösen Geister anlangt, so ist es sehr wohl getan, wenn man die Einbildungskraft der Kinder so lange damit verschont, bis sie zu dieser Kenntnis reif sind.

§ 139. Hat man nun durch eine richtige Vorstellung von Gott und durch Anleitung zum Gebet in der Seele des Kindes den Grund zur Tugend gelegt, so ist die nächste Sorge, ihm strenge Wahrheitsliebe in allen seinen Reden und überhaupt gute Gesinnungen einzuflößen. Es muß wissen, daß ihr ihm lieber zwanzig Fehler verzeiht als einen einzigen, den es durch Verletzung der Wahrheit zu bemänteln sucht. Lehrt es ferner die Menschen aufrichtig lieben und gut von ihnen denken: dies ist die wahre Grundlage des rechtschaffnen Mannes. Denn überhaupt entsteht alle Ungerechtigkeit daraus, daß wir uns selbst zu sehr und andere zu wenig lieben.

Dies ist es, was ich über diesen Gegenstand im allgemeinen zu sagen hatte. Ich halte es für hinreichend, um in einem Kinde den Grund zur Tugend zu legen. So wie es größer wird, muß man den Hang seiner natürlichen Neigung beobachten und diesen sodann, je nachdem er auf der einen oder anderen Seite von dem geraden Wege der Tugend abweicht, durch gehörige Mittel wieder auf denselben zurückführen. Denn wenig Adamssöhne sind so glücklich, daß in ihrer natürlichen Anlage nicht irgendein Übergewicht anzutreffen sein sollte, welches durch Erziehung entweder ganz weggeschafft oder ins Gleichgewicht gebracht werden muß. Mich hierüber in ein genaues Detail einzulassen, würde die Grenzen dieser kurzen Abhandlung überschreiten. Meine Absicht ist nicht, alle und jede Tugenden und Laster durchzugehen und zu zeigen, wie jede Tugend erworben und jedes besondere Laster ausgerottet werden müsse, wiewohl ich einige der gewöhnlichsten Fehler berührt und die Mittel, sie zu verbessern, angezeigt habe.

Zweiundzwanzigster Abschnitt.

Von der Klugheit.

§ 140. Ich nehme hier das Wort Klugheit in der gewöhnlichen Bedeutung als die Fähigkeit eines Menschen, sein Geschäft mit Geschicklichkeit und Vorsicht zu betreiben. Es gehört dazu ein guter natürlicher Verstand und ein tätiger Geist, mit Erfahrung verbunden, sie ist also insofern keine Sache für Kinder. Das wichtigste, was in dieser Hinsicht geschehen kann, ist, sie gegen List zu verwahren; denn diese ist bloß der Affe der Klugheit und himmelweit von derselben verschieden. Der Affe ist um so häßlicher, weil es ihm, bei seiner übrigen Ähnlichkeit mit dem Menschen, an dem Wesentlichen fehlt, was ihn dazu machen könnte. List gründet sich auf Mangel des Verstandes; denn da dieser nicht hinreicht, seine Zwecke durch gerade Wege zu erreichen, so nimmt er zu Ränken und Umschweifen seine Zuflucht; nur schade, daß ein arglistiger Streich vielleicht wohl einmal hilft, dann aber uns auf immer schadet. Denn es ist keine Decke so dicht oder so künstlich, daß sie den, der darunter spielt, durchaus verbergen sollte. Nie war ein Sterblicher so listig, daß man ihm den listigen Charakter überhaupt nicht hätte anmerken können. Ist derselbe aber erst einmal offenbar, so wird jedermann scheu und mißtrauisch gegen einen so verschmitzten Menschen. Alles vereinigt sich, ihm entgegenzuwirken und ihn zu stürzen; dahingegen der gerade, verständige und kluge Mann, weil er überall offen zu Werke geht, allenthalben Freunde findet. Man gewöhne das Kind, von allen Dingen sich richtige Begriffe zu erwerben und nicht eher zu ruhen, als bis es selbige erlangt hat; man nähre seinen Geist mit großen und würdigen Gedanken und entferne es so viel als möglich von aller Falschheit und Zweideutigkeit: dies ist die beste Anleitung zur Klugheit. Das übrige wird Zeit, Erfahrung, Beobachtung, Bekanntschaft mit den Menschen, ihren Charakteren und Absichten von selbst hinzutun; von der Unwissenheit und Unachtsamkeit des Kindes aber oder von der unüberlegten Hitze und Unerfahrenheit des Jünglings hat man solches nicht zu erwarten. Alles, was in dem unmündigen Alter geschehen kann, ist, wie ich schon gesagt habe, daß man den jungen Menschen zur Wahrheitsliebe und Aufrichtigkeit gewöhnt, zur Unterwerfung unter die Vernunft und soviel als möglich zum Nachdenken über seine eigenen Handlungen.

Dreiundzwanzigster Abschnitt.

Von der Artigkeit und feinen Lebensart.

§ 141. Eine andere gute Eigenschaft, welche von einem gesitteten Menschen gefordert wird, ist seine Lebensart. Das Gegenteil davon hat zweierlei Quellen, nämlich alberne Verschämtheit (Verlegenheit) oder unanständige Nachlässigkeit und Achtlosigkeit im Betragen. Beide Fehler werden vermieden, wenn man die einzige Regel gehörig befolgt, nämlich nicht zu schlecht von sich selbst und nicht zu schlecht von anderen zu denken.

§ 142. Der erste Teil dieser Regel schließt keineswegs die Bescheidenheit aus, sondern nur den Hochmut. Wir sollen nicht zu vorteilhaft von uns selbst denken, noch auf unseren eigenen Wert uns so viel einbilden, daß wir gewisser Vorzüge wegen, die wir vor anderen zu besitzen glauben, uns über sie erheben. Doch müssen wir die uns angebotene Ehre, wenn sie uns mit Recht zukommt, mit Bescheidenheit annehmen und überdies so viel Selbstvertrauen besitzen, daß wir das, was uns obliegt und man von uns erwartet, ohne Blödigkeit und Bestürzung verrichten können; es sei zugegen wer da wolle, doch so, daß wir gegen einen jeden die Ehrerbietung und Bescheidenheit beobachten, die seinem Range und Stande zukommt. Gs gibt Menschen und vorzüglich Kinder, die in Gegenwart fremder und besonders vornehmerer Personen eine gewisse bäuerische Schüchternheit äußern; ihre Gedanken, Worte und Blicke geraten in solche Verwirrung, sie verlieren dermaßen alle Gegenwart des Geistes, daß sie nicht imstande sind, etwas vorzubringen oder wenigstens nicht mit der Freimütigkeit und dem gefälligen Anstände, der erfordert wird,, uns beliebt zu machen. Das einzige Mittel, diesem sowie jedem anderen Fehler abzuhelfen, ist die Gewöhnung zu einem entgegengesetzten Betragen. Da man aber mit Fremden und Leuten von Stande nicht anders umgehen lernt, als wenn man oft in ihrer Gesellschaft ist, so muß man, um diesem Mangel an guter Lebensart abzuhelfen, mancherlei Gesellschaften und besonders die von Vornehmern suchen.

§ 143. So wie nun der ebengedachte Fehler in einer übertriebenen Ängstlichkeit des Betragens besteht, so kann man auf der anderen Seite auch dadurch gegen die feine Lebensart verstoßen, daß man gar zu wenig Sorgfalt blicken läßt, anderen, mit denen man zu tun hat, gefallen zu wollen und ihnen Achtung zu bezeugen. Dieses zu vermeiden, wird zweierlei erfordert, nämlich erstlich eine aufrichtige Neigung, andere nicht zu beleidigen, und zweitens eine angenehme und gefällige Manier, diese Neigung zu erkennen zu geben. Das erste erwirbt uns den Anspruch auf Höflichkeit und das zweite auf Artigkeit. Die letztere besteht in einer gewissen Grazie und Wohlanständigkeit, welche unsere Mienen, den Ton der Stimme, den Ausdruck, die Bewegungen und Gebärden, kurz, unser ganzes äußeres Betragen beseelt, in Gesellschaft einnimmt und diejenigen, mit denen wir umgehen, zufrieden und vergnügt macht. Dies ist gleichsam die Sprache, wodurch sich die innere Höflichkeit des Gemüts ausdrückt. Da sie aber, gleich den wirklichen Sprachen, durch die Sitten und Gebräuche jedes einzelnen Landes verschieden modifiziert wird, so muß man die Regeln und die Ausübung derselben hauptsächlich aus der Beobachtung und in dem Betragen solcher Personen studieren, die in diesem Stücke für vollkommen musterhaft gehalten werden. Was das andere Stück betrifft, es liegt es tiefer unter der Oberfläche und besteht in dem allgemeinen Wohlwollen und einer gewissen Achtung gegen alle Menschen, die uns geneigt macht, in unserem Betragen weder Verachtung noch Geringschätzung gegen andere zu zeigen, sondern vielmehr nach der landesüblichen Sitte eine ihrem Range und Stande angemessene Wertschätzung auszudrücken. Es ist also eine gewisse Gemütsneigung, die sich in dem Verhalten äußert und dahin geht, niemand im Umgange zu beleidigen oder mißvergnügt zu machen.

Es gibt indes vier Eigenschaften, welche dieser wichtigen und reizendsten aller gesellschaftlichen Tugenden gerade entgegenstehen. Die Unhöflichkeit hat gewiß allemal ihren Grund in einer derselben, wo nicht in mehreren zugleich. Um demnach Kinder dagegen zu verwahren oder davon zu befreien, will ich sie hier kurz berühren.

1. Die erste dieser vier Eigenschaften besteht in einem gewissen rohen Wesen, vermöge dessen ein Mensch von Hause aus ungefällig ist und weder auf die Neigungen und den Charakter, noch auf den Stand anderer Leute Rücksicht nimmt. Es ist ein offenbarer Beweis des Mangels aller Bildung, wenn man gar nicht achtet, was denen, mit welchen man umgeht, gefällt oder nicht gefällt, und dennoch gibt es Leute, die, ob sie gleich nach dem neuesten Geschmack gekleidet sind, sich ihren Launen und Torheiten so uneingeschränkt überlassen, daß sie alles, was ihnen in den Weg kommt, anstoßen und überrennen, ohne sich zu bekümmern, wie es aufgenommen wird. Wer kann eine so brutale Aufführung sehen, ohne sie zu verabscheuen, und wer kann sich wohl dabei befinden? Wer also nur den mindesten Anspruch auf gute Erziehung macht, muß sich derselben enthalten. Denn der wahre Zweck und Gegenstand einer

guten Erziehung ist, die natürliche Roheit abzuschleifen und unsere Sinnesart lenksam und biegsam zu machen, damit man sich in diejenigen, mit denen man zu tun hat, gehörig schicken könne.

2. Ein anderer Fehler gegen die Höflichkeit ist Verachtung und Mangel an Achtung, welcher sich in Blicken, Worten und Gebärden zutage legt und jederzeit Mißfallen und Unzufriedenheit nach sich zieht, es sei, von wem es wolle; denn niemand kann es dulden, wenn er sich verachtet sieht.

3. Ist auch die Tadelsucht und die Ausspähuug fremder Fehler der Höflichkeit gänzlich zuwider. Kein Mensch, er mag auch noch so fehlerhaft sein, sieht es gern, wenn man seine Gebrechen aufdeckt und selbige in seiner eigenen oder in anderer Gegenwart ans helle Tageslicht bringt. Man schämt sich allemal der Flecken, die einem anhängen, und die Entdeckung oder auch nur die bloße Beschuldigung eines Fehlers kann nicht gleichgültig oder ohne Unruhe aufgenommen werden. Spötterei ist bloß eine feinere Art, anderer Gebrechen ans Licht zu ziehen: allein da dies gewöhnlich nicht ohne Witz und seine Wendungen zu geschehen pflegt und die Unterhaltung befördert, so geraten manche in den Wahn, daß, solange man nur in den Schranken des Anstandes bleibe, die Höflichkeit dadurch nicht verletzt werde. Unter diesem Vorwande schleicht sich solche Spaßmacherei auch oft in bessere Gesellschaften ein, dergleichen Schwätzer finden nicht selten geneigte Ohren und werden von denen, die von ihrer Partei sind, mit lautem Gelächter applaudiert. Aber man sollte bedenken, daß derjenige, der mit so lächerlichen Farben geschildert wird, die Kosten der Unterhaltung allein tragen muß, welches in der Tat nicht ohne Verdruß und Kränkung abgehen kann: es sei denn, daß der Gegenstand wirklich etwas Lobenswürdiges und Empfehlendes wäre; denn da alsdann die lustigen Bilder und Vorstellungen, aus welchen die Spötterei besteht, mit dem Scherz zugleich Beifall veranlassen, so findet der, den es angeht, selbst seine Rechnung dabei und nimmt Teil an dem Vergnügen. Da aber dies eine sehr delikate und kitzliche Sache ist, wozu ein ganz eigenes Talent gehört und wobei ein kleiner Vorstoß leicht alles verderben kann, so will ich einem jeden und besonders jungen Leuten, wenn sie sich nicht gern Feinde machen wollen, wohlmeinend raten, sich alles Spottens sorgfältig zu enthalten. Ein geringes Versehen oder eine üble Deutung kann oft bei dem, der sich dadurch getroffen fand, ein bleibendes Andenken zurücklassen; besonders wenn er wegen einer wirklich tadelnswürdigen Sache auf eine zwar witzige, aber beißende Art aufgezogen wurde.

Außer der Spötterei äußert sich die Tadelsucht auch durch das Widersprechen, welches ebenfalls einen Mangel an guter Lebensart verrät. Zwar darf die Höflichkeit nicht so weit gehen, daß man allem, was in Gesellschaft behauptet und vorgebracht wird, geradezu beipflichtet, oder alles, was man uns vorschwatzt, stillschweigend mit anhört. Wahrheit- und Menschenliebe erfordern es zuweilen, daß man sich gewissen Meinungen geradezu widersetzen und den Irrtum anderer widerlegen muß; auch streitet dies gar nicht mit den Gesetzen der Höflichkeit, wenn es nur mit Behutsamkeit und Rücksicht auf die Umstände geschieht. Aber es gibt Leute, die vom Geist des Widerspruchs dermaßen besessen sind, daß sie allem, was von einer gewissen Person oder wohl gar von einem jeden in der Gesellschaft vorgebracht wird, widerstreiten, ohne sich an Recht oder Unrecht zu kehren. Diese Art des Tadels ist so auffallend und empfindlich, daß ein jeder sich dadurch für beleidigt halten muß. Jeder Widerspruch gegen das, was ein anderer behauptet, erweckt den Verdacht der Tadelsucht und wird selten ohne eine gewisse Empfindlichkeit aufgenommen; daher er auch auf die glimpflichste Weise und in den gelindesten Ausdrücken vorgetragen werden muß, damit man nicht glaube, es geschehe bloß aus Liebe zu widersprechen. Man begleite ihn endlich auch mit Äußerungen der Ehrerbietung und des Wohlwollens, damit man nicht, wenn man seinen Satz gewinnt, die Achtung der Zuhörer verliere.

4. Die Höflichkeit wird endlich auch verletzt durch allzu große Empfindlichkeit, nicht nur weil sie zu übelständigen und beleidigenden Ausdrücken und Begegnungen Anlaß gibt, sondern zugleich eine stillschweigende Anklage und Beschuldigung einer Unhöflichkeit enthält, die der, gegen den wir empfindlich sind, uns angetan habe. Solch ein Verdacht oder eine Äußerung kann nicht gleichgültig aufgenommen werden, und überdies pflegt ein so empfindlicher Mensch oft das Vergnügen und die Einigkeit einer ganzen Gesellschaft zu stören.

Da die Glückseligkeit, nach welcher alle Menschen ohne Unterlaß streben, im Vergnügen besteht, so ist leicht einzusehen, warum der Höfliche besser gelitten ist als der Nützliche. Selbst das anerkannte Verdienst, die Aufrichtigkeit und gute Absicht eines Mannes von Wert und Gewicht oder eines wahren Freundes ist selten vermögend, uns mit der Unbehaglichkeit auszusöhnen, die seine ernsthaften und nachdrücklichen Vorstellungen uns verursachen. Macht und Reichtum, ja die Tugend selbst wird nur insofern geschätzt, als unsere Glückseligkeit dadurch befördert wird. Wer demnach bei den Diensten, die er einem anderen zu dessen wahrem Besten leistet, sich auf eine ungefällige Weise benimmt, wird schwerlich seinen Zweck erreichen; wer im Gegenteil diejenigen, mit denen er umgeht, zufrieden zu machen versteht, ohne sich jedoch zu niedriger und kriechender Schmeichelei herabzulassen, besitzt die wahre Kunst zu leben und wird allenthalben wohlgelitten und geachtet sein. Höflichkeit ist also eine Sache, wozu Kinder und junge Leute vor allen Dingen und mit großer Sorgfalt angehalten werden müssen.

§ 144. Ein anderer Fehler gegen die guten Manieren ist ein übertriebenes Zeremoniell, und wenn man anderen mit Gewalt aufnötigt, was ihnen wirklich nicht zukommt und was sie, ohne Unverstand und ohne zu erröten, nicht annehmen können. Dies hat eher das Ansehen, als ob man sie in Versuchung führen als verbindlich machen wolle; wenigstens sieht es immer einem Rangstreit ähnlich, setzt allemal in Verlegenheit und kann daher auch nicht zur feinen Lebensart gehören, welche keinen anderen Zweck und Nutzen hat, als die Menschen in dem Umgange mit uns zufrieden und vergnügt zu machen. In diesen Fehler werden übrigens junge Leute selten verfallen; sollten sie aber sich desselben schuldig machen oder einen Hang dazu äußern, so muß man sie davor warnen und ihnen zeigen, daß es übelverstandene Höflichkeit ist. Das, was sie im Umgange in acht nehmen müssen, ist, einem jeden durch Beobachtung des Zeremoniells und der Aufmerksamkeiten, die ihm nach den Gesetzen der Höflichkeit gebühren, die gehörige Ehrerbietung, Achtung und Zuneigung zu beweisen. Dies zu tun, ohne sich der Schmeichelei, Verstellung oder Niederträchtigkeit verdächtig zu machen, ist eine große Kunst, welche man sich *bloß* durch gesunden Verstand und in guter Gesellschaft erwerben kann; aber sie ist im bürgerlichen Leben so wichtig und notwendig, daß sie mit dem größten Eifer studiert zu werden verdient.

§ 145. Obgleich die ebengedachte Kunst gewöhnlich unter dem, was man Wohlgezogenheit nennt, verstanden zu werden pflegt, als ob sie das eigentliche Produkt derselben wäre: so darf man doch, wie ich schon bemerkt habe, kleine Kinder nicht sehr damit quälen, nämlich, wie sie etwa nach der Mode den Hut abziehen oder Verbeugungen machen sollen. Führt sie nur, so viel ihr könnt, zur Bescheidenheit und Menschenliebe an: die feinen Manieren werden sich alsdann schon von selbst finden; denn die Höflichkeit ist eigentlich weiter nichts als ein vorsichtiges Bestreben, gegen niemand Verachtung oder Geringschätzung im Umgange blicken zu lassen. Von den hierzu diensamen Mitteln aber haben wir schon im vorigen geredet. Sie sind ebenso mannigfaltig und verschieden, als die

Länder und Sprachen in der Welt; und wenn man's recht überlegt, so sind Regeln und bloß mündliche Anweisungen, die man Kindern hierüber geben wollte, ebenso unnütz und unzulänglich, als wenn man jemand, der bloß mit Engländern zu tun hat, dann und wann eine Regel von der spanischen Sprache beibringen wollte. Man sei unermüdet tätig, dem Zöglinge Ermahnungen und Lehren der Höflichkeit zu erteilen; seine Manieren werden doch nie besser sein als die der Gesellschaft, in der er sich befindet. Haltet einem Bauern, der nie aus seinem Kirchspiel gekommen ist, noch so schöne Vorlesungen über den Hofton: er wird denselben doch nie weder in seiner Sprache noch in seinem Betragen annehmen, d. h., er wird nie manierlicher werden als diejenigen, mit denen er umgeht. Es läßt sich also bei Kindern in dieser Hinsicht nichts weiter tun, als daß man ihnen, wenn ihr Alter es erlaubt, einen Erzieher gibt, der vor allen Dingen selbst ein wohlerzogener, artiger Mann sein muß. Im übrigen aber ist, wenn ich meine Meinung frei heraussagen darf, nicht viel daran gelegen, wie das Kind den Hut abnimmt oder einen Bückling macht, wenn sonst nur in seiner Aufführung weder Eigendünkel noch Widerspenstigkeit und Bosheit zu merken ist. Habt ihr es die Menschen lieben und achten gelehrt, so wird es nach Maßgabe seines Alters und der Manieren, zu welchen es gewöhnt worden, schon selbst schickliche Mittel finden, jene Gesinnungen auf eine gefällige Weise auszudrücken; was aber die Bewegungen und Stellungen des Körpers betrifft, so wird, wie ich schon gesagt habe, ein Tanzmeister ihn: zu gehöriger Zeit schon den äußeren Anstand verschaffen. Bis dahin wird kein Mensch von Kindern erwarten, daß sie dergleichen Zeremonien pünktlich beobachten sollen; vielmehr gesteht man ihnen in diesem Stücke gern einige Nachlässigkeit zu, welche diesem Alter ebensowohl ansteht, wie Erwachsenen die Komplimente; wenigstens verdienen diese Mängel, wenn man es so nennen will, so lange übersehen zu werden, bis die Zeit, der Erzieher und der Umgang sie von selbst verbessern. Es ist daher auch nicht der Mühe wert, Kinder damit zu plagen oder sie deshalb zu schelten, wie dies nicht selten geschieht. Nur von Trotz oder Bosheit muß man sie, sobald sich so etwas in ihrem Betragen äußert, durch Vorstellungen und Beschämung abzubringen suchen.

Obgleich nun Kinder von vielen Regeln über das äußere Zeremoniell verschont bleiben können, so gibt es doch eine Art von Unmanierlichkeit, die leicht mit jungen Leuten heranwächst, wenn man sie nicht beizeiten einschränkt, nämlich andere in Reden zu unterbrechen und ihnen durch einen Widerspruch ins Wort zu fallen. Ich weiß nicht, ob die Gewohnheit zu disputieren, womit man gewöhnlich den Ruhm großer Talente und Gelehrsamkeit verknüpft (als ob es das sicherste Kennzeichen und der beste Beweis von wirklichen Kenntnissen wäre), schuld ist, daß viele junge Leute so vorschnell sind, alles, was andere sagen, besser wissen zu wollen und keine Gelegenheit vorbei zu lassen, wo sie ihre Wissenschaft an den Mann bringen können; indessen ist so viel gewiß, daß selbst Gelehrte hierdurch oft sehr anstoßen. Man kann sich auch keine größere Ungezogenheit denken, als jemand mitten in seiner Rede zu unterbrechen. Denn wenn es eine große Unhöflichkeit ist, jemandem eher zu antworten, als man noch weiß, was er sagen will, so ist solch ein Benehmen wenigstens eine offenbare Erklärung, daß man es überdrüssig sei, ihn länger anzuhören, daß man das, was er sagt, geringschätze oder nicht für wert achte, die Gesellschaft damit zu unterhalten, und daß man selbst etwas vorzubringen habe, welches ihre Aufmerksamkeit mehr verdiene. Dies ist in der Tat eine große Kränkung, welche notwendig sehr beleidigen muß: und doch ist dies fast bei jeder Unterbrechung der Fall. Kommt nun noch, wie dies gewöhnlich zu geschehen pflegt, der Vorwurf eines Irrtums oder ein Widerspruch gegen das, was man behauptet, hinzu, so ist der Stolz und der Eigendünkel eines solchen Menschen noch auffallender, weil er sich unberufen zum Lehrmeister aufwirft und sich anmaßt, dem anderen in seiner Erzählung einzuhelfen oder die Fehler seiner Beurteilungskraft aufzudecken.

Übrigens behaupte ich keineswegs, daß in der Unterhaltung gar keine Verschiedenheit der Meinungen stattfinden sollte. Dadurch würde eine der größten Annehmlichkeiten des Umgangs und der Nutzen wegfallen, den man aus der Gesellschaft verständiger Leute ziehen kann. Denn die gegenseitigen Behauptungen einsichtsvoller Männer verbreiten erst ein wahres Licht über den vorliegenden Gegenstand, indem sie die verschiedenen Seiten desselben darstellen, die mannigfaltigen Gesichtspunkte, aus denen er betrachtet werden kann, und die Wahrscheinlichkeit der Gründe und Gegengründe: alles das würde verloren gehen, wenn ein jeder verbunden wäre, demjenigen beizupflichten und nachzusprechen, der die Sache zuerst in Bewegung brachte. Nicht die Verschiedenheit der Meinungen ist es, was ich mißbillige, sondern nur die Art, sie zu äußern. Junge Leute sollten angeführt werden, nicht vorschnell ihre Einfälle in das Gespräch einzuschieben, sondern zu warten, bis sie gefragt würden und andere Personen ausgeredet hätten und schwiegen: aber auch dann nur in dem Tone, als ob sie sich bloß belehren und unterrichten wollten. Der entscheidende Ton und die Miene eines Lehrmeisters ziemt sich gar nicht für sie; nur dann, wenn eine allgemeine Pause in der Gesellschaft ihnen Gelegenheit darbietet, mögen sie bescheidentlich als Lehrlinge ihre Frage anbringen.

Diese anständige Sittsamkeit wird ihre Talente nicht verdunkeln, noch die Stärke ihrer Gründe im mindesten schwächen, ihnen vielmehr eine desto günstigere Aufmerksamkeit erwerben und dem, was sie sagen, mehr Gewicht und Eingang verschaffen. Ein an sich schlechtes Argument, eine ganz gemeine Bemerkung wird ihnen, wenn sie sie auf diese Art anbringen und dabei ihre Achtung gegen das Urteil anderer höflich zu erkennen geben, weit mehr Beifall und Wertschätzung zuziehen, als der schärfste Witz oder die gründlichste Wissenschaft auf eine stolze, übermütige und abschätzige Art an den Mann gebracht. Solch ein Ton beleidigt allemal die Zuhörer und läßt einen üblen Eindruck von der Person zurück, wenn ihre Sache sonst auch noch so gut ist.

Man muß also ein sehr wachsames Auge auf junge Leute haben, diese Unart in ihrer Quelle zu verstopfen und ihnen im gesellschaftlichen Umgange ein entgegengesetztes Betragen zur Fertigkeit zu machen, um so mehr, da man unter erwachsenen Leuten, selbst von höheren Ständen, nur zu oft Voreiligkeit im Urteilen und Reden, häufige Unterbrechungen und laute Zänkereien wahrnimmt. Die Indianer, die wir für Barbaren schelten, beobachten in ihren Gesprächen und Unterhaltungen weit mehr Anstand und Höflichkeit als wir; man hört einander stillschweigend an, bis der eine ausgeredet hat, und dann antwortet der andere gelassen, ohne Geräusch und Leidenschaft. Ist es in diesem Stücke in unserer kultivierten Welt anders, so hat man es bloß einem Versäumnis in der Erziehung zuzuschreiben, welche dieses Überbleibsel alter Barbarei unter uns noch nicht weggeschafft hat. Welch ein komischer Auftritt! Zwei vornehme Damen saßen einst an beiden Enden des Zimmers, mit einer zahlreichen Gesellschaft umgeben, einander gegenüber; sie gerieten in einen Wortwechsel und wurden dabei so heftig, daß sie in der Hitze des Gesprächs allmählich ihre Stühle immer weiter vorwärts rückten, bis sie in kurzer Zeit sich in der Mitte des Zimmers dicht aneinander befanden. Hier setzten sie ihren Streit so wütend fort, wie zwei Streithähne in den Schranken, ohne im mindesten auf die übrige Gesellschaft zu achten, die sich indessen des Lächelns nicht enthalten konnte. Diesen Auftritt schilderte mir ein Mann von Stande, der ihn selbst mit angesehen hatte, und vergaß dabei nicht, die Unanständigkeiten zu rügen, zu denen man sich in der Hitze des Wortwechsels hinreißen läßt. Da dies nur allzu gewöhnlich ist, so muß man bei der Erziehung vorzüglich darauf Rücksicht nehmen. Zwar tadelt ein jeder solch ein Betragen an anderen, übersieht es aber an sich selbst; ja es gibt viele, die, wenn sie auch diesen Fehler an sich erkennen und den Vorsatz fassen ihn abzulegen, sich doch von einer so schlimmen Gewohnheit nicht ganz befreien können, weil er sich durch ein Versäumnis in der Erziehung zu früh eingewurzelt hat.

§ 146. Was ich oben bereits von der Gesellschaft gesagt habe, würde, wenn man weiter darüber nachdenken wollte, uns ein noch größeres Feld eröffnen und uns zeigen, wie groß die Wirksamkeit derselben sei. Nicht bloß die Manieren und die Höflichkeitsäußerungen sind es, welche sich durch den Umgang uns eindrücken, der Einfluß der Gesellschaft dringt weit tiefer unter die Oberfläche. Sollte man die Moralität und Religionsideen der meisten Menschen genauer untersuchen, so würde sich vielleicht finden, daß selbst diejenigen Meinungen und Zeremonien, zu deren Verteidigung sie das Leben aufzuopfern bereit sind, ihren Grund nicht sowohl in der inneren Überzeugung von der Wahrheit derselben haben, als vielmehr darin, daß sie in ihrem Vaterlande einmal eingeführt waren und von den Leuten, unter welchen sie lebten, angenommen wurden. Ich erwähne dies bloß, um den überaus wichtigen Einfluß zu zeigen, den die Gesellschaft, in welcher der Zögling aufwächst, auf sein ganzes Leben hat, welche ungemeine Sorgfalt also dieses einzige Stück bei der Erziehung verdiene, weil hierauf in der Tat mehr ankommt als auf alles andere, was man sonst tun kann.

Vierundzwanzigster Abschnitt.

Vom Unterricht.

§ 147. Man wird sich vielleicht wundern, daß ich von den Kenntnissen ganz zuletzt rede, und besonders wenn ich hinzufüge, daß ihnen meiner Meinung nach auch in der Tat der letzte Rang gebührt. In dem Munde eines Büchergelehrten mag dies freilich wunderbar klingen und um so paradoxer scheinen, da sonst gewöhnlich das meiste Wesen hiervon gemacht wird, indem man sie als den wesentlichsten Teil der Erziehung betrachtet. Wenn ich bedenke, wie viel Kraft, Mühe und Zeit man auf ein bißchen Latein und Griechisch verwendet, und was für ein Geschrei und Aufheben die Eltern der Kinder davon machen, so kann ich mich nicht enthalten zu glauben, daß sie selbst sich noch vor des Schulmeisters Rute fürchten, als ob sie dieselbe für das einzige Erziehungswerkzeug hielten und als ob es bloß auf eine oder zwei

Sprachen ankäme. Wie wäre es sonst möglich, daß man ein Kind sieben, ja acht bis zehn seiner besten Lebensjahre auf die Galeere schmieden könnte, um ihm eine oder zwei Sprachen beizubringen, die es mit einem guten Teil weniger Zeit und Mühe, ja sozusagen bloß spielend lernen könnte?

Man wird es mir daher zugute halten, wenn ich gestehe, ich könne nicht ohne Unwillen daran denken, daß man einen jungen Menschen von honetten Eltern unter eine Herde Schulknaben steckt und ihn, um seinen Geist zu bilden, durch die verschiedenen Klassen des Gymnasiums wie den Soldaten beim Gassenlaufen hindurch geißeln und peitschen läßt. „Aber wie!" sagt man. „Soll er denn nicht schreiben und lesen lernen? Soll er noch unwissender bleiben als unser Dorfküster, welcher Hopkins und Sternhold für die ersten Dichter in der Welt hält und sie durch seine Deklamation noch weit schlechter macht, als sie wirklich sind?" Nicht doch! Nicht doch! Lesen, Schreiben und Kenntnisse sind freilich nötig, aber nicht die Hauptsache. Mich dünkt, ihr selbst würdet den für einen Toren erklären, der einen tugendhaften und klugen Geschäftsmann nicht einem bloßen Stubengelehrten weit vorziehen wollte. Ich gebe gern zu, daß Wissenschaft bei einer wohlgeordneten Seele auch der Tugend und Weisheit zu einer wichtigen Stütze diene; ebenso wahr aber ist es auf der anderen Seite, daß, wenn die Sinnesart nichts taugt, sie nur dazu nützt, den Menschen noch törichter und schlimmer zu machen. Ich sage dies bloß darum, damit ihr, wenn ihr zur Erziehung eures Sohnes euch nach einem Lehrer oder Erzieher umseht, nicht wie gewöhnlich bloß auf Latein und Logik euer Augenmerk richtet. Kenntnisse und Einsichten sind allerdings schätzbar, aber nur insofern sie anderen edleren Eigenschaften zur Stütze dienen. Suchet für euren Sohn einen Mann ausfindig zu machen, der Verstand und Talent besitzt, die Sitten desselben zu bilden, ihn in genauer Aufsicht zu halten, seine Unschuld zu bewahren, das Gute in ihm zu stärken und zu nähren, die bösen Neigungen auf eine sanfte Art zu verbessern und auszurotten und gute Fertigkeiten dafür einzupflanzen. Dies ist die Hauptsache, wofür vor allen Dingen gesorgt werden muß. Wissenschaft kann alsdann um einen sehr geringen Preis hinzugetan werden, wenn man nur auf eine vernünftige Methode bedacht ist.

§ 148. Wenn ein Kind sprechen kann, so ist es Zeit, daß es anfängt lesen zu lernen. Es sei mir aber erlaubt, hier noch einmal zu wiederholen, was gar zu leicht vergessen wird, nämlich daß man sich wohl in acht nehmen muß, ihm das Lesen als eine Arbeit anzukündigen, womit es sich wie mit einem vorgeschriebenen Tagewerk beschäftigen soll. Wir lieben von Natur und von der

Wiege an die Freiheit und haben daher vor vielen Dingen bloß darum eine Abneigung, weil sie uns anbefohlen werden. Ich bin stets der Meinung gewesen, daß man den Kindern das Lernen zum Spiel und zur Erholung machen und sie dahin bringen könne, selbst nach dem Unterricht zu verlangen, wenn man ihn denselben als eine Sache vorstellte, welche mit Ehre, Lob, Vergnügen und Ergötzung verbunden wäre, oder als eine Sache, wodurch sie für sonst etwas belohnt würden, und wenn sie für die Verabsäumung desselben nie Schelte oder Verweise zu fürchten hätten. Was mich in dieser Meinung bestärkt, ist das Beispiel der Portugiesen; dort herrscht unter den Kindern ein solcher Eifer, Lesen und Schreiben zu lernen, daß man sie kaum davon abhalten kann. Sie lernen es eins von dem anderen und sind so begierig danach, als wenn es ihnen verboten wäre. Ich erinnere mich hierbei, daß der jüngste Sohn eines meiner Freunde, als er noch einen langen Rock trug und von der Mutter im Lesen unterrichtet ward, mit Mühe zum Buche gebracht werden konnte; ich riet daher, einen anderen Weg einzuschlagen und es von dem Kinde nicht als eine Schuldigkeit zu verlangen. Zu dem Ende äußerten wir uns einst in seiner Gegenwart (aber so, als achteten wir auf den Kleinen nicht) in einem Gespräch, das wir bloß unter uns zu führen schienen, ungefähr auf folgende Weise: Es sei ein besonderes Vorrecht der eigentlichen Erben und der älteren Brüder, daß sie studierten; es würden auf diese Art geschickte und artige Leute aus ihnen, die bei jedermann beliebt wären; was aber die jüngeren Brüder anlangte, so wäre es bloß eine besondere Gunst, wenn man ihnen einige Erziehung erteilte; sie Lesen und Schreiben zu lehren, wäre mehr, als ihnen von Rechts wegen zukäme, im übrigen aber stünde es ihnen frei, so dumm und unwissend zu bleiben, wie sie immer wollten. Das wirkte dermaßen auf das Kind, daß es nachher selbst begehrte, unterrichtet zu werden; es kam von selbst zu der Mutter, um zu lernen, und ließ seiner Wärterin nicht eher Ruhe, als bis sie ihm seine Lektion überhört hatte. Ich zweifle nicht, daß sich bei anderen Kindern ähnliche Mittel anwenden lassen; man darf nur ihren Charakter kennen und nach Beschaffenheit desselben einige Ideen ihnen beibringen, welche ein Verlangen nach dem Unterricht rege machen und sie antreiben, ihn wie irgendein Spiel oder ein Vergnügen selbst aufzusuchen. Dann aber muß man ihnen denselben, wie ich vorhin schon gesagt habe, nie zur Last oder Arbeit machen. So kann man z. B. die Kinder die Buchstaben kennen lehren, indem man sie auf Würfel oder andere Spielsachen klebt, und so lassen sich leicht nach Maßgabe der verschiedenen Anlagen zwanzig andere Mittel erdenken, um den Kindern diesen Unterricht zur Lust zu machen.

§ 149. Auf diese Art kann man Kindern unvermerkt die Buchstaben und sogar das Lesen lehren, ohne daß sie selbst es für etwas anderes als einen Zeitvertreib halten, und indem sie da bloß spielen, wo man sonst die Rute zu brauchen pflegt. Man darf Kindern keine wirkliche Arbeit aufgeben, noch sie ernsthaft beschäftigen, ehe Geist und Körper nicht dazu geschickt sind. Man schadet sonst ihrer Gesundheit; ja ich bin der Meinung, daß die Abneigung, welche manche Leute ihr ganzes Leben gegen Bücher und Wissenschaften behalten, ihren Grund bloß darin habe, daß sie in dem Alter, welches Anstrengung und Zwang am wenigsten ertragen kann, mit Gewalt zum Lernen angetrieben und an die Bücher angefesselt worden sind. Es ist so wie mit gewissen Speisen, die, wenn man sich einmal den Magen damit überladen hat, einen unüberwindlichen Ekel zurück lassen.

§ 150. Ich denke daher, daß, wenn die Spielsachen zu diesem Zweck eingerichtet würden, da sie ohnehin sonst gar keinen haben, man leicht Mittel erfinden könnte, Kindern lesen zu lehren, indem sie bloß zu spielen glaubten. So, wenn man sich z. B. eine elfenbeinerne Kugel von 32 Seiten, wie die in der Royal-Oak, machen ließe, oder lieber eine von 24 oder 25 Seiten. Auf einige dieser Seiten klebte man dann ein A, auf verschiedene andere ein B, auf andere C und andere D. Ich würde bloß mit diesen vier Buchstaben den Anfang machen oder vielleicht gar nur mit zweien; und wenn das Kind diese inne hätte, andere hinzusetzen, und so weiter fortfahren, bis nach und nach alle Buchstaben des Alphabetes auf die verschiedenen Seiten der Kugel gebracht wären. Ich wünschte indes, daß erst andere Personen in Gegenwart des Kindes mit dieser Kugel spielten; denn so wie man sonst mit einem anderen Würfel um sechs oder sieben Augen wirft, so kann man ja auch wohl spielen, wer zuerst ein A oder ein B wirft. Wenn ihr nun so unter euch spielt, so fordert das Kind nicht dazu auf, damit ihr es ihm nicht zum Geschäft macht; denn es darf nichts anders wissen, als daß es ein Spiel für Erwachsene ist, und dann wird es schon von selbst sich dazu drängen. Damit es aber um so mehr Ursache habe zu glauben, es sei ein bloßes Spiel, welches ihm nur zuweilen aus besonderer Güte verstattet wird, so lege man die Kugel, wenn das Spiel vorbei ist, allemal an einen Ort, wo das Kind nicht hinzukommen kann, damit sie ihm nicht gleichgültig werde, wenn sie zu allen Zeiten zu haben ist.

§ 151. Um das Kind recht eifrig auf dieses Spiel zu machen, so muß es glauben, daß es nur für Leute, die über ihm sind, gehöre; und wenn es auf die Art die Buchstaben gehörig kennt, so darf man sie nur in Silben zusammensetzen: und es wird lesen lernen, ohne selbst zu wissen wie, ohne darüber gescholten und damit gequält zu werden, und ohne ihm die Bücher überhaupt durch harte Behandlung und Zwang verhaßt zu machen. Wenn man nur acht gibt, so wird man finden, daß Kinder sich ausnehmend viel Mühe geben, verschiedene Spiele zulernen, die sie, wenn man sie ausdrücklich dazu anhielte, als eine mühsame Arbeit verabscheuen würden. Ich kenne einen sehr vornehmen Mann, der mehr noch seiner Gelehrsamkeit und Tugend als seines hohen Ranges und Standes wegen geehrt zu werden verdient; dieser klebte die sechs Selbstlaute (denn in der englischen Sprache ist I auch einer) auf die sechs Seiten eines Würfels, und die übrigen achtzehn Mitlaute auf die Seiten drei anderer Würfel. Mit diesen vier Würfeln spielten seine Kinder dergestalt, daß der gewann, der mit einem Wurf die meisten Worte warf. Hierdurch lernte sein ältester noch sehr kleiner Sohn das Buchstabieren spielend und mit dem größten Eifer, ohne darüber gescholten oder mit Zwang dazu angehalten zu werden.

S 152. Ich habe einst kleinen Mädchen zugesehen, wie sie sich stundenlang in dem sogenannten Dibstonespiel übten und sich unglaubliche Mühe gaben, eine Fertigkeit darin zu erlangen. Bei dieser Gelegenheit fiel mir der Gedanke ein, daß nur ein bißchen Nachdenken, dazu gehöre, um alle diese Tätigkeit und Betriebsamkeit auf etwas Nützlicheres zu richten, und ich bin der Meinung, daß es bloß an der Nachlässigkeit der Erwachsenen liegt, wenn dies nicht geschieht. Kinder sind weit weniger zur Trägheit aufgelegt als Männer; diese aber sind sehr zu tadeln, wenn sie nicht wenigstens einen Teil jener Rastlosigkeit bei Kindern zu guten Zwecken anwenden; zu Gegenständen, sage ich, die ihnen leicht ebenso angenehm gemacht werden können als diejenigen, womit sie sich gewöhnlich abgeben, wenn nämlich die Erwachsenen nur halb so tätig sein wollten, sie durch ihr Beispiel anzuführen, als jene es sind, ihnen nachzuahmen. Ich stelle mir vor, daß irgend einmal einige kluge Portugiesen auf die Art unter den Kindern ihres Landes die vorhingedachte Sitte einführten, vermöge welcher es fast unmöglich sein soll, die Kinder vom Lesen- und Schreibenlernen zurückzuhalten. In einigen Gegenden von Frankreich unterrichten sie sozusagen von der Wiege an einander selbst im Singen und Tanzen.

§ 153. Was die Buchstaben betrifft, die man auf die Seiten eines vieleckigen Körpers oder mehrerer Würfel kleben kann, so ist zu raten, daß man dazu keine großen Anfangsbuchstaben, Sondern gewöhnliche Lettern von etwas größerem Schnitt wähle. Kann das Kind einmal das lesen, was mit solchen Buchstaben gedruckt ist, so wird es auch bald die Anfangsbuchstaben lernen; im Anfang aber muß man es nicht mit zu viel Sachen verwirren. Mit dem gedachten Würfel oder dem vielseitigen Körper kann man eine Art von Lotterie, wie das Royal-Oak, spielen und die Gewinne können Kirschen, Äpfel oder sonst etwas sein.

§ 154. Außerdem lassen sich leicht noch zwanzig andere Buchstabenspiele erfinden, deren sich diejenigen, welchen diese Methode gefällt, zu der Absicht bedienen können. Inzwischen halte ich die vorhin erwähnten vier Würfel für eine so leichte und zweckmäßige Art, daß sich schwerlich eine bessere wird erdenken lassen; auch bedarf es deren nicht.

§ 155. Soviel vom Lesenlernen! Man treibe die Kleinen nur nie mit Schelte oder Gewalt dazu an, sondern täusche es ihnen sozusagen ein, so daß sie es nie als eine Arbeit betrachten. Weit besser, daß das Kind allenfalls ein Jahr später lesen lernt, als daß man ihm dabei mit einem Male einen Ekel gegen alles Lernen beibringt. Laßt ihr es Unzufriedenheit empfinden, so sei es nur über wichtige Gegenstände, welche Wahrheitsliebe und Gutartigkeit betreffen, aber plagt es nicht beim Abc. Wendet alle Geschicklichkeit an, seinen Willen der Vernunft gehorsam und unterwürfig zu machen, ihm Empfindung beizubringen für Lob und Beifall und Scheu gegen die üble oder schlechte Meinung anderer von sich, besonders von seiten der Eltern: das übrige wird sich alsdann von selbst geben. Wollt ihr aber diesen Zweck erreichen, so müßt ihr es nicht in gleichgültigen Dingen mit zu viel Regeln einschränken und fesseln, noch es wegen kleiner Fehler oder solcher, die etwa von anderen für groß geachtet werden, mit Verweisen überhäufen. Doch hiervon habe ich bereits genug gesagt.

§ 156. Hat man das Kind nach dieser Methode so weit gebracht, daß es anfängt zu lesen, so gebe man ihm ein angenehmes, seinen Fähigkeiten angemessenes Buch in die Hände, das ihm eine anziehende Unterhaltung gewährt und ihm die Mühe des Lesens belohnt. Doch versteht es sich von selbst, daß es kein Buch sein müsse, das mit ganz unnützen und ungereimten Dingen angefüllt ist oder wohl gar den Grund zur Torheit und Lasterhaftigkeit bei ihm legen kann. Zu diesem Zweck halte ich Äsops Fabeln für sehr gut; solche Erzählungen dienen nicht nur Kindern zum Vergnügen und zur Unterhaltung, sondern geben auch Erwachsenen Stoff zum Nachdenken. Sollten sich daher dieselben auch dem Gedächtnis des Kindes auf immer eindrücken, so kann es nicht schaden, wenn sie ihm einst bei seinen ernsthaften und männlichen Geschäften wieder beifallen. Hat der Äsop auch Bilder, so wird er es desto besser unterhalten und zum Lesen ermuntern, weil es damit zugleich die Bedeutung der Bilder erfährt. Vergebens spricht man mit Kindern von allerlei sichtbaren Gegenständen; sie nehmen keinen Teil daran, solange man sie ihnen nicht wirklich vors Auge bringt; denn nicht durch den Schall der Worte werden Begriffe in ihm hervorgebracht, sondern durch das Anschauen der Gegenstände selbst oder der Abbildungen davon. Reinecke der Fuchs ist meines Erachtens auch ein Buch, welches zu dieser Absicht gebraucht werden kann. Wenn nun diejenigen, so um das Kind sind, öfters mit ihm über die gelesenen Geschichten sprechen oder sie sich von ihm erzählen lassen, so wird es außer anderen Vorteilen dadurch noch mehr zum Lesen aufgemuntert werden, weil es Nutzen und Vergnügen daran findet. Das letztere wird bei der gewöhnlichen Methode im allgemeinen nur sehr spät erreicht; es dauert sehr lange, ehe der Schüler beim Lesen Nutzen und Vergnügen verspürt, um dadurch aufgemuntert zu werden, und dergestalt hält er die Bücher für weiter nichts als einen einmal eingeführten Zeitvertreib oder für eine bloße Qual, die sonst zu nichts dient.

§ 157. Das Gebet des Herrn, die Glaubensartikel und die zehn Gebote muß er notwendig ohne Anstand auswendig lernen, aber meines Erachtens nicht dadurch, daß er selbst sie in seinem Katechismus liest, sondern es muß jemand anders sie ihm wiederholt vorsagen, ehe er noch lesen kann. Auswendig lernen und lesen lernen sind zwei ganz verschiedene Dinge, die man nicht durcheinander mengen und eins durch das andere hindern sollte. In jedem Falle muß man ihm das Lesenlernen so wenig als möglich zur Beschwerde oder zum Geschäfte machen.

Was für andere Bücher von der vorhin erwähnten Art wir in der englischen Sprache haben, welche den Kindern gefallen und ihnen Lust zum Lesen machen können, weiß ich nicht. Weil man aber die Kinder fast durchgängig der Schulmethode preisgibt, nach welcher die Furcht vor der Rute sie zum Lernen zwingen und nicht das Vergnügen an der Beschäftigung sie dazu reizen soll: so hat, glaube ich, diese Art nützlicher Bücher das Schicksal gehabt, sich unter der großen Zahl der unnützen Bücher aller Arten zu verlieren, und man kennt meines Wissens nichts weiter von der Art als die gewöhnlichen Fibeln, Katechismusbücher, Psalmbücher, das Testament und die Bibel.

§ 158. Man bedient sich gewöhnlich der Bibel, um die Kinder im Lesen zu üben. Allein ich bin der Meinung, daß man nicht leicht eine schlechtere Methode, den Kindern das Lesen oder auch Religion beizubringen, erfinden könne, als wenn man sie die Bibel ohne Unterschied vom Anfang bis zum Ende ein Kapitel nach dem andern lesen läßt. Denn wie kann ein Kind am Lesen Vergnügen finden oder Lust dazu gewinnen, wenn es ein Buch liest, wo es so viele Dinge gar nicht versteht? Wie wenig sind die fünf Bücher Moses, das Hohelied Salomons, die Propheten oder die Briefe und die Apokalypse des Neuen Testaments der Fähigkeit des Kindes angemessen? Und obwohl die vier Evangelisten und die Apostelgeschichte dem Inhalt nach hier und da verständlicher sind, so gehen sie insgesamt doch weit über die Fassungskraft der Kindheit hinaus. Ich gebe zu, daß die Lehrsätze der Kirche in der Schrift gegründet und mit den Worten derselben abgefaßt sein müssen; indessen sollte man doch dem Kinde nur diejenigen Lehren bekannt machen, die seiner Fähigkeit und seinen schon erlangten Begriffen angemessen wären. Weit weniger also sollte man es die ganze Bibel ohne Auswahl lesen lassen und zwar bloß, um lesen zu lernen. Was für ein ungeheures Chaos von Gedanken müßte sich in dem Kopf eines Kindes häufen, und welche höchst sonderbare Religionsbegriffe müßte der erlangen, der in seinem zarten Alter alle Bücher der Bibel gradezu als lauter Worte Gottes und ohne alle Auswahl läse! Ich behaupte aber, daß eben dies die Ursache ist, warum viele Menschen ihr Leben lang nie deutliche und richtige Begriffe von der Religion erlangen.

§ 159. Da ich einmal zufälligerweise auf die Materie geraten bin, so erlaube man mir zu sagen, daß einige Teile der Bibel von der Art sind, daß man sie gar wohl einem Kinde in die Hände geben kann, um es zum Lesen aufzumuntern, als da sind: die Geschichte Josephs und seiner Brüder, die Geschichte Davids und Jonathans, desgleichen Davids und Goliaths usw. Andere Stellen sollte man den Kindern zu ihrer Belehrung zu lesen geben, als: Was ihr wollt, daß euch die Leute tun sollen, das tut ihr ihnen auch, und mehr dergleichen leichte und verständliche Vorschriften der Sittenlehre, welche man, wenn sie schicklich gewählt sind, oft mit Nutzen sowohl zur Übung im Lesen als zur Belehrung gebrauchen, und so oft wiederholentlich lesen lassen kann, bis sie im Gedächtnisse völlig festsitzen. Nachmals, wenn der junge Mensch reif dazu wird, kann man ihm dieselben bei schicklichen Gelegenheiten als feststehende geheiligte Vorschriften fürs tätige Leben einprägen. Aber das Durchlesen der ganzen Schrift ohne Unterschied bleibt meines Erachtens so lange für Kinder sehr unschicklich, bis sie erst mit den verständlichsten und wesentlichsten Teilen derselben bekannt gemacht worden und eine Art von allgemeiner Übersicht von demjenigen erlangt haben, was sie vornehmlich glauben und ausüben sollen, welche sie meiner Meinung nach in den eigenen Worten der Schrift erhalten sollten und nicht in solchen, welche von Menschen, die schon an Systemen und Analogien hängen, in solchen Fällen verfaßt und den Kindern aufgedrungen werden. Dr. Worthington hat, um dies zu vermeiden, einen Katechismus aufgesetzt, worin alle Antworten in wirklichen Worten der Schrift abgefaßt sind. Sein Beispiel verdient Nachahmung; und er hat die Worte mit so richtiger Beurteilung gewählt, daß kein Christ dagegen etwas einwenden oder behaupten wird, sie taugen nicht dazu, daß sein Sohn sie lerne. Aus diesem Katechismus lasse man ihn, sobald er das Gebet des Herrn, den Glauben und die zehn Gebote weiß, alle Tage oder auch alle Wochen eine Frage auswendig lernen, je nachdem sein Verstand fähig ist etwas zu fassen und sein Gedächtnis zu behalten. Und wenn er dann seinen Katechismus völlig auswendig weiß, so daß er fertig und ohne Anstoß jede Frage in dem Buche beantworten kann: dann mögt ihr auch die übrigen moralischen Vorschriften, die hin und wieder in der Bibel zerstreut sind, seiner Seele einprägen als die besten Übungen für sein Gedächtnis, die ihm zugleich auf immer Regeln seines Betragens werden, ihm immer zur Hand bleiben und ihn durch das ganze Leben begleiten müssen.

§ 160. Wenn das Kind seine Muttersprache gehörig lesen kann, so ist es Zeit, es zum Schreiben anzuführen. Das erste, was es hierbei zu lernen hat, ist, die Feder recht zu halten, und hierin muß es erst vollkommen sein, ehe es dieselbe auf das Papier bringt. Denn nicht nur das Kind, sondern auch jeder andere Mensch, der etwas recht lernen will, muß niemals vielerlei zugleich betreiben, nie in zwei verschiedenen Teilen einer Geschicklichkeit zu gleicher Zeit geübt und vervollkommnet werden, wenn es irgend möglich ist, diese verschiedenen Stücke voneinander abzusondern. Ich halte die Manier der Italiener, die Feder bloß mit dem Daumen und dem Zeigefinger zu halten, für die beste; doch hierüber kann man einen guten Schreibmeister, oder wer sonst eine gute und geläufige Hand schreibt, zu Rate ziehen. Wenn das Kind die Feder recht zu halten weiß, so muß es sodann das Papier gehörig legen und eine gute Stellung des Armes und des Leibes beobachten lernen. Wenn dies gehörig geübt ist, so halte ich für die beste und leichteste Methode, es schreiben zu lehren, daß man sich hierzu einer in Kupfer gestochenen Vorschrift, deren Züge uns am besten gefallen, bedient. Die Buchstaben aber müssen ein großes Teil größer sein als die gewöhnlichen, denn ein jeder gewöhnt sich nach und nach eine kleinere Hand zu schreiben, niemals aber eine größere.

§ 161. Kann das Kind gut und fertig schreiben, so muß diese Übung der Hand nicht nur im Schreiben fleißig fortgesetzt werden, sondern man sollte es auch zum Zeichnen anführen. Dies ist eine Sache, die einem Menschen von gutem Herkommen bei verschiedenen Gelegenheiten sehr zustatten kommen kann, besonders auf Reisen. Man kann oft mit wenigen geschickt entworfenen Umrissen mehr ausdrücken, als man durch eine bogenlange Beschreibung darzustellen und verständlich zu machen imstande ist. Wie viel Gebäude, Maschinen oder Kleidungsarten trifft ein Reisender an, von denen er mittels einer geringen Fertigkeit im Zeichnen mit leichter Mühe eine richtige Vorstellung behalten und anderen mitteilen kann, die, wenn er sie in Worten ausdrücken wollte, leicht ganz verloren gehen oder durch die genaueste Beschreibung doch nur unvollkommen aufbehalten werden würde. Ich verlange keineswegs, daß euer Sohn ein vollkommener Maler werden soll; denn um es hierin nur zu einer mäßigen Geschicklichkeit zu bringen, dazu wird mehr Zeit erfordert, als ein junger Mensch von gutem Haufe von seinen weit wichtigeren Studien und Beschäftigungen erübrigen kann. Aber so viel Kenntnis von der Perspektive und Geschicklichkeit im Zeichnen, als erfordert wird, um einen jeden Gegenstand, der ihm vor Augen kommt, menschliche Figuren ausgenommen, leidlich auf dem Papier darzustellen, wird er sich in kurzer Zeit erwerben können, besonders wenn er natürliche Anlage dazu hat. Fehlt aber diese, so ist es (den Fall ausgenommen, daß es unumgänglich nötig wäre) besser, ihn ganz damit zu verschonen, als ihn vergeblich zu quälen. Ebendies hat man bei jeder Sache, die nicht ganz unentbehrlich ist, zu beobachten; denn alsdann gilt die Regel: Nihil invitâ Minervâ.

Es gibt eine gewisse Manier durch Abkürzungszeichen zu schreiben, die, wie man mir gesagt hat, nur in England bekannt ist. Diese zu lernen, wäre wohl der Mühe wert, teils um etwas zu seiner eigenen Erinnerung in der Geschwindigkeit niederzuschreiben, teils damit dergleichen Sachen nicht jeder andere ohne Umstände ablesen könne, wenn sie ihm zu Gesicht kommen. Denn wer einmal eine solche Art von Kurzschrift gelernt hat, kann sie leicht nach seinem besonderen Gebrauch und Willen abändern oder noch mehr abkürzen, so wie es der Zweck erfordert, den er dabei vor Augen hat. Herrn Richs Manier ist unter allen, die ich gesehen habe, am besten erfunden, könnte aber von einem, der den Bau und die Regeln der Sprache gehörig kennt, mit leichter Mühe noch bequemer und kürzer eingerichtet werden. Doch um diese Geschwindschreiberei zu lernen, hat man nicht nötig, sich so eilig nach einem Lehrmeister umzutun; es ist Zeit genug, wenn irgend einmal sich von selbst eine bequeme Gelegenheit dazu darbietet, nachdem der junge Mensch sich bereits eine schöne und fertige Hand erworben hat; denn Kinder haben wenig Nutzen von Abkürzungszeichen und dürfen auch nicht eher darin geübt werden, als bis sie recht gut schreiben können und es hierin zu einer hinlänglichen Fertigkeit gebracht haben.

§ 162. Sobald das Kind seine Muttersprache reden kann, ist es Zeit, daß es auch eine andere lerne, und dieses muß, wie jeder zugeben wird, die französische sein. Was diese Sprache betrifft, so hat man auch bereits die richtige Methode eingeführt, nämlich durch bloßes unausgesetztes Sprechen mit den Kindern und nicht durch Regeln der Grammatik. Die lateinische Sprache könnte leicht auf ebendiese Art gelehrt werden, wenn der Erzieher, der beständig um das Kind ist, nie in einer anderen mit ihm redete und das Kind ihm in derselben antworten müßte. Da aber die französische Sprache eine lebende ist und weit mehr zum Sprechen gebraucht wird, so muß man sie zuerst lernen; die Sprachorgane müssen, solange sie noch die gehörige Biegsamkeit haben, zur Hervorbringung jener Töne gewöhnt werden, damit das Kind in der Aussprache des Französischen eine vollkommene Fertigkeit erlange, welches immer schwieriger wird, je später man es hinausschiebt.

§ 163. Wenn das Kind das Französische gut sprechen und lesen kann, wozu nach dieser Methode ein oder zwei Jahre erfordert werden, so kann man sodann zum Latein schreiten. Es ist aber in der Tat zu verwundern, daß die Eltern, obwohl sie die Erfahrung im Französischen vor sich haben, nicht darauf verfallen, denselben Weg dabei einzuschlagen, nämlich, es das Kind bloß durch Lesen und Sprechen lernen zu lassen. Indessen muß man dahin sehen, daß das Kind über der Erlernung fremder Sprachen, indem es mit seinem Erzieher nichts anderes spricht und liest, nicht seine Muttersprache vergesse, welches am besten dadurch verhütet wird, wenn die Mutter oder sonst jemand alle Tage sich etwas aus einem guten deutschen Buche von ihm vorlesen läßt.

§ 164. Ich halte das Latein auch für einen Mann von höherem Stande für unentbehrlich. Die Gewohnheit, welche alles beherrscht, hat es einmal zu einem so wesentlichen Teile der Erziehung gemacht, daß man es auch solchen Kindern einzutrichtern pflegt, die, wenn sie einmal die Schule verlassen haben, in ihrem ganzen Leben weiter keinen Gebrauch davon machen. Kann man sich etwas Lächerlicheres denken, als daß ein Vater, der seinen Sohn zur Handlung bestimmt, sein Geld und die kostbare Zeit des jungen Menschen wegwirft, um ihn die Sprache der Römer lernen zu lassen? Denn da er sie bei seinem Geschäft gar nicht braucht, so wird er das Wenige, was er etwa aus der Schule mitgebracht hat, sicherlich bald vergessen, und, zehn gegen eins zu wetten, zugleich eine Sprache von ganzem Herzen verabscheuen, die ihm eine so schlimme

Behandlung zugezogen hat. Müßte es nicht unglaublich klingen, wenn man nicht die täglichen Beispiele vor Augen hätte, daß ein Kind gezwungen wird, die Anfangsgründe einer Sprache zu lernen, wovon es bei der Lebensart, wozu es bestimmt ist, keine Anwendung machen kann – und daß man indes verabsäumt, ihm eine gute Hand schreiben oder fertig rechnen zu lehren, welches ihm in allen Verhältnissen des Lebens und in allen Arten von Berufsgeschäften unumgänglich nötig ist? Obgleich nun diese im Handel und Wandel und bei allen Weltgeschäften ganz unentbehrlichen Geschicklichkeiten selten oder nie in den gewöhnlichen lateinischen Schulen zu erwerben stehen, so schicken doch nicht nur Eltern aus den höheren Ständen, die ihre jüngeren Söhne der Handlung widmen, sondern auch sogar Handwerker und Pächter ihre Kinder hinein, obwohl sie weder die Absicht noch das Vermögen besitzen, sie Gelehrte werden zu lassen. Wollte man sie fragen, warum sie dies tun, so würde ihnen diese Frage ebenso sonderbar vorkommen, als wenn man fragte, warum sie in die Kirche gehen. Gewohnheit gilt für Vernunft; jene aber hat dieses Herkommen bei denen, die es für vernünftig halten, dermaßen geheiligt, daß sie sich es zum Gewissen machen würden, ihren Kindern Lillys Grammatik nicht auswendig lernen zu lassen, ohne welche ihre Erziehung unmöglich orthodox sein könne.

§ 165. So notwendig indes das Latein einigen jungen Leuten wirklich sein mag und bei anderen dafür gehalten wird (ungeachtet es ihnen in der Tat weder Vorteil noch Nutzen schafft), so kann ich doch, alles reiflich erwogen, keineswegs die Methode empfehlen, nach der es in den gewöhnlichen Schulen gelehrt wird. Die Gründe dagegen sind so überzeugend und dringend, daß einige verständige Personen dadurch bewogen worden sind, nicht ohne glücklichen Erfolg die gemeine Heerstraße zu verlassen, wiewohl die Lehrart, welche sie zu dem Ende erwählten, nicht gerade diejenige war, die ich meinesteils für die leichteste und kürzeste halte. Ich glaube nämlich, man müsse Kinder gar nicht mit der Grammatik quälen, sondern ihnen das Latein, sowie die Muttersprache, bloß durch Sprechen beibringen, ohne sie durch Regeln zu verwirren. Denn wenn man es recht bedenkt, so ist einem Kinde, wenn es auf die Welt kommt, das Latein nicht unbekannter als das Deutsche, und doch lernt es Deutsch ohne Lehrer, Regeln und Grammatik. Ebensogut aber kann es auch wie ein Römer Latein lernen, wenn nur immer jemand um das Kind ist, der mit ihm in dieser Sprache redet. Und da wir alle Tage sehen, daß eine Französin in einem oder zwei Jahren ein deutsches Mädchen fertig französisch sprechen und lesen lehren kann ohne Regel und Grammatik bloß durch Plaudern, so muß ich mich in der Tat wundern, wie verständige Leute diese Methode bei ihren Söhnen verabsäumen, oder sie für schlechter und unschicklicher halten als für ihre Töchter.

§ 166. Könnt ihr also einen Mann bekommen, der selbst gut Latein spricht und immer um euren Sohn ist, beständig in dieser Sprache mit ihm redet und ihn selbst nichts anderes sprechen oder lesen läßt, so wird er das Latein ohne Zweifel auf die leichteste und zweckmäßigste Art erlernen ohne Mühe und Schelte, da in den gewöhnlichen Schulen sechs bis sieben Jahrs erfordert werden, es den Kindern einzubläuen. Zu gleicher Zeit aber kann er seinen Geist und seine Sitten bilden, ihn in einigen Wissenschaften gründlich unterrichten, wie in den nötigsten Teilen der Erdbeschreibung, Sternkunde, Zeitrechnung, Kenntnis des menschlichen Körpers, nebst einigen Stücken der Geschichte, und in allen übrigen Dingen, welche in die Sinne fallen und wenig mehr als Gedächtnis erfordern. Denn von diesen muß unsere Erkenntnis, wenn wir den rechten Weg einschlagen wollen, überall ausgehen und darin der Grund gelegt werden, nicht aber von abstrakten, logischen und metaphysischen Ideen, die bei den ersten Anfängen in den Wissenschaften den Verstand mehr verwirren als aufhellen. Denn wenn sich junge Leute eine Zeitlang mit dergleichen trocknen und abstrakten Spekulationen abgeben müssen, ohne zusehen, daß sie dadurch viel weiter kommen oder den Nutzen einernten, den sie sich davon versprachen, so werden sie leicht dahin gebracht, entweder von der Gelehrsamkeit überhaupt oder von sich selbst eine geringe Meinung zu fassen. Sie geraten in Versuchung, das Studieren gänzlich aufzugeben und die Bücher wegzuwerfen, weil sie nichts als rauhe Worte und leere Töne enthalten; falls sie aber glauben, daß wirklich reelle Kenntnisse darin anzutreffen seien, so werden sie mißtrauisch gegen ihre eigenen Verstandeskräfte. Daß dem also sei, könnte ich aus meiner eigenen Erfahrung versichern. Zu den anderen Sachen, die ein nach dieser Methode angeführter junger Mensch lernen kann, während andere von gleichem Alter bloß mit Latein und mit Sprachen aufgehalten werden, rechne ich auch die Geometrie. Ich selbst habe einen so erzogenen jungen Edelmann gekannt, der, ehe er noch das dreizehnte Jahr zurückgelegt hatte, verschiedene Lehrsätze des Euklides zu beweisen verstand.

§ 167. Könnt ihr aber keinen Mann finden, der gut Latein spricht, imstande ist, euern Sohn in den gedachten Kenntnissen zu unterrichten und zugleich die hier vorgeschlagene Methode dabei zu befolgen Lust hat, so rate ich, einen Weg einzuschlagen, welcher diesem wenigstens am nächsten kommt. Man nehme ein angenehmes und leichtes Buch, wie z. B. Äsops Fabeln, schreibe die deutsche Übersetzung (die aber so wörtlich sein muß als möglich) in die eine Zeile und die lateinischen Worte, welche derselben entsprechen, gerade darüber. Dieses lasse man das Kind alle Tage einigemal überlesen, bis es das Lateinische vollkommen versteht, und dann gehe man zu einer andern Fabel fort; doch ist nicht zu vergessen, daß das alte zuweilen wiederholt werden müsse, um es dem Gedächtnis bleibend einzudrücken. Wenn es nun auch schreiben lernt, so lasse man es dergleichen Fabeln kopieren; dadurch wird es nicht nur seine Hand, sondern auch das Latein üben. Dies ist freilich eine minder vollkommene Methode als das Lateinsprechen; daher auch zuvörderst die Konjugationen nebst den Deklinationen der Nomina und Pronomina fertig auswendig gelernt werden müssen, um ihm die Bekanntschaft mit dem Eigentümlichen der lateinischen Sprache zu erleichtern; indem die verschiedenen Beugungen der Nenn- und Zeitwörter nicht wie zum Teil bei den neueren Sprachen durch Vorsetzung gewisser Partikeln, sondern durch die Verschiedenheit der Endungen geschehen. Mehr als dies aber braucht das Kind von der Grammatik nicht zu wissen, bis es imstande ist, *Sanctii Minerva* mit den Anmerkungen des Scioppius und Perizonius selbst zu lesen.

Beim Unterricht der Kinder ist auch noch zu beachten, daß man sie in den meisten Fällen, wo sie nicht fortkönnen, nicht dadurch noch mehr verwirre, daß sie sich selbst heraushelfen sollen; wie dies z. B. der Fall ist, wenn man fragt: „Welches ist der Nominativ in dem zu konstruierenden Satze?" oder: „Was heißt aufero?" um sie auf die Bedeutung des Wortes abstulere zu leiten, wenn sie dieses nicht sogleich sagen können usw. Hierdurch macht man die Kinder nur irre und verdirbt die Zeit. Denn solange sie beim Unterricht Aufmerksamkeit beweisen, muß man sie bei guter Laune erhalten und ihnen alles so leicht und angenehm machen, als nur möglich ist. Stehen sie demnach bei einer Schwierigkeit stille und verlangen vorwärts zu kommen, so helfe man ihnen sogleich darüber hinweg ohne Verweise und Schelte; denn gemeiniglich ist solche rauhe Begegnung nur die Wirkung des Stolzes und der übeln Laune des Lehrers, welcher verlangt, daß die Kinder bald alles so gut wissen sollen wie er selbst. Er sollte vielmehr bedenken, daß sein Amt ist, dem Zöglinge gute Fertigkeiten beizubringen, nicht aber mit orbilischer Strenge Regeln einzubleuen, die für das tätige Leben von geringem Nutzen sind, wenigstens bei Kindern keinen Vorteil stiften, indem sie sie ebenso geschwind vergessen, als sie ihnen gegeben werden. Was indes die Wissenschaften anlangt, welche zur Übung des Verstandes abzwecken, so will ich nicht in Abrede stellen, daß mit dieser Methode nicht zuweilen abgewechselt werden könne, um bei vorkommenden Schwierigkeiten das Nachdenken zu reizen und den Geist zur Anstrengung seiner selbst und zum Scharfsinn zu gewöhnen. Nur darf dies meines Erachtens nicht geschehen, wenn die Kinder noch sehr klein sind und wenn sie in irgendeiner Kenntnis erst den Anfang machen; denn zu der Zeit scheint ohnehin alles schwer zu sein; die größte Kunst und Geschicklichkeit des Lehrers aber ist, alles so leicht als möglich zu machen. Am wenigsten sollte man die Jugend bei Erlernung der Sprachen in Verlegenheit setzen; denn diese erlernt man bloß durch Übung, Gewohnheit und Gedächtnis und spricht sie alsdann nur in der größten Vollkommenheit, wenn man an gar keine grammatische Regel mehr denkt. Ich gestehe, die Grammatik einer Sprache muß in manchen Fällen sehr sorgfältig studiert werden, aber das gehört nur für einen erwachsenen Mann, wenn er sich auf die kritische Kenntnis der Sprache Sprachwissenschaft.legt, und diese wird selten von einem andern als von einem wirklichen Gelehrten gefordert. Soll indes auch ein Edelmann irgendeine Sprache förmlich studieren, so wird man zugeben, daß es nur die seines Landes sein dürfe, damit er diejenige, die er beständig braucht, mit der größten Richtigkeit schreibe und spreche.

Es ist noch ein Grund, warum Lehrer ihren Schülern keine Schwierigkeiten in den Weg legen, sondern im Gegenteil ihnen die Sachen erleichtern, und wo sie etwa sich nicht selbst herausfinden können, ihnen bereitwillig forthelfen sollten. Der Geist der Kinder nämlich ist eng beschränkt und schwach und kann gewöhnlich nicht mehr als einen Gedanken auf einmal fassen. Was das Kind im Kopfe hat, das nimmt ihn zu der Zeit ganz ein, besonders wenn irgendeine Leidenschaft dabei im Spiele ist. Es wird daher eine besondere Kunst und Geschicklichkeit von seiten des Lehrers erfordert, aus dem Gemüt der Schüler, während sie beim Unterricht beschäftigt sind, alle fremde Gedanken zu entfernen, damit das, was er ihnen beibringen will, desto besser Platz finde und mit gehöriger Aufmerksamkeit und Sorgfalt gefaßt werde, weil es sonst keinen Eindruck zurück läßt. Der Natur der Kinder entspricht es, daß sie mit den Gedanken herumirren. Nur die Neuheit fesselt sie; begierig von allem, was sich ihnen darstellt, zu kosten, bekommen sie ebenso bald einen Ekel dagegen. Sie werden jeder Sache bald müde und finden daher bloß in Abwechslung und Mannigfaltigkeit Vergnügen. Die flatternden Gedanken festzuhalten, steht mit dem natürlichen Zustande der Kindheit in wahrem Widerspruche. Es mag nun übrigens an der Beschaffenheit ihres Gehirns oder an der Lebhaftigkeit und Unstetigkeit ihrer Lebensgeister liegen, worüber der Geist noch nicht die gehörige Herrschaft erlangt hat: genug, es ist offenbar, daß es Kindern Mühe macht, ihre Gedanken lange auf einen Gegenstand zu heften. Eine anhaltende, fortgesetzte Aufmerksamkeit ist eine der größten Anstrengungen, die man ihnen auflegen kann; daher muß man sich bemühen, das, worauf sie Fleiß verwenden sollen, ihnen so reizend und angenehm zu machen als möglich oder wenigstens verhüten, daß sie keine widrige, furchterweckende Vorstellungen damit verknüpfen. Wenn sie ihre Bücher nicht mit einem gewissen Vergnügen und mit Lust zur Hand nehmen, so darf man sich nicht wundern, wenn sie ihre Gedanken oft von denselben abwenden, weil sie ihnen mißfallen, und in angenehmeren Gegenständen Unterhaltung begehren, wonach sie unfehlbar umhersuchen werden.

Die gewöhnlichen Mittel, deren man sich bedient, die Schüler zur Aufmerksamkeit zu bewegen und ihren Geist auf den vorliegenden Gegenstand zu heften, sind, wie ich weiß, Züchtigungen und Verweise, sobald sie nur einigermaßen zerstreut zu sein scheinen. Solch eine Behandlung aber wirkt gerade das Gegenteil. Leidenschaftliche Ausdrücke und Schläge erfüllen die Seele des Kindes mit Furcht und Schrecken, und diese Empfindungen reißen es dergestalt hin, daß für andere Eindrücke kein Raum übrigbleibt. Vielleicht ist keiner meiner Leser, der sich nicht erinnern sollte, in welche Verwirrung sein Gemüt durch die heftigen oder gebieterischen Reden seiner Eltern oder Lehrer gesetzt worden, und in welchem Aufruhr seine Seelen zu der Zeit gewesen sei, so daß er sich kaum bewußt war, was er selbst oder andere sagten. Er verlor das, was er vor hatte, aus dem Gesicht, sein Gemüt befand sich in völliger Unordnung und Verwirrung, und in diesem Zustande war er ganz unfähig, auf irgend etwas seine Aufmerksamkeit länger zu richten.

Es ist wahr, Eltern und Erzieher müssen ihr Ansehen über die Gemüter der Zöglinge durch eine gewisse Ehrfurcht festsetzen, um sie dadurch zu lenken, aber wenn dieses Ansehen einmal fest gegründet ist, so sollten sie sich desselben mit großer Mäßigung bedienen und mit ihren Schülern nicht wie Tyrannen umgehen, vor deren Anblick sie allemal zittern müssen. Durch solche Strenge wird zwar die Aufsicht leicht, aber den Zöglingen wenig nützlich. Es ist nicht möglich, daß Kinder etwas lernen können, während ihre Gedanken von irgendeiner Leidenschaft beherrscht oder verwirrt werden, besonders von der

Furcht, welche auf ihr zartes und schwaches Nervensystem den stärksten Eindruck macht. Man erhalte ihr Gemüt in einer ruhigen und heitern Stimmung, wenn man sie unterrichtet und sie in irgendeiner Erkenntnis zunehmen sollen. Denn es ist ebenso unmöglich, schöne und regelmäßige Züge in eine zitternde Seele aufzutragen wie auf ein schwankendes Papier.

Die große Kunst des Lehrers besteht darin, die Aufmerksamkeit des Schülers rege zu machen und festzuhalten; kann er dieses, so ist er sicher, so schnelle Fortschritte zu tun, als es die Fähigkeiten des Schülers nur immer erlauben. Gelingt ihm dieses aber nicht, so wird alle Mühewaltung und Anstrengung wenig oder gar nichts helfen. Um nun den gedachten Zweck zu erreichen, muß er dem Kinde, soweit es sich tun läßt, die Nutzbarkeit dessen, was er ihm lehret, begreiflich machen und ihm zeigen, daß es mittels dessen, was es gelernt hat, etwas ausrichten könne, wozu es vorher unvermögend war, und daß es dadurch über andere, die solches nicht wissen, gewisse Vorzüge und Vorteile erhalte. Hierzu muß sich sodann ein gewisses sanftes Wesen bei dem ganzen Unterricht gesellen, und das Kind muß durch eine gewisse Zärtlichkeit, die der Erzieher allenthalben blicken läßt, überzeugt werden, daß es von demselben geliebt wird, und dieser nichts anderes als sein Bestes zur Absicht habe, der einzige Weg, in der Seele des Kindes Liebe zu erwecken, die es bei den Lektionen aufmerksam und alles, was es lernt, ihm angenehm machen wird.

Nur Widerspenstigkeit allein muß durch eine gebieterische und rauhe Begegnung, alle übrigen Fehler aber mit Sanftmut und Gelindigkeit geahndet werden; gutes und freundliches Zureden macht auf ein williges Herz allemal Eindruck und beugt selbst mancher Verkehrtheit des Willens vor, die nicht selten in einem sonst gutartigen und edlen Gemüt bloß durch rauhe und gebieterische Begegnung veranlaßt wird. Es ist wahr, Widerspenstigkeit und vorsätzliche Nachlässigkeit muß schlechterdings gedämpft werden, wenn es auch Schläge kosten sollte: allein ich bin geneigt zu glauben, daß der Ungehorsam der Zöglinge oft bloß von der Übereilung des Erziehers herrühre, und daß die meisten Kinder selten Schläge verdienen würden, wenn unnötige und übelangebrachte Härte sie nicht zur Bosheit verleitete und ihnen Abscheu gegen den Erzieher und gegen alles, was von ihm herkommt, einflößte.

Unachtsamkeit, Vergeßlichkeit, Unstetigkeit und Abwesenheit der Gedanken find natürliche Fehler der Kindheit; wenn man also nur sieht, daß sie nicht vorsätzlich sind, so muß man sie mit Gelindigkeit ahnden und die Verbesserung der Zeit überlassen. Wenn jedes Versehen des Kindes Zorn und Unwillen hervorbringt, so werden die Anlässe zu Verweisen und Züchtigungen so oft wiederkommen, daß der Erzieher den Zöglingen ohne Aufhören Schrecken und Schmerz verursachen muß; eins von beiden aber ist schon an und für sich hinreichend, allen Fortschritt im Lernen zu hindern und alle anderweitige Lehrmethoden unwirksam zu machen.

Die Ehrfurcht, welche der Erzieher dem Gemüt der Kinder eingeprägt hat, sollte durch beständige Beweise von Zärtlichkeit und Wohlwollen dergestalt gemildert werden, daß sie ihre Pflicht aus Liebe erfüllten und in Befolgung seiner Vorschriften Vergnügen fänden. Dieses wird ihnen Vertrauen zu demselben einflößen; sie werden sich ihm so folgsam beweisen wie einem wahren Freunde, der sie liebt und für ihr Bestes Sorge trägt; ihre Gedanken werden frei und heiter sein, wenn sie um ihn sind: und dieses ist der einzige Zustand, in welchem der Geist aufgelegt ist, neue Unterweisungen und bleibende Eindrücke anzunehmen; wenn aber diese nicht haften und nicht behalten werden, so ist alle Mühe des Lehrers und des Schülers verloren. Von beiden Seiten wird Verdruß die Fülle sein und wenig gelernt werden.

§ 168. Wenn nun der Knabe durch diese Methode, bei der man das Latein und das Deutsche übereinander schreibt, eine mäßige Kenntnis von jener Sprache erlangt hat, so kann man alsdann zur Lesung irgendeines leichten lateinischen Buches, wie z. B. der Eutrop oder Justin ist, fortschreiten. Und um ihm das Lesen und Verstehen so wenig ekelhaft und schwer zu machen als möglich, so mag er sich, wenn es ihm gefällt, selbst mit der deutschen Übersetzung forthelfen. Der Einwurf, daß er die Sprache alsdann bloß durch Übung lernen werde, ist von keiner Bedeutung. Denn wenn man es gehörig überlegt, so ist dies gerade die rechte Methode, eine Sprache zu lernen, nämlich durch bloße Übung. Wer im Deutsch- oder Lateinischsprechen es nicht zu der Fertigkeit gebracht hat, daß er bloß an den Gegenstand, von welchem er reden will, nicht aber an die grammatischen Regeln denken darf, um den rechten Ausdruck und die eigentümliche Wendung zu treffen, von dem kann man nicht sagen, daß er gut spreche und die Sprache völlig in seiner Gewalt habe. Man nenne mir eine Sprache, die jemand bloß aus den Regeln der Grammatik vollkommen verstehen oder sprechen lernen könnte. Die Sprachen selbst sind ursprünglich nicht nach Regeln oder systematisch gebildet worden, sondern bloß zufällig und durch den gemeinsamen Gebrauch des Volks. Wer sie also gut sprechen will, hat keine andere Richtschnur als diese und kann sich auf nichts anderes verlassen, als auf sein Gedächtnis und auf die Fertigkeit so zu reden, wie diejenigen, die hierin zum Muster aufgestellt werden, das heißt mit anderen Worten: man lernt bloß durch Übung sprechen.

„Ist denn aber" wird man fragen, „die Grammatik von gar keinem Nutzen; ist die Arbeit derjenigen, welche verschiedene Sprachen auf Regeln und Bemerkungen zurückgebracht, so viel über Deklinationen, Konjugationen und Syntax geschrieben, sowie die Mühe derer, welche das alles gelernt haben, denn gänzlich für verloren zu achten?" Keineswegs, auch die Grammatik hat ihren Nutzen. Indessen ist auf der anderen Seite auch nicht zu leugnen, daß weit mehr Aufhebens davon gemacht wird, als sie verdient, und daß man auch diejenigen damit plagt, für die sie gar nicht gehört, die Kinder nämlich und zwar in dem Alter, in dem man sie gewöhnlich in den lateinischen Schulen damit quält.

Nichts ist augenscheinlicher, als daß Sprachen, durch Übung gelernt, zu den täglichen Geschäften des Lebens und zum gewöhnlichen Umgange völlig hinreichend sind. Frauen von vornehmem Range oder solche, die ihre Zeit in guten Gesellschaften zugebracht haben, beweisen durch ihr Beispiel, daß man es auf diesem geraden und natürlichen Wege zu einem hohen Grade der Eleganz und Feinheit in der Sprache bringen könne ohne das mindeste Studium oder Kenntnis der Grammatik. Ja es gibt Damen, die, ohne zu wissen, was die Ausdrücke Tempus, Partizip, Adverbium, Präposition usw. bedeuten, so rein und richtig sprechen, als – ich will nicht sagen, irgendein Schulrektor (denn das würden sie in der Tat für ein schlechtes Kompliment aufnehmen), sondern als irgendein Kavalier, der nach der in Gymnasien eingeführten Methode erzogen worden ist. Man sieht also, daß man die Grammatik in einigen Fällen entbehren könne, und die Frage ist nur: wem und wenn man sie lehren solle? Hierauf antworte ich:

1. Die Menschen lernen Sprachen für das gesellschaftliche Leben und zur wechselseitigen Mitteilung der Gedanken ohne irgendeinen anderen Zweck oder Nutzen. Zu dieser Absicht aber ist der ganz gewöhnliche Weg, die Sprache bloß durch den Umgang zu lernen, nicht nur vollkommen hinreichend, sondern verdient auch als der kürzeste, eigentlichste und natürlichste in aller Rücksicht den Vorzug. Was demnach diesen Zweck der Sprache betrifft, so ist die Grammatik nicht notwendig. Dies wird wohl jeder meiner Leser zugeben müssen, der nur versteht, was ich sage, oder der andere, mit denen er umgeht, versteht, ohne je die Grammatik der deutschen Sprache gelernt zu haben. Ich kann sicher annehmen, daß dies der ungleich größere Teil meiner

Landsleute ist; denn ich habe noch nie gehört, daß jemand seine Muttersprache nach Regeln gelernt hätte.

2. Es gibt indes andere, die den größten Teil ihrer Geschäfte mit der Zunge oder mit der Feder ausrichten müssen, und für diese ziemt es sich, wenn es nicht notwendig ist, daß sie rein und richtig sprechen, damit sie ihre Gedanken anderen mit mehr Leichtigkeit und Nachdruck mitteilen können. In dieser Rücksicht also ist der Grad von Sprachkenntnis, vermöge dessen man sich bloß verständlich machen kann, freilich nicht hinreichend. Sie müssen daher nebst anderen Hilfsmitteln und Kenntnissen, welche zur Wohlredenheit erfordert werden, auch Grammatik studieren, aber nur die Grammatik ihrer Muttersprache oder derjenigen, deren sie sich sonst bedienen; ihre Landessprache aber müssen sie genau inne haben und selbige rein sprechen, ohne die Ohren der Zuhörer durch grobe Sprachfehler und Unrichtigkeiten zu beleidigen. Und hierzu ist die Grammatik allerdings notwendig, aber, wie gesagt, nur die der Muttersprache, und auch nur für diejenigen, die sich mit Verbesserung des Ausdruckes und Vervollkommnung des Stiles Mühe geben wollen. Ob indes nicht alle Personen von guter Erziehung sich hierauf befleißigen sollten, lasse ich dahingestellt sein; wenigstens hält man den Mangel an Sprachrichtigkeit und grammatischer Genauigkeit bei einem Manne von den höheren Klassen immer für unanständig. Dergleichen Fehler werden insgemein als Beweise von schlechter Erziehung oder eines niedrigen Umganges betrachtet. Wenn sich dies so verhält (und mich dünkt, ich irre mich nicht), so muß man sich in der Tat wundern, daß junge Leute von Stande gezwungen werden, die Grammatik fremder und toter Sprachen zu lernen, niemals aber die von ihrer eigenen Muttersprache. Sie wissen kaum, daß es solch ein Ding gibt, geschweige daß sie daran denken sollten, darin unterrichtet zu werden. Auch stellt man ihnen nie vor, daß sie auf das Studium und die Ausbildung ihrer Landessprache Fleiß und Sorgfalt verwenden müssen, ungeachtet sie sie täglich brauchen und im geschäftlichen Leben nicht selten sehr viel darauf ankommt, daß man sich richtig und schön auszudrücken wisse. Statt dessen läßt man sie ihre Zeit auf die Grammatik solcher Sprachen verschwenden, die sie wahrscheinlich nie weder zum Reden noch zum Schreiben brauchen werden; sollte dies aber je der Fall sein, so würden sie wegen der Fehler in derselben weit eher Entschuldigung verdienen. Ein Chinese, der von dieser Art unserer Erziehung Nachricht erhielte, würde sich leicht überreden, daß alle unsere jungen Leute bestimmt wären, Lehrer und Professoren ausgestorbener Sprachen

in entfernten Ländern zu werden, nicht aber Geschäftsleute in ihrem eigenen Vaterlande.

3. Es gibt noch eine dritte Klasse von Menschen, die sich auf zwei bis drei fremde, ausgestorbene und, wie man bei uns zu reden pflegt, gelehrte Sprachen legen, ein besonderes Studium daraus machen und sich auf die Kenntnis derselben sehr viel zugute tun. Freilich müssen diejenigen, die eine Sprache zu diesem Zweck erlernen und sich eine wissenschaftliche Genauigkeit darin erwerben wollen, die Grammatik derselben mit allem Fleiß studieren. Nm nicht mißverstanden zu werden, muß ich jedoch erklären, daß ich die Sprache der Römer und Griechen keineswegs herabzuwürdigen gesonnen sei; ich gestehe den großen Nutzen und die Vortrefflichkeit derselben gern zu, und daß man in unserm Erdteile keinen Anspruch auf den Namen eines Gelehrten machen dürfe, wenn man mit denselben ganz unbekannt ist. Was indes ein junger Edelmann aus den griechischen und lateinischen Schriftstellern zu wissen braucht, das, dünkt mich, kann er ohne grammatisches Studium jener Sprachen erhalten und durch bloßes Lesen so weit kommen, daß er sie zu seinen Absichten hinlänglich versteht. Inwiefern ihm in der Folge daran gelegen sein möchte, sich mit der Grammatik und den wissenschaftlichen Subtilitäten einer von diesen Sprachen näher bekannt zu machen, das wird er selbst bestimmen können, wenn er sich irgendein besonderes Studium wählt, wozu dies erfordert wird. Dieses leitet mich nunmehr auf den zweiten Teil der obigen Frage, nämlich, wann die Grammatik gelehrt werden müsse? Nach dem, was ich hier schon vorausgeschickt habe, wird die Antwort leicht sein.

Wenn nämlich die Grammatik irgend einmal gelehrt werden soll, so muß es zu der Zeit geschehen, da man die Sprache bereits sprechen kann. Wie kann man sonst die Grammatik lehren? Dies beweist wenigstens das Beispiel der alten Völker, die für die weisesten und gelehrtesten gehalten werden. Die Ausbildung ihrer eigenen, nicht aber fremden Sprachen machte einen besonderen Teil der Erziehung aus. Die Griechen hielten alle anderen Nationen für Barbaren und verachteten die Sprache derselben; und obgleich die Römer in den letzten Zeiten ihrer Republik die griechische Literatur zu schätzen anfingen, so war doch nur die römische Sprache das eigentliche Studium ihrer Jugend. Sie sollte sich dereinst der Landessprache bedienen und darum ward sie auch in ihr unterrichtet und geübt.

Um die Zeit des grammatischen Unterrichtes noch näher zu bestimmen, so sehe ich nicht, wie derselbe vernünftigerweise eher als ein besonderes Studium betrieben werden könne, als wenn man dem jungen Menschen Anleitung zur Wohlredenheit geben will. Nur dann erst, wenn er anfangen soll den Ausdruck gehörig zu bilden, um besser zu sprechen als der Ungelehrte, nur dann erst ist es Zeit, ihn mit den Regeln der Grammatik bekannt zu machen, aber nicht früher. Die Grammatik lehrt uns nicht sprechen, sondern nur richtig und genau nach den Sprachregeln sprechen; das letztere ist nur ein Teil der Wohlredenheit, und wer bei Erlernung einer Sprache nicht die Absicht hat, sie zum Reden zu gebrauchen, dem ist auch die Grammatik derselben entbehrlich. Ich sehe also nicht ab, warum man mit der lateinischen Grammatik die Zeit verderben und sich den Kopf zerbrechen will, wenn man nicht gesonnen ist, ein Gelehrter zu werden oder lateinische Reden und Aufsätze zu machen. Findet sich aber jemand genötigt oder geneigt, eine fremde Sprache gründlich zu studieren und die Kenntnis derselben bis auf Subtilitäten zu treiben, so ist es immer noch Zeit genug, sich eine grammatische Übersicht davon zu verschaffen. Aber wenn er die Sprache bloß brauchen will, um einige darin abgefaßte Bücher zu verstehen, ohne sich auf die kritische Kenntnis derselben einzulassen, so wird, wie schon gesagt, die bloße Lektüre hinreichend sein, seinen Zweck zu erreichen, ohne daß er sein Gedächtnis mit den mancherlei Regeln und Spitzfindigkeiten der Grammatik beschweren darf.

§ 169. Zur Übung im Schreiben lasse man den jungen Menschen zuweilen etwas aus dem Lateinischen ins Deutsche übersetzen. Damit aber die Erlernung der lateinischen Sprache nicht ein bloßes Wortstudium werde (eine für Alte und Junge sehr unangenehme Beschäftigung), so verbinde man damit so viel Sachkenntnisse als nur möglich ist und fange von den Gegenständen an, welche den Sinnen zuerst entgegenkommen, nämlich mit der Kenntnis der Mineralien, Pflanzen und Tiere, insonderheit mit den Zimmerhölzern und Fruchtbäumen, ihren verschiedenen Teilen und den Arten ihrer Fortpflanzung, wobei das Kind vieles lernen wird, was ihm als Mann noch nützen kann. Besonders lehre man ihm Erdbeschreibung, Kenntnis des Weltgebäudes und des menschlichen Körpers. Überall aber hüte man sich, das Kind auf einmal mit zu viel Sachen zu verwirren; man mache ihm nichts zum wirklichen Geschäft, als was unmittelbar die Tugend angeht; man gebe ihm keine Verweise, als über Fehler der Sittlichkeit oder lasterhafte Neigungen.

§ 170. Will dem allen ungeachtet der Unstern des Kindes, daß es eine nach dem alten Schlendrian eingerichtete Schule besuchen soll, um Latein zu lernen, so ist es freilich vergebens, von der besten Lehrart zu reden, die darin eingeführt sein sollte. Ihr müßt euch doch diejenige gefallen lassen, die ihr daselbst vorfindet, und dürft nicht erwarten, daß man sie um eures Sohnes willen abändere. Indessen sucht womöglich soviel wenigstens zu erlangen, daß er keine lateinischen Ausarbeitungen und Deklamationen, am wenigsten aber irgendeine Art von Versen, machen dürfe. Ihr könnt zu diesem Behuf, wenn es fruchten soll, anführen, daß ihr nicht die Absicht habt, einen lateinischen Redner oder Dichter aus ihm zu machen, sondern daß er nur einen lateinischen Autor gehörig verstehen soll. Man sähe ja, daß diejenigen, welche in einer neueren Sprache, und zwar mit gutem Erfolge, unterrichteten, ihren Schülern weder französische noch italienische Aufsätze oder Verse zu machen aufgäben und sich bloß mit der Sprache beschäftigten, nicht aber mit Abhandlungen.

§ 171. Die näheren Ursachen, warum ich nicht wünsche, daß der junge Mensch zu Verfertigung von Aufsätzen und Gedichten angehalten werde, sind folgende. Was zuerst die Aufsätze betrifft, so pflegt man sie freilich durch das Vorgeben zu empfehlen, als lernte man dadurch über verschiedene Gegenstände sich schön ausdrücken. Wenn diese Absicht wirklich erreicht würde, so könnte man den Nutzen derselben allerdings nicht leugnen; denn nichts ist anständiger und in allen Vorfällen des Lebens nützlicher, als wenn man bei jeder Gelegenheit sich schön und zweckmäßig auszudrücken versteht. Allein ich behaupte, daß die Ausarbeitungen, die in Schulen gemacht werden, hierzu nicht das mindeste beitragen. Man sehe nur, was es mit solchen Aufsätzen für eine Beschaffenheit habe. Es ist gemeiniglich eine Rede über einen lateinischen Spruch: Omnia vincit amor oder Non licet in bello bis peccare und dergleichen. Hierbei muß dann der Knabe, weil es ihm an Kenntnis der Gegenstände gebricht, von denen er reden soll, und die man sich bloß mit der Zeit und durch Beobachtung erwirbt, seine Erfindungskraft auf die Folter spannen, um etwas in einer Sache zu sagen, die er nicht versteht. Dieses gleicht der Tyrannei, womit die Israeliten in Ägypten behandelt wurden, da sie Ziegel machen sollten und keine Materialien dazu hatten. Da geht denn der arme Junge zu einem Schüler von einer höheren Ordnung und bittet ihn, ihm etwas zu machen. Wie vernünftig oder lächerlich nun das herauskommt, was dieser ihm alsdann aufsetzt, lass ich dahingestellt sein. Ehe ein Mensch imstande ist, von einem Gegenstande zu reden, so muß er ihn erst kennen; sonst ist es ebenso töricht, dies von ihm zu verlangen, als wenn man begehrte, ein Blinder sollte von den Farben oder ein Tauber von der Musik reden. Würde man den nicht ein bißchen für verrückt halten, der von einem anderen, welcher nichts von den Gesetzen verstünde, verlangen wollte, daß er ihm einen Aufsatz über irgendeinen Rechtshandel verfertigen sollte? Und, ich bitte euch, was verstehen denn Schulknaben von den Materien, die gewöhnlich zu Ausarbeitungen aufgegeben werden, um darüber zu reden und ihre Erfindungskraft dadurch zu üben und zu schärfen?

§ 172. Man bedenke ferner, in welcher Sprache diese Aufsätze gemacht werden. Es ist nämlich die lateinische, eine ganz fremde und schon längst ausgestorbene Sprache, eine Sprache, in welcher euer Sohn (tausend gegen eins zu wetten), wenn er die Schule verlassen hat, in seinem ganzen Leben nicht ein einziges Mal wieder in den Fall kommen wird, eine Rede zu halten, eine Sprache endlich, deren Einrichtung und Beschaffenheit von der unserigen so himmelweit verschieden ist, daß durch die Vollkommenheit in jener die Reinheit und Leichtigkeit der Schreibart in dieser in der Tat sehr wenig gewinnen kann. Außerdem finden heutzutage bei den englischen Angelegenheiten förmliche Reden auch in unserer eigenen Muttersprache so wenig statt, daß ich gar nicht absehe, was für einen Zweck dergleichen Schulexerzitien haben können, es sei denn, daß man erweisen könnte, die Verfertigung lateinischer Reden sei ein Mittel, in der englischen Sprache gut aus dem Stegreif sprechen zu lernen. Ein besseres Mittel hierzu aber ist, dünkt mich, folgendes. Man lege jungen Leuten vernünftige und lehrreiche Fragen vor, die ihrem Alter und ihren Fähigkeiten angemessen sind, und über Gegenstände, die ihnen nicht ganz unbekannt sind noch außerhalb ihres Gesichtskreises liegen. Über solche Sachen sollten sie, wenn sie zu dergleichen Übungen reif sind, nach einem kurzen Nachdenken auf der Stelle und aus dem Stegreif reden, ohne zuvor etwas niederzuschreiben. Wenn wir die Wirksamkeit dieser Methode untersuchen wollen, so frage ich: wer in irgendeiner streitigen Angelegenheit besser reden wird, der, der gewohnt ist, alles was er sagen will, erst zu Papier zu bringen und aufzuschreiben, oder der, der bloß über die Materie nachdenkt, um sie von allen Seiten zu fassen, und dann aus dem Stegreif darüber spricht? Wer die Sache aus diesem Gesichtspunkt beurteilt, wird ohne Zweifel finden, daß die Methode, junge Leute an studierte Aufsätze und förmliche Ausarbeitungen zu gewöhnen, nicht die beste sei, sie zu Geschäften zu bilden.

§ 173. Man kann indes einwenden, es geschehe, um die Schüler in der lateinischen Sprache zu vervollkommnen. Es ist wahr, in den gewöhnlichen Schulen wird sonst nichts getrieben als dieses: allein durch lateinische Aufsätze wird dieser Zweck auch nicht erreicht. Sie zerbrechen sich hierbei den Kopf bloß mit Erfindung der Dinge, die sie sagen wollen, nicht aber mit Erforschung der wahren Bedeutung der Wörter, und wenn sie solche Aufsätze machen, so sitzen und schwitzen sie bloß über den Gedanken und nicht über der Sprache. Da aber die gehörige Erlernung einer Sprache schon an und für sich mühevoll und unangenehm genug ist, so hat man nicht nötig, noch mehr Schwierigkeiten zu häufen, wie dies bei der gedachten Lehrart geschieht. Will man aber doch die Erfindungskraft der Knaben durch dergleichen Übungen schärfen, so lasse man sie lieber Aufsätze in ihrer Muttersprache machen, wo sie die Worte mehr in ihrer Gewalt haben und zugleich ihre Gedanken leichter ausdrücken können. Sollen sie aber Latein lernen, so wähle man dazu die mindest beschwerliche Methode, ohne den Geist durch solche mühsame Arbeiten zu belasten und abzuschrecken, indem, sie zugleich Aufsätze in dieser fremden Sprache machen sollen.

§ 174. Mich dünkt, dies sind Gründe genug gegen die in Schulen gewöhnlichen lateinischen Ausarbeitungen; aber die, welche ich gegen das Versemachen habe, sind noch weit wichtiger und zwar gegen das Versemachen von aller Art. Denn hat der Knabe kein Genie zur Dichtkunst, so läßt sich in der Welt nichts Unvernünftigeres denken, als ihn mit einer Sache zu quälen und die Zeit zu verderben, in der er nie etwas Rechtes leisten kann, hat er aber von selbst einen Hang dazu, so halte ich es für sehr sonderbar, ihn unterhalten oder ermuntern zu wollen. Ich sollte glauben, die Eltern müßten vielmehr bemüht sein, ihn so viel als möglich zu unterdrücken und zu ersticken; denn ich kann mir keinen Grund denken, warum ein Vater aus seinem Sohne einen Poeten machen wollte, wenn er nicht etwa wünscht, daß ihm alle anderen Berufsarten und Geschäfte zum Ekel werden sollen. Doch das ist noch nicht das schlimmste; denn wenn er wirklich ein mittelmäßiger Reimschmied wird und den Ruhm eines Schöngeistes erlangt, so bitte ich auch zu bedenken, in was für Gesellschaften er dann seine Zeit und auch wohl sein Vermögen verschwenden wird. Der Fall ist äußerst selten, daß jemand Gold- und Silbergruben auf dem Parnaß entdeckt. Die Luft daselbst ist angenehm, aber der Boden unfruchtbar; und es gibt wohl wenig Beispiele, daß jemand sein väterliches Gut durch die dort eingeernteten Früchte vermehrt hätte. Ist indes ein Vater der Meinung, daß sein Sohn sich einigermaßen auf die Dichtkunst legen solle, um seine Talente darin zu üben, so wird er doch zugeben müssen, daß es zu diesem Zweck besser sei, lieber die vortrefflichen römischen und griechischen Dichter zu lesen, als selbst in diesen toten Sprachen Verse zu machen. Und wer sich in der Poesie seiner

Muttersprache hervortun will, der würde meines Erachtens sehr irren, wenn er sich durch Versuche in lateinischen Versen den Weg dazu bahnen wollte.

§ 175. In den gewöhnlichen Schulen herrscht noch eine andere Gewohnheit, die, soviel ich begreifen kann, ebenfalls keinen anderen Zweck hat, als jungen Leuten die fremden Sprachen einzutrichtern; obwohl die Erlernung derselben ihnen nach meinem Ermessen so angenehm gemacht und alles Mühsame davon so sehr entfernt werden sollte, als es sich nur immer tun ließe. Das, was ich hier meine und worüber ich mich beklage, ist das Auswendiglernen großer Stellen aus den Autoren, über die man doziert. Ich kann hiervon gar keinen Nutzen absehen, wenigstens nicht in Hinsicht auf den gedachten Endzweck. Sprachen können bloß durch Lesen und Sprechen gelernt werden, nicht aber durch auswendig gelernte Bruchstücke aus Büchern. Wer seinen Kopf damit angefüllt hat, besitzt alles, was zu einem Pedanten gehört und ist auf dem rechten Wege, einer zu werden. Was kann wohl lächerlicher sein, als die schönen und reichen Gedanken und Aussprüche eines anderen an die armseligen und mageren Einfälle seines eigenen Gehirns anzuflicken? Die letzteren stechen alsdann nur desto mehr hervor; auch empfiehlt sich der Sprecher dadurch ebenso wie einer, der seinen alten abgeschabten Arbeitsrock mit großen Lappen von Scharlach und Goldstoff ausstaffieren wollte. Stößt man indes auf eine Stelle, deren Inhalt des Behaltens wert und zugleich kurz und kräftig ausgedrückt ist (und dergleichen findet man in den alten Autoren viele), so mißbillige ich es keineswegs, daß man selbige dem Geist der Schüler einprägt und durch solche vortreffliche Züge jener großen Meister das Gedächtnis junger Leute zuweilen in Übung setzt. Was aber das Auswendiglernen ganzer Seiten aus Autoren ohne Wahl und Unterschied betrifft, so wie der Zufall sie an die Hand gibt, so weiß ich nicht, wozu dies anders dienen kann, als Zeit und Mühe zu verschwenden und jungen Leuten Ekel und Abneigung gegen die Bücher überhaupt einzustoßen, indem sie ihnen nichts als unnütze Qual verursachen.

§ 176. Ich weiß wohl, was man gewöhnlich zur Verteidigung dieser Gewohnheit anführt, nämlich, daß das Gedächtnis der Kinder dadurch geübt und verbessert werden soll. Ich wollte wünschen, daß dieses Vorgeben eben so stark durch die Erfahrung unterstützt würde, als es mit Zuversicht behauptet wird, und daß diese Gewohnheit sich mehr auf richtige Beobachtung als auf das Herkommen gründete; denn es ist gewiß, daß die Stärke des Gedächtnisses bloß auf einer glücklichen Organisation beruht, nicht aber durch Übung verbessert oder erworben wird. Es ist wahr, wenn man die Aufmerksamkeit auf eine Sache heftet, und, um sie nicht zu vergessen, die Vorstellung davon oft erneuert, so behält man sie freilich, aber nur nach Maßgabe der natürlichen und individuellen Gedächtniskraft. Ein Abdruck auf Bienenwachs oder Blei gemacht erhält sich nicht so lange als auf Erz oder Stahl. Allerdings dauert er länger, wenn er oft erneuert wird; allein jede Zurückerinnerung ist als ein neuer Eindruck zu betrachten; um also die Stärke des Gedächtnisses zu beurteilen, darf man nur wahrnehmen, wie lange eine Idee haftet, ohne sie erneuern zu dürfen. Das Auswendiglernen ganzer Seiten Latein macht die Gedächtniskraft nicht fähiger, andere Sachen zu behalten, als die Eingrabung einer Sentenz in ein Stück Blei solches tauglicher macht, andere Charaktere desto besser zu konservieren. Wenn dergleichen Übungen imstande wären, die Kraft des Gedächtnisses zu stärken und überhaupt im Kopf eines Menschen aufzuräumen, so müßten die Schauspieler notwendig das stärkste Gedächtnis besitzen und die beste Gesellschaft gewähren. Daß aber die fremden Gedanken und Ausdrücke, welche sie auf die Art memorieren, sie weder geschickter machen, andere Sachen zu behalten, noch ihre anderweitigen Fähigkeiten sonderlich ausbilden, zeigt die Erfahrung. Das Gedächtnis ist bei allen Beschäftigungen und in allen Umständen des Lebens so notwendig, man kann so wenig ohne dasselbe ausrichten, daß nicht zu befürchten steht, es möchte aus Mangel an Übung schwach oder unbrauchbar werden, wenn es anders durch Übung gestärkt werden kann. Allein ich besorge, diese Fähigkeit des Geistes könne überhaupt durch Anstrengung und Übung wenig geholfen und verbessert werden, am wenigsten aber durch solche, die in den lateinischen Schulen eingeführt sind. Wenn Xerxes einen jeden gemeinen Soldaten von seiner Armee, welche aus nicht weniger als hunderttausend Mann bestand, bei seinem Namen zu nennen wußte, so kann man wohl glauben, daß er dieses bewundernswürdige Talent eben nicht dadurch erlangt habe, daß er als Knabe seine Lektionen fleißig memorierte. Überdem wird die Methode, das Gedächtnis durch höchst mühsames Auswendiglernen gewisser Stücke aus Büchern zu stärken, bei Erziehung von Prinzen meines Wissens wenig angewandt, obgleich sie, wenn sie den besagten Nutzen wirklich leistete, bei Prinzen ebensowenig verabsäumt werden sollte wie bei den geringsten Schulknaben. Denn jene haben ein gutes Gedächtnis weit mehr nötig als irgendein anderer Sterblicher und besitzen es gewöhnlich auch in eben dem Grade wie andere Menschen, obwohl man es ihnen nie auf diesem Wege zu verschaffen suchte. Das, worauf die Aufmerksamkeit gespannt ist und was sie interessiert, behält man am besten, aus Ursachen, die ich schon vorhin erwähnt habe. Wenn sodann nur eine gute Methode und Ordnung beobachtet wird, so glaube ich, läßt sich zur Verbesserung eines schwachen Gedächtnisses nichts weiter tun. Wer aber einen andern Weg einschlägt und z. B. es mit einem Schwall lateinischer Vokabeln überladet, welche den Schüler nicht im mindesten interessieren, der wird ohne Zweifel finden, daß der daraus entstehende Nutzen die darauf verwandte Zeit und Mühe nicht zur Hälfte belohnt.

Ich behaupte indes nicht, daß das Gedächtnis der Kinder ganz und gar nicht geübt werden solle. Dieses kann meiner Meinung nach sehr wohl geschehen, aber nur nicht dadurch, daß man ihnen ganze Seiten aus Büchern nach der Reihe aufgibt, die, wenn sie sie einmal als ihr Pensum hergeplappert haben, sogleich auch wieder auf immer vergessen werden. Dadurch gewinnt weder das Gedächtnis noch der Verstand. Was sie aus den alten Autoren auswendig lernen sollten, habe ich schon vorhin erwähnt, hat man aber einmal dergleichen weise und lehrreiche Aussprüche ihnen eingeprägt, so muß man dafür sorgen, daß sie sie auch nie wieder vergessen, und zu dem Ende sie oft wieder in Erinnerung bringen. Außer dem Nutzen, den ihnen jene Stellen, als treffliche Lebensregeln und praktische Beobachtungen, in der Zukunft leisten können, lernen sie dadurch zugleich zurückdenken und sich an das besinnen, was sie zu behalten haben, welches das einzige Mittel ist, das Gedächtnis schnell und wirklich brauchbar zu machen. Die Gewöhnung zum häufigen Zurückdenken bewahrt ihren Geist gegen Zerstreuung und hindert junge Leute, mit ihren Gedanken achtlos und unnütz umherzuschweifen. Daher wird es, dünkt mich, gut getan sein, wenn man ihnen alle Tage etwas zu behalten aufgibt, aber auch nur etwas, und was zugleich des Behaltens wert ist und in ihrer Vorstellungskraft immer gegenwärtig sein muß, sobald man es verlangt, oder sie selbst danach umhersuchen. Hierdurch werden sie genötigt, ihre Gedanken oft in sich selbst zu kehren und zu sammeln, welches eine der vorzüglichsten intellektuellen Fertigkeiten ist, die man ihnen wünschen kann.

§ 177. Übrigens halte ich dafür, daß der Mann, dessen Leitung, Aufsicht und Unterricht das Kind in den zarten und biegsamen Jahren seines Lebens anvertraut wird, das Latein und die Sprachen überhaupt als den geringsten Teil der Erziehung betrachten müsse. Er muß überzeugt sein, daß Tugend und ein wohlgeordnetes Gemüt jeder Gattung von Gelehrsamkeit und Sprachwissenschaft weit vorzuziehen sei und daher sein Hauptgeschäft aus der Bildung des Herzens seines Zöglings machen. Denn wenn nur erst dafür gehörig gesorgt ist, gesetzt auch, daß alles andere darüber hintangesetzt würde, so wird das übrige zu seiner Zeit sich schon von selbst finden. Wird aber die Bildung der

Sinnesart verabsäumt, werden die bösen und lasterhaften Fertigkeiten nicht ausgerottet, so dienen Sprachen, Wissenschaften und alle übrigen Vorzüge der Erziehung zu nichts, als den Menschen noch schlimmer und gefährlicher zu machen.

Und wahrlich, so viel Geschrei und Wesen auch vom Latein gemacht wird, als ob es die wichtigste und schwierigste Sache wäre, so kann es eine Mutter ihr Kind selbst lehren, wenn sie des Tages nur zwei oder drei Stunden mit ihm darauf verwenden will und sich von ihm die Evangelisten lateinisch vorlesen läßt. Sie darf sich zu dem Ende nur ein lateinisches Testament kaufen und jemand bitten, daß er über die vorletzte Silbe eines jeden mehr als zweisilbigen Wortes ein Zeichen mache, ob sie lang oder kurz ist, welches hinreichend sein wird, um die Aussprache und den richtigen Akzent zu treffen. Läßt sie sich dann täglich daraus vorlesen, so will ich sehen, ob sie nicht bald das Latein verstehen wird. Verstehet sie aber die lateinischen Evangelisten, so lasse sie sich Äsops Fabeln vorlesen und gehe dann weiter zum Gutrop, Justin und zu den anderen Büchern fort. Ich führe dies nicht an, als eine Sache, die ich mir bloß als möglich vorstelle, sondern als ein Beispiel, welches ich selbst erlebt, und von dem ich gefunden habe, daß auf die Art das Latein einem Kinde ohne Schwierigkeit beigebracht worden ist.

Doch um auf das vorige wieder zurückzukommen, so muß derjenige, der die Erziehung junger Leute und besonders von höheren Ständen übernimmt, wohl etwas mehr als Latein verstehen und etwas mehr als einige Kenntnis der schönen Wissenschaften besitzen. Es sollte nämlich ein Mann von ausgezeichneter Tugend und Weltklugheit sein, der außer einem guten natürlichen Verstande und einem sanften Temperament auch das Talent besäße, mit seinen Zöglingen sich beständig auf eine gesetzte, angenehme und liebreiche Art zu unterhalten. Doch hiervon habe ich bereits gehandelt. Siehe oben § 93.

§178. Zu eben der Zeit, da das Kind Französisch und Latein lernt, muß es auch zur Rechenkunst, Erdbeschreibung, Zeitrechnung, Geschichte und Geometrie Anleitung bekommen. Denn wenn diese Kenntnisse ihm in französischer oder lateinischer Sprache beigebracht werden, sobald es nämlich die eine oder die andere versteht, so wird es mit einer gründlichen Kenntnis der Sprache zugleich auch eine Bekanntschaft mit jenen Wissenschaften erlangen.

Den Anfang sollte man meines Erachtens mit der Erdbeschreibung machen. Denn die Gestalt der Erdkugel, die Lage und Grenzen der vier Weltteile, sowie der einzelnen Königreiche und Provinzen sind bloß Gegenstände des Gesichts und des Gedächtnisses, welche das Kind mit Vergnügen lernen und behalten kann. Ich kann dies mit einem lebendigen Beispiele belegen. In dem Hause, wo ich wohne, ist ein Kind, welches von seiner Mutter nach dieser Methode in der Geographie so gut unterrichtet war, daß es noch vor dem sechsten Jahre seines Alters nicht nur die Grenzen der vier Erdteile, sondern auch jedes Land auf dem Globus fertig anzugeben wußte und auf der Karte von England alle einzelnen Provinzen nebst allen großen Flüssen, Vorgebirgen, Meerengen und Meerbusen in der Welt, sowie die Längen und Breiten der Orte leicht finden konnte. Ich gestehe, diese Dinge, welche dergestalt bloß mit Hilfe des Gesichts und des Gedächtnisses gefaßt werden, sind noch nicht alles, was man vom Globus wissen muß. Inzwischen sind sie doch ein Anfang und eine gute Vorbereitung zu dem übrigen, welches dann, wenn der Verstand dazu reif ist, um desto leichter gefaßt wird. Außerdem aber gewinnt man dadurch viel Zeit, und das Kind lernt zugleich allmählich die Sprache, indem es auf eine angenehme Art seine Sachkenntnis erweitert.

§ 179. Hat man nun die natürliche Beschaffenheit der Erdkugel dem Gedächtnisse eingeprägt, so ist es Zeit, mit der Rechenkunst den Anfang zu machen. Ich verstehe aber unter der natürlichen Beschaffenheit der Erdkugel die verschiedenen Lagen des festen Landes und der Meere mit ihren verschiedenen Namen und mit den Länderabteilungen, ohne mich jetzt auf die künstlichen und eingebildeten Kreise einzulassen, welche bloß zur weiteren Ausbildung dieser Wissenschaft erfunden worden sind.

§ 180. Die Arithmetik gibt die leichteste Gattung von abstrakten Ideen und Schlüssen an die Hand, daher auch mit diesen der Anfang gemacht werden muß, um die Seele des Kindes daran zu gewöhnen. Das Rechnen ist zugleich in allen Ständen und Geschäften des Lebens von so allgemeinem Nutzen, daß fast keine Sache ohne dasselbe abgetan werden kann. Man kann also nicht zu geübt oder zu vollkommen darin sein, und folglich sollte auch der Anfang im Rechnen so frühzeitig als möglich gemacht und die Übung in demselben alle Tage fortgesetzt werden, bis der Schüler dieser Wissenschaft vollkommen mächtig wäre.

Wenn er die Addition und Subtraktion vollkommen innehat, so kann man ihn sodann in der Erdbeschreibung weiterbringen, ihn mit den Polen, Zonen, Parallelkreisen und Meridianen bekannt machen, ihm die Längen und Breiten der Orte und die Konstruktion der Landkarten erklären, um nach den auf dem Rande angezeigten Zahlen die verhältnismäßige Lage der Länder zu beurteilen und selbige auf dem künstlichen Globus aufsuchen zu können. Ist es hierin gehörig geübt, so kann man zum Himmelsglobus fortschreiten, auf diesem wiederum alle Kreise durchgehen und sich insonderheit bei der Sonnenbahn oder dem Tierkreise aufhalten, damit der Schüler einen deutlichen Begriff davon erhalte und mit der Figur und Lage der verschiedenen Gestirne gehörig bekannt werde, die man ihm zuerst auf dem Globus und dann am Himmel zeigen kann.

Wenn dies geschehen ist, so rate ich, ihm eine Vorstellung von der Planetenwelt zu geben und zu dem Ende ihm das Copernicanische System zu erklären, die Ordnung und Stellung der Planeten und ihre Entfernungen von der Sonne, dem Zentrum ihrer Bahn. Dies wird die beste und leichteste Vorbereitung sein, die Theorie und die Bewegung der Planeten verstehen zu lernen. Die Bewegung der Planeten um die Sonne ist jetzt bei den Astronomen eine ausgemachte Sache; der Schüler muß also auch nach dieser Hypothese unterrichtet werden, weil sie nicht nur die einfachste und natürlichste, sondern an sich auch die wahrscheinlichste ist. Doch hier so wie in allen übrigen Teilen des Unterrichts muß man hauptsächlich dahin sehen, daß man mit den einfachsten und leichtesten Dingen den Anfang mache, immer nur wenig auf einmal lehre und nicht eher zu einem neuen Gegenstand fortschreite, als bis der Verstand den vorhergehenden genau gefaßt und begriffen hat. Man lege den Schülern zuerst eine ganz einfache Idee vor und sorge dafür, daß sie diese gehörig verstehen, ehe man weiter geht. So wird der Verstand derselben ohne Verwirrung und Überhäufung allmählich sich entwickeln, mehr als man erwarten sollte. Hat der Zögling aber einmal etwas recht gefaßt, so ist kein besseres Mittel, solches seinem Gedächtnisse recht fest einzuprägen und ihn zu weiteren Fortschritten aufzumuntern, als daß man es ihn andere wieder lehren läßt.

§ 181. Nach dieser Bekanntschaft mit den beiden Globen kann man den Unterricht in der Geometrie folgen lassen. Hierzu aber wird meines Erachtens die Erklärung der ersten sechs Bücher des Euklid schon hinreichend sein; denn ich zweifle, ob einem Geschäftsmanns mehr davon zu wissen nötig oder nützlich sei. Sollte er übrigens Neigung und Genie zu diesem Studium haben, so kann er sich in der Folge selbst ohne Lehrer weiter darin forthelfen, wenn er von seinem Erzieher nur erst soweit gebracht worden.

Die künstliche Erd- und Himmelskugel aber muß fleißig und mit aller Sorgfalt studiert werden. Auch muß man in Zeiten damit den Anfang machen, wenn der Erzieher nur gehörig zu unterscheiden weiß, was der Fassungskraft des Kindes angemessen ist oder nicht. In dieser Rücksicht wird er indes mit folgender Regel weit genug kommen, nämlich daß man Kindern alles, was in die Sinne und in die Augen insonderheit fällt, lehren könne, und wobei bloß das Gedächtnis beschäftigt wird. Daher kann man auch selbst kleinen Kindern, sobald sie nur sich in den Zimmern ihres eigenen Hauses zu orientieren wissen, mit leichter Mühe beibringen, wo sie auf dem Globus den Äquator, den Meridian, Europa, England usw. zu suchen haben; wenn man ihnen nur nicht zu viel auf einmal lehren will und ihnen nicht eher etwas Neues vorträgt, als bis sie das vorhergehende recht gelernt und dem Gedächtnis eingedrückt haben.

§ 182. Mit der Geographie sollte die Chronologie verbunden werden, das heißt, man sollte dem jungen Menschen eine allgemeine Übersicht von der ganzen Zeitfolge der Geschichte geben und von den wichtigsten Epochen, welche in derselben zu merken sind. Ohne diese beiden Stücke, Geographie und Chronologie nämlich, wird die Geschichte, die große Lehrerin der Klugheit und Staatskunst, welche jeder Mensch der höheren Volksklassen und jeder Geschäftsmann sorgfältig studieren sollte, sehr schlecht behalten werden und von geringem Nutzen sein, ein bloßes Chaos von zusammengehäuften Tatsachen ohne Ordnung und Brauchbarkeit. Erst durch diese beiden Wissenschaften werden die Taten und Begebenheiten der Menschen in Ansehung der Zeiten und der Länder, wo sie vorfielen, an ihren rechten Ort gestellt und mittels dieser Beziehungen auch dem Gedächtnis leichter eingedrückt; ja sie sind auch bloß in dieser natürlichen Ordnung fähig, diejenigen Bemerkungen herbeizuführen, welche den Menschen besser und klüger machen.

§ 183. Wenn ich von der Zeitrechnung als von einer Wissenschaft rede, in welcher man junge Leute vervollkommnen soll, so will ich dies keineswegs auf die geringfügigen Streitigkeiten ausgedehnt wissen, welche in derselben vorkommen. Sie sind endlos und überdem größtenteils von so geringer Erheblichkeit für einen Weltmann, daß er nicht nötig hat sich darum zu bekümmern, wenn sie auch leicht entschieden werden könnten. Man kann also all dem gelehrten Lärm und Staub der Chronologisten füglich aus dem Wege gehen. Das brauchbarste Buch, welches ich in diesem Teile der Gelehrsamkeit kenne, ist eine kleine Abhandlung von Strauch (12°) Breviarium chronologicum. Aus diesem kann man dasjenige auswählen, was der junge Mensch zu wissen nötig hat; denn alles, was darin enthalten ist, braucht ein Lehrling nicht zu wissen. Es sind in demselben die merkwürdigsten und gebräuchlichsten

Epochen auf die Julianische Zeitrechnung zurückgebracht, welches die leichteste, einfachste und sicherste Methode ist, die man in der Chronologie einschlagen kann. Neben dieser Abhandlung des Strauch kann man sich des Helvicus Tabellen anschaffen, um sie bei vorkommenden Gelegenheiten nachzuschlagen.

§ 184. Nichts belehrt und ergötzt zugleich mehr als die Geschichte. In der ersteren Hinsicht ist sie auch des Fleißes der Erwachsenen würdig und in der letzteren empfiehlt sie sich vorzüglich jungen Leuten, denen man also, sobald sie mit der Chronologie und den verschiedenen Epochen, die von den Europäern angenommen werden, bekannt sind, um selbige auf die Julianische Zeitrechnung zu reduzieren zu verstehen, irgendeinen lateinischen Geschichtschreiber in die Hände geben sollte. Bei der Wahl desselben hat man hauptsächlich nur auf die Leichtigkeit des Stiles zu sehen; der Autor mag dann anfangen, von welchem Zeitpunkt es sei, so wird die Chronologie den Knaben allezeit gegen Verwirrung bewahren. Und da die Annehmlichkeit des Inhalts ihn schon an sich zum lesen reizt, so wird er die Sprache ganz unvermerkt und ohne die schreckliche Qual und Plage lernen, welche die Kinder sonst ausstehen müssen, wenn ihnen Bücher in die Hände gegeben werden, die ihre Fähigkeiten übersteigen, wie die römischen Redner und Dichter, und bloß zu dem Zweck, die Sprache zu lernen. Wenn nun das Kind die leichtern Autoren, z. B. den Eutrop, Justin und Curtius gelesen und verstanden hat, so wird es ihm nicht schwer werden zu den übrigen fortzuschreiten und nach den faßlichsten und leichtesten Historikern, auch die schwersten und erhabensten Schriftsteller, wie Tullius, Cicero.Virgil und Horaz verstehen zu lernen.

§ 185. Wenn der Zögling von Anfang an bei allen schicklichen Veranlassungen mit der Kenntnis der Tugendpflichten bekannt gemacht worden ist und zwar mehr durch Ausübung als durch Regeln, wenn man ihm statt der Befriedigung der Sinnlichkeit das Bestreben zur Erhaltung seines guten Namens zur Fertigkeit gemacht hat: so weiß ich nicht, ob man ihn noch andere Sittenlehren solle lernen lassen, als die er in der Bibel findet, oder ob es ratsam sei ihm eher ein System der Moral in die Hände zu geben, als bis er imstande ist, Ciceros Abhandlung von den Pflichten zu lesen; aber nicht wie ein Schulknabe, bloß um Latein zu lernen, sondern um sich von den Grundsätzen und Vorschriften der Tugend zu belehren und sein Leben danach einzurichten.

§ 186. Wenn er nun den Cicero von den Pflichten gehörig verdaut hat und dabei noch ein kleines Werk von Pufendorf de officio hominis et civis, so wird es Zeit sein, ihn mit dem Grotius de jure belli et pacis bekannt zu machen oder, welches vielleicht diesem noch vorzuziehen ist, mit Pufendorf de jure naturali et genetium. Hieraus wird er von den natürlichen Rechten der Menschen, von dem Ursprünge und der Grundlage der Gesellschaft und von den daraus entspringenden Pflichten unterrichtet werden. Diese allgemeine Kenntnis des bürgerlichen Rechtes und die Geschichte sind Studien, die ein junger Mann von den höheren Ständen nicht bloß auf der Oberfläche berühren, sondern womit er sich beständig beschäftigen und die er nie ganz beiseite setzen sollte. Ein tugendhafter, wohlanstelliger junger Mann, der eine gründliche Kenntnis der allgemeinen bürgerlichen Rechte besitzt und zwar nicht in Beziehung auf bloße Privatzänkereien oder Rabulisterei, sondern auf die gemeinsamen Angelegenheiten, den Zusammenhang und die Verhältnisse der gesitteten Nationen untereinander, insofern sie auf Grundsätzen der Vernunft beruhen), ein solcher Mensch kann, wenn er überdies Latein versteht und seine Muttersprache rein und schön schreibt, frei in die Welt treten und gewiß versichert sein, allenthalben geschätzt zu werden und sein Unterkommen zu finden.

§ 187. Es versteht sich wohl von selbst, daß ein Mann vom höheren Stande die Rechte und Gesetze seines Landes wissen müsse. Diese Kenntnis ist in jedem Posten nötig. Vom Friedensrichter bis zum Staatsminister kenne ich keinen Platz, der ohne sie gehörig ausgefüllt werden könnte. Ich verstehe aber hierunter nicht die rabulistische Schikane oder die Prozessierkunst. Ein Mann von Ehre und Rechtschaffenheit macht es sich zur Pflicht, die wahren Grenzen zwischen Recht und Unrecht aufzusuchen, nicht aber Kunstgriffe, um dem, was billig und gerecht ist, ausweichen und Ungerechtigkeiten mit Sicherheit ausüben zu können. Er ist ebenso entfernt, die Gesetze seines Vaterlandes zu solchen Zwecken zu studieren, als er vielmehr beeifert ist, sich dadurch zum Dienste seines Vaterlandes tüchtig zu machen. Wenn daher ein Mann von Stande sich mit der Rechtswissenschaft abgibt, ohne übrigens sein Berufsgeschäft daraus machen zu wollen, so halte ich es für ratsam, daß er sich vor allen Dingen einen richtigen Begriff von der englischen Verfassung und Regimentsform zu verschaffen suche, aus den alten Urkunden des gemeinen Rechts und aus einigen neueren Schriftstellern, die nach jenen Urkunden unsere Verfassung beschrieben haben. Nach dieser vorläufigen Übersicht kann er die vaterländische Geschichte studieren und bei der Regierung eines jeden Königs die Gesetze anmerken, die unter ihm gegeben worden. Auf diese Weise wird er den Grund unserer Statuten, die Art ihrer Entstehung, sowie das Ansehen und die Gültigkeit, die ihnen zukommt, gehörig beurteilen lernen.

§ 188. Da nach der gewöhnlichen Schulmethode die Redekunst und Logik auf die Grammatik zu folgen pflegt, so wird man sich vielleicht wundern, daß ich so wenig davon gesagt habe. Die Ursache ist, weil ich glaube, daß diese Wissenschaften jungen Leuten sehr wenig Nutzen leisten. Ich habe selten oder eigentlich nie gefunden, daß jemand die Geschicklichkeit, richtig zu schließen und schön zu reden, durch das bloße Studium der Regeln erlangt hätte, obwohl dies die allgemeine Meinung ist. Einige allgemeine Begriffe davon aus dem kürzesten System, das man nur finden kann, sind, wie ich glaube, hinlänglich, ohne sich bei Betrachtung und Erlernung dieser Formalitäten lange aufzuhalten. Die Kunst, recht zu schließen und gründlich zu urteilen, ist auf etwas ganz anderes gegründet, als auf Prädikamente und Prädikabilien oder auf die verschiedenen Formen und Figuren der Syllogismen. Doch es ist hier der Ort nicht, mich über diese Spekulationen umständlicher zu erklären. Hier bemerke ich bloß, daß der Jüngling, um gesund urteilen zu lernen, solche Werke wie den Chillingworth lesen und, wenn er sich in der Wohlredenheit bilden soll, sich mit den Schriften des Cicero vertraut machen müsse, der ihm einen wahren Begriff von der Beredsamkeit beibringen wird. Damit er sich aber eine gute und reine Schreibart in seiner Muttersprache erwerbe, so lasse man ihn die besten Schriftsteller lesen, die darin geschrieben haben.

§ 189. Wenn der Zweck und Nutzen einer gesunden Beurteilungskraft darin besteht, sich richtige Begriffe und Vorstellungen von Dingen zu erwerben, das Wahre und Falsche, Recht und Unrecht gehörig unterscheiden zu können und seine Handlungen danach einzurichten: so haltet euren Sohn ja von den in Schulen gewöhnlichen Disputierübungen zurück und flößt ihm einen Abscheu dagegen ein. Ihr werdet sonst, statt eines tüchtigen Mannes, einen schalen Zänker aus ihm bilden, der immer recht behalten will und sich etwas darauf einbildet, anderen stets zu widersprechen, oder, welches noch ärger ist, einen Menschen, der geradezu alles in Zweifel zieht, und zwar nicht etwa in der Absicht, die Wahrheit zu erforschen, sondern bloß seinen Gegner niederzudisputieren. Nichts ist unedler und eines braven Mannes, ja eines jeden vernünftigen Geschöpfs unwürdiger, als der offenbaren Vernunft nicht nachgeben zu wollen und durch Beweisgründe sich nicht überzeugen zu lassen. Was kann der wahren Höflichkeit, die im Umgange gesitteter Menschen herrschen soll, und dem Zweck jeder Art von Unterredung wohl mehr zuwider sein, als wenn man gar keine Antwort annimmt, wie vollständig und genugtuend sie auch wäre, sondern im Disputieren immer fortfährt, solange nur ein zweideutiger Ausdruck vorhanden oder eine leere Distinktion anzubringen ist, sie mag nun zur Sache gehören oder nicht, vernünftig oder unvernünftig sein und mit dem, was vorher behauptet worden, übereinstimmen oder nicht. Denn darin besteht eigentlich die große Kunst der logischen Klopffechterei, daß der Opponent nie eine Antwort gelten läßt und der Respondent nie einen Gegenbeweis annimmt. So etwas darf keiner von beiden sich je zuschulden kommen lassen, es mag sich mit der Wahrheit und Erkenntnis reimen oder nicht, wenn man nicht für einen albernen Wicht gehalten sein will, der nicht imstande ist das auszuführen, was er einmal behauptet hat, als welches das einzige Ziel und der Ruhm ist, den man hier beim Disputieren sucht. Nur durch reifliche und zweckmäßige Betrachtung der Dinge selbst wird die Wahrheit erforscht und begründet, nicht durch logische Kunstwörter und Syllogismen. Die letzteren geben den Menschen nicht Anleitung zur Gutdeckung der Wahrheit, sondern zu dem Verfänglichen und betrüglichen Gebrauch doppelsinniger Wörter – in der Tat eine ganz unnütze und ärgerliche Anwendung der Verstandeskräfte, die eines edlen Mannes und Freundes der Wahrheit ganz unwürdig ist.

Man kann sich bei einem Manne von den höheren Ständen nicht leicht einen auffallenderen Übelstand denken, als wenn er sich im Reden und Schreiben schlecht ausdrückt. Vielleicht aber wird keiner meiner Leser sein, der nicht Leute kennte, welche sich nach Maßgabe ihres Ranges und ihrer Vermögensumstände auch durch vorzügliche Geisteseigenschaften über den gemeinen Mann erheben sollten, aber nicht imstande sind, nur eine Geschichte gehörig zu erzählen, geschweige über irgendeine Angelegenheit mit Deutlichkeit und Überredungskraft zu sprechen. Ich glaube indes, daß dies nicht sowohl ihre eigene als die Schuld ihrer Erziehung ist; denn ohne Parteilichkeit für meine Landsleute muß ich ihnen die Gerechtigkeit widerfahren lassen, daß sie in keiner Sache, worauf sie sich einmal legen, von ihren Nachbarn zurückgelassen werden. Nun lehrt man sie in ihrer Jugend zwar Rhetorik, aber nicht, wie sie sich in der Sprache, deren sie sich doch beständig bedienen, im Reden oder im Schreiben geschickt ausdrücken können; als ob die Kunst und Geschicklichkeit, schön zu reden, bloß auf den Namen der Wortfiguren beruhte, womit diejenigen, welche diese Kunst besitzen, ihre Reden ausschmücken. Diese, sowie jede andere praktische Geschicklichkeit, muß nicht durch Auswendiglernen einer größeren oder geringeren Anzahl von Regeln, sondern durch fleißige und fortgesetzte Übung nach guten Vorschriften oder vielmehr nach guten Mustern erworben werden, bis man eine vollkommene Fertigkeit und Leichtigkeit darin erlangt hat.

Zu diesem Zweck wird es daher sehr dienlich sein, wenn man sich von den Kindern, sobald sie dazu fähig find, oft eine Geschichte, die sie wissen, erzählen läßt und dann fürs erste nur die auffallendsten Fehler bemerkt, die sie in Zusammenstellung der Sachen begehen. Wenn sie nun diesen Fehler haben vermeiden lernen, so mache man sie auf einen andern aufmerksam und so fort, bis einer nach dem anderen, wenigstens die gröbsten, gehoben sind. Sind sie dann so weit, daß sie eine Geschichte recht gut erzählen können, so ist es Zeit, daß man sie solche aufschreiben läßt. Äsops Fabeln, das einzige für Kinder schickliche Buch, das ich kenne, wird ihnen sowohl zur Übung im Schreiben der Muttersprache, als auch zum Lesen und Übersetzen Stoff genug geben und sie zugleich mit der lateinischen Sprache bekannt machen. Wenn nun die Kinder über die grammatischen Fehler hinaus und imstande sind, die verschiedenen Teile einer Erzählung im gehörigen Zusammenhange vorzutragen, ohne sich dabei unschicklicher, harter oder oft wieder vorkommender Übergänge zu bedienen, und man sie in dieser Fertigkeit, welche die erste Stufe der Wohlredenheit ausmacht und keiner Erfindung bedarf, noch weiter zu bringen wünscht, so kann man alsdann den Cicero zur Hand nehmen und ihnen die Anwendung der Regeln erklären, welche dieser große Meister der Beredsamkeit in dem ersten Buche de Inventione (im 20. Kap.) gibt. Man zeige ihnen, worin die Kunst und die Schönheiten einer guten Darstellung bestehen, nach Maßgabe der verschiedenen Gegenstände oder Absichten, die man dabei vor Augen hat. Zu jeder dieser Regeln wird man alsdann leicht Beispiele ausfindig machen können, um zu zeigen, wie sie von anderen ausgeübt worden. Die alten Klassiker enthalten einen Überfluß von solchen Beispielen, die also nicht bloß übersetzt, sondern stets als Muster zur Nachahmung aufgestellt werden müssen.

Sind dann die jungen Leute in der erzählenden Schreibart so geübt, daß sie in ihrer Muttersprache etwas in dem gehörigen Zusammenhange, mit dem angemessenen Ausdruck und in guter Ordnung vorzutragen wissen, so kann man sie nunmehr zum Briefschreiben anführen. Man gewöhne sie aber nicht, nach Witz und Komplimenten zu haschen, sondern lehre sie, ihre Gedanken klar und leicht vortragen, ohne Verwirrung, Härte und Unordnung. Dann erst, wenn sie hierin vollkommen geübt sind, kann man ihnen, zur Bildung des Geschmackes, den Voiture als Muster in die Hände geben, um sich mit entfernten Freunden in Briefen höflich, lebhaft, witzig und mit feinem Scherz zu unterhalten. Ciceros Briefe sind indes immer sowohl in Rücksicht auf den Geschäftston, als auf die Unterhaltung vorzüglich zu empfehlen. Das Briefschreiben ist in allen Vorfällen des Lebens eine so unentbehrliche Sache, daß kein Mensch von den höheren Klassen der Gelegenheit ausweichen kann, sein Talent hierin zu zeigen. Die Anlässe, von der Feder Gebrauch zu machen, fallen fast täglich vor, und ungerechnet, daß nicht selten der Erfolg unserer Angelegenheiten bloß von der Art und Weise abhängt, wie man sich hierbei benimmt, so setzt man sich insgemein dadurch einer strengeren Prüfung seiner guten Lebensart und Erziehung, seines Verstandes und seiner Fähigkeiten aus, als durch mündliche Unterhandlungen. Bei den letzteren stirbt der Fehler, der uns entwischte, mit dem Schall, der ihm das Leben gab; er ist daher auch keiner so strengen Beurteilung unterworfen und entgeht der Bemerkung und dem Tadel leichter.

Hätte man bei der Erziehung immer den wahren Zweck vor Augen gehabt, so würde man unmöglich eine so wesentliche Sache ganz haben aus der Acht lassen können. Statt dessen quälte man die Jugend mit lateinischen Ausarbeitungen und Versen, die zu weiter nichts dienen, als die Fähigkeit der Kinder über Vermögen anzustrengen und die sonst leichten und angenehmen Fortschritte in Erlernung der Sprachen durch unnatürliche Schwierigkeiten zu hindern. Aber die Gewohnheit hat es einmal so eingeführt, und wer wagt es, sich ihr zu widersetzen? Wäre es nicht in der Tat auch unbillig von einem hochgelehrten Schulrektor, der alle Tropen und Figuren aus Farnabius' Rhetorik auf den Fingern herzuzählen weiß, zu verlangen, daß er seinem Schüler lehren sollte, sich in seiner Landessprache schön und richtig auszudrücken, da er sich offenbar selbst so wenig darum bekümmert hat, daß er in diesem Stücke selbst von der Mutter des Knaben weit übertroffen wird, ungeachtet er auf dieselbe als auf eine Ungelehrte mit Verachtung herabsieht, weil sie kein System von Logik und Rhetorik gelesen hat.

Die Fertigkeit, sich mündlich und schriftlich auszudrücken, verschafft allem, was man vorzutragen hat, eine gewisse Anmut und eine günstige Aufmerksamkeit. Und da jeder gebildete Mann in dieser Hinsicht beständig von seiner Muttersprache Gebrauch machen muß, so sollte er diese auch ganz vorzüglich studieren und es sich möglichst angelegen sein lassen, seinen Stil zu bilden und zu vervollkommnen. Man könnte sich vielleicht eine gewisse Berühmtheit erwerben, wenn man das Latein besser schriebe oder spräche als seine Muttersprache, wenn man aber auf den Nutzen sieht, so ist es weit besser, sich in der letzteren geschickt ausdrücken zu können, weil man sie beständig braucht, als den eiteln Ruhm eines ziemlich unbedeutenden Talents zu besitzen. Demungeachtet wird dies bei uns fast allgemein vernachlässigt; nirgends ist man darauf bedacht, junge Leute in ihrer eigenen Sprache so weit zu bringen, daß sie sie vollkommen verstehen und in ihre Gewalt bekommen. Trifft man hier und da einen unter uns an, der seine Muttersprache in mehr als gewöhnlicher Reinheit und Fertigkeit spricht und schreibt, so hat er dies mehr dem Zufall, seinem eigenen Fleiß und Genie als der Erziehung und der Sorgfalt seiner Lehrer zu verdanken. Die Fehler zu verbessern, welche der Zögling gegen seine Muttersprache begeht, ist unter der Würde eines Mannes, der beim Griechischen und Latein aufgewachsen ist, wiewohl er selbst im Grunde wenig genug davon verstehen mag. Nur die gelehrten Sprachen sind es, mit welchen sich gelehrte Leute auch ganz allein befassen und dieselben lehren müssen; die Muttersprache gehört für den ungelehrten Haufen. Gleichwohl haben einige kluge Nachbarn es der öffentlichen Sorgfalt wert geachtet, die Vervollkommnung ihrer eigenen Landessprache zu befördern und aufzumuntern. Die Ausbildung und Bereicherung ihrer Sprache wird von ihnen für keine Kleinigkeit gehalten. Man hat zu diesem Zwecke sogar Akademien errichtet und Besoldungen ausgesetzt, ja es ist ein besonderer Gegenstand des Ruhmes und des Wetteifers unter ihnen, rein und schön zu schreiben. Es liegt auch am Tage, wieviel sie dadurch gewonnen, und wie weit sie dadurch eine Sprache verbreitet haben, die an und für sich eine der schlechtesten in unserem Erdteile ist, wenn wir nämlich nur einige Regierungen zurückgehen, und das, was sie jetzt ist, vergleichen mit dem, was sie damals war. Die größten Männer unter den Römern übten sich täglich in ihrer Sprache, und die Geschichte hat uns noch die Namen von Rednern aufbehalten, welche selbst einigen von ihren Kaisern das Latein lehrten, obgleich es ihre Muttersprache war.

Die Griechen waren, wie bekannt, noch zärtlicher in diesem Stücke. Sie hielten alle andere Sprachen für barbarisch, außer der ihrigen, und es scheint, als ob dieses gelehrte und scharfsinnige Volk auch keine andere studiert oder geachtet habe, wiewohl es keinem Zweifel unterworfen ist, daß es seine Philosophie und Gelehrsamkeit ursprünglich fremden Nationen zu verdanken hatte.

Meine Absicht ist nicht, mich geradezu gegen das Latein und Griechische zu erklären; ich gebe zu, daß es studiert werden müsse, wenigstens sollte ein jeder von den höheren Ständen das Latein verstehen. Doch mit was für fremden Sprachen sich auch ein junger Mensch befassen mag (und je mehr er deren weiß, desto besser ist es für ihn), so sollte doch seine eigene Muttersprache diejenige sein, die er eigentlich wissenschaftlich studiert und in der er sich täglich übt, um es bis zur größten Leichtigkeit, Klarheit und Eleganz im Ausdruck zu bringen.

§ 190. Philosophie der Natur als eine spekulative Wissenschaft haben wir meiner Meinung nach gar nicht, und ich glaube mit Grund hinzusetzen zu dürfen, wir werden vielleicht nie imstande sein, eine Wissenschaft daraus zu machen. Die Werke der Natur sind durch einen Verstand erfunden und durch Mittel hervorgebracht, die viel zu weit außer dem Kreise unseres Entdeckungsvermögens und unserer Vorstellungskraft liegen, als daß wir je imstande sein sollten, sie in ein wissenschaftliches System zu bringen. Weil Naturphilosophie nichts anderes ist als die Kenntnis von Elementen, Eigenschaften und Wirkungen der Dinge, wie sie an sich sind: so zerfällt sie, meine ich, in zwei Teile, wovon der eine die Lehre von den Geistern und ihrer Natur und Eigenschaften und der andere die Lehre von den Körpern begreift. Der erste Teil wird gewöhnlich zur Metaphysik gerechnet. Indes unter welchem Namen man auch die Geisterlehre abhandeln mag, so muß sie, denk' ich, vor der Betrachtung der Materie und der Körper vorhergehen, nicht deswegen, weil wir sie als eine Wissenschaft systematisch behandeln und auf allgemeine Grundsätze bringen könnten, sondern weil sie die Sphäre unserer Gedanken mit einem richtigeren und vollständigeren Begriff von der intellektuellen Welt erweitert, auf welche wir durch Vernunft und Offenbarung zugleich geführt werden. Und weil das Deutlichste und Ausführlichste, was wir von anderen Geistern außer Gott und unserer eigenen Seele wissen, uns vom Himmel durch Offenbarung mitgeteilt worden, so müßte, denk' ich, der Unterricht, den junge Leute davon erhalten, aus der Offenbarung genommen werden. Und zu diesem Zweck würde es, glaube ich ferner, dienlich sein, wenn wir eine gute biblische Geschichte zum Lesen für junge Leute hätten, und wenn alles, was in eine solche hineingehört, in gehöriger Zeitfolge vorgetragen und verschiedenes ausgelassen wäre, was bloß den Fähigkeiten des reiferen Alters angemessen ist, so würde alle die Verwirrung vermieden werden, welche aus dem ohne Auswahl angestellten Durchlesen aller Bücher der Schrift, so wie sie in unseren Bibeln aufeinander folgen, gewöhnlich zu entstehen pflegt. Ferner gewönne man durch fortgesetztes Lesen derselben auch das, daß den Seelen der Kinder ein Begriff von den Geistern und der Glaube an dieselben eingepflanzt würde, da sie dem ganzen

Verfolg dieser Geschichte so häufig eingewebt sind, und dies wäre eine gute Vorbereitung zum Studium der Körperwelt. Denn ohne den Begriff und die Annahme von Geistern wird unsere Philosophie immer verstümmelt und mangelhaft bleiben, wenn ihr die Betrachtung des edelsten und mit den meisten Kräften begabten Teils der Schöpfung fehlt.

§ 191. Ich bin ferner der Meinung, es würde gut sein, wenn von der erwähnten biblischen Geschichte ein kurzer und faßlicher Auszug gemacht wäre, der die hauptsächlichsten und wesentlichsten Stücke enthielte und mit dem die Kinder sich bekannt machen könnten, sobald sie lesen können. Obgleich die Kinder dadurch zeitig einen Begriff von Geistern bekommen, so ist doch dies dem, was ich oben gesagt habe, nicht entgegen. Ich wollte nämlich nicht, daß man die Kinder im frühesten Alter mit der Vorstellung von Geistern beunruhigte, und meine Meinung war, ich hielte es für unrecht, daß ihre zarten Seelen frühe Eindrücke von Poltergeistern, Gespenstern und Erscheinungen erhielten, womit ihre Wärterinnen und die, die um sie sind, sie so gern in Furcht setzen, um sie folgsam zu machen. Dies tut ihnen oft großen Schaden auf Lebenszeit und macht, daß ihre Seelen dem Schreck, der Furcht und den Besorgnissen, auch der Schwäche überhaupt und dem Aberglauben unterworfen bleiben. Kommen sie dann in die große Welt und unter Menschen, so schämen sie sich dessen, und es geschieht nicht selten, daß sie, um, wie sie glauben, eine recht gründliche Kur mit sich vorzunehmen und sich von einer Bürde zu entladen, die so lange schwer auf ihrer Seele gelegen, alle Gedanken von Geistern überhaupt auf einmal verwerfen und so in das andere Äußerste verfallen, das noch weit schlimmer ist.

§ 192. Der Grund, warum ich wünschte, daß man die Kenntnis der Geister vor dem Studium der Körper vorangehen und die Gemüter junger Leute erst die Lehren der Schrift sich recht einprägen ließe, ehe man sie mit Naturphilosophie bekannt machte – ist: weil die Materie ein Ding ist, mit welchem unsere Sinne beständig zu schaffen haben und deswegen so leicht von der ganzen Seele Besitz nimmt und alle andere Wesen außer der Materie ausschließt, daß das Vorurteil, auf einen solchen Grund gebaut, öfters der Zulassung der Geister oder dem Eingeständnis, daß es überhaupt solche Dinge als unkörperliche Wesen in rerum natura gebe, keinen Raum läßt: ungeachtet es sehr einleuchtend ist, daß aus der bloßen Materie und Bewegung nicht eine einzige von den Haupterscheinungen der Natur erklärt werden kann. Man nehme z. B. nur die so alltäglichen Erscheinungen der Schwerkraft, welche sich meiner Meinung nach unmöglich aus einer natürlichen Wirkung der Materie oder irgendeinem Gesetz der

Bewegung, sondern allein aus dem unmittelbaren Willen eines höheren Wesens, das alles dies so ordnet, erklären lassen. Und weil ferner die Sündflut nicht füglich erklärt werden kann, ohne etwas außer dem gewöhnlichen Laufe der Natur zuzulassen, so überlege man, ob die Voraussetzung, daß Gott den Schwerpunkt in der Erde auf eine Zeitlang verlegt habe (eine Sache, die nicht unbegreiflicher ist als die Schwerkraft selbst, und die vielleicht durch eine kleine Veränderung von wirkenden Ursachen, die wir nicht kennen, bewerkstelligt werden könnte), die Flut Noahs nicht besser erklärt, als jede andere Hypothese, die man zur Auflösung des Rätsels gebraucht hat. Der Haupteinwurf hiergegen ist, daß dadurch bloß eine partiale Flut entstehen würde. Gibt man aber die Verlegung des Schwerpunkts einmal zu, so ist es nicht mehr schwer zu begreifen, daß die göttliche Macht den Schwerpunkt, nachdem sie ihn einmal in eine gewisse Entfernung von dem Mittelpunkt der Erde verlegt, während eines bestimmten Zeitraums, rund um diesen Mittelpunkt herumführen könne, wodurch die Flut sogleich allgemein werden würde und alle Erscheinungen der Sündflut, so wie sie Moses erzählt, auf eine viel leichtere Weise erklärt wären als durch alle die schwerfälligen Hypothesen, die man zur Erklärung der Sache gebraucht hat. Doch es ist hier nicht der Ort, diesen Gedanken auszuführen; auch habe ich ihn nur beiläufig erwähnt, um zu zeigen, daß man bei Erklärung der Naturerscheinungen notwendig zu etwas Mehrerem als der bloßen Materie und deren Bewegung seine Zuflucht nehmen muß. Hierzu nun sind die Begriffe von Geistern und ihrer Macht, so wie sie die Bibel uns gibt, worin ihren Wirkungen so viel zugeschrieben wird, eine schickliche Vorbereitung; die vollständigere Erklärung dieser Hypothese und ihre Anwendung auf alle Erscheinungen bei dieser Flut und alle Schwierigkeiten, die in der Geschichte derselben, so wie sie in der Schrift erzählt ist, vorkommen, erspare man auf eine schicklichere Gelegenheit.

§193. Um aber zum Studium der Naturphilosophie zurückzukehren, obgleich die Welt mit Systemen davon angefüllt ist, so kann ich doch nicht sagen, daß ich eines kennte, welches einem jungen Mann als eine Wissenschaft vorgetragen werden könnte, worin er Wahrheit und Gewißheit fände; denn das ist es doch, was jede Wissenschaft von sich erwarten läßt. Ich folgere daraus nicht, daß keines von allen gelesen werden müsse, vielmehr ist es in unserem jetzigen gelehrten Zeitalter notwendig, daß ein Mann von Stande mit einigen derselben bekannt sei, damit er im Umgange seine Rolle spielen könne. Übrigens mag man ihm das System des Cartesius, weil es am meisten im Gebrauch ist, in die Hände geben, oder wenn man will, ihm lieber eine kurze Übersicht von diesem und einigen anderen Systemen verschaffen, so halte ich dafür, daß alle die Systeme von Naturphilosophie mehr auf unserer Halbkugel bekannt geworden, welche deswegen gelesen werden müssen, damit man die Hypothesen und die Kunstsprache der verschiedenen Sekten und ihren Gang im Denken kennen lerne, als weil man hoffen dürfte, dadurch etwas begreiflich Zusammenhängendes und Befriedigendes von den Werken der Natur zu lernen. Doch das läßt sich behaupten, daß die neueren Korpuskularier über die meisten Gegenstände verständlicher reden als die Peripatetiker, welche unmittelbar vor ihnen die Schulen in Besitz hatten. Wer noch weiter zurückgehen und sich mit den philosophischen Meinungen der Alten bekannt machen will, der lese Dr. Cudworths Intellectual System, worin der sehr gelehrte Verfasser mit so viel Genauigkeit und richtiger Beurteilung die Meinungen der griechischen Philosophen gesammelt und. auseinandergesetzt hat, daß man hier besser als in irgendeinem anderen mir bekannten Buche sehen kann, auf welche Grundsätze sie ihre Meinungen gebaut, und welches die vornehmsten Hypothesen gewesen, wodurch sie sich voneinander unterschieden. Doch ich möchte keinen deswegen von Untersuchung der Natur abschrecken, weil alle Kenntnis, die wir davon haben oder möglicherweise erlangen können, nie in ein wissenschaftliches System gebracht werden kann. Es gibt viele Dinge darin, deren Kenntnis einem Manne von Stande nützlich und notwendig ist, und viel andere, die den Fleiß der Wißbegierigen mit ebensoviel Vorteil als Vergnügen reichlich belohnen werden. Doch dergleichen Dinge wird man mehr bei solchen Schriftstellern finden, die sich damit beschäftigt haben, vernünftige Versuche und Erfahrungen zu machen als in strotzenden bloß spekulativen Systemen. Solche Schriften also als viele der Boylischen und anderer, die über Haushaltung, Pflanzen- und Gartenbau und dergleichen mehr geschrieben haben, werden einem Manne nützlich sein, wenn er sich vorher mit einigen der herrschenden philosophischen Systeme ein wenig bekannt gemacht hat.

§ 194. Obgleich die Systeme der Physik, die mir vorgekommen sind, wenig Aufmunterung geben, uns nach Gewißheit und wissenschaftlicher Erkenntnis in irgendeiner Abhandlung umzusehen, die einen Lehrbegriff der Naturphilosophie von den ersten Bestandteilen der Körper überhaupt zu geben verspricht, so hat doch der unvergleichliche Newton gezeigt, wie weit die Mathematik, auf einige Teile der Natur angewandt, weil sie auf Grundsätzen beruht, die durch Erfahrungen bestätigt werden, uns in der Kenntnis einiger

Provinzen (wenn ich so sagen darf) des großen unbegreiflichen Weltalls bringen könne. Und wenn andere uns ebenso richtige und deutliche Begriffe von anderen Teilen der Natur verschaffen könnten, als er uns von unserer Planetenwelt und den merkwürdigsten darin wahrzunehmenden Erscheinungen in seinem bewundernswürdigen Buche Philosophiae naturalis principia gegeben hat, so dürften wir hoffen, mit der Zeit eine richtigere und zuverlässigere Kenntnis von verschiedenen Teilen dieser erstaunlichen Maschine zu erhalten, als wir bis jetzt erwarten durften. Und wenn gleich wenig Menschen mathematische Kenntnisse genug besitzen, um seine Beweise zu verstehen, so verdient doch sein Buch, weil diese Beweise den Beifall der größten Mathematikverständigen für sich haben, gelesen zu werden, und es wird eine ebenso belehrende als angenehme Unterhaltung für solche Leser sein, welche gern etwas von den Bewegungen, Eigenschaften und Wirkungen der großen Massen von Materie in diesem unserem Sonnensystem verstehen möchten, wofern sie nur seine Resultate recht überlegen wollen, auf welche man sich als auf gehörig erwiesene Sätze vollkommen verlassen kann.

§ 195. Dies ist in kurzem, was ich von den Studien der Jugend unter den höheren Volksklassen zu sagen hatte. Man wird sich vielleicht wundern, daß ich dabei das Griechische nicht erwähnt habe, obwohl der Ursprung und der Grund aller europäischen Literatur unter den Griechen zu suchen ist. Dies ist freilich wahr; und ich gestehe auch, daß man für keinen förmlichen Gelehrten passieren könne, wenn man in dieser Sprache unwissend ist. Allein mein Zweck war nicht von der Erziehung eines eigentlichen Gelehrten, sondern bloß der Jugend unter den höheren Ständen überhaupt zu handeln, und dieser wird nach dem jetzigen Weltlauf nur das Französische und Lateinische für unentbehrlich gehalten. Hat der Jüngling von der letzteren Klasse alsdann noch Lust, seine Studien weiterzutreiben und sich in der griechischen Literatur umzusehen, so kann er sich die Kenntnis dieser Sprache leicht selbst erwerben. Hat er aber keine Neigung dazu, so wird das, was er beim Hauslehrer davon lernt, ebenso vergeblich und verloren sein, als die Zeit und Mühe, die er darauf wendet, weil er es, sobald er sich selbst überlassen ist, vernachlässigt und nicht mehr daran denkt. Denn wieviel unter hundert mögen deren wohl sein, selbst die Gelehrten nicht ausgenommen, welche das behalten, was sie in der Schule vom Griechischen gelernt haben, oder die es so weit bringen, daß sie die griechischen Autoren ohne Mühe lesen und vollkommen verstehen können?

Ich beschließe diesen Abschnitt vom Unterricht mit der Erinnerung, daß der Erzieher nie vergessen sollte, sein Amt sei nicht, dem Zögling alles Wißbare zu lehren, sondern nur Liebe und Wertschätzung zu den Wissenschaften in ihm rege zu machen und ihm die rechte Methode zu zeigen, wie er sie studieren und sich selbst darin vervollkommnen könne, wenn er Lust dazu hat. Ich will dem Leser nur noch die Gedanken eines scharfsinnigen Schriftstellers über das Sprachstudium mitteilen und zwar soviel wie möglich in seinen eigenen Ausdrücken. „Man kann“ sagt er,“nicht leicht ein Kind zu viel Sprachen lernen lassen, und man sollte, wie mich dünkt, allen Fleiß anwenden, ihm dieselben beizubringen. Sie sind dem Menschen unter allen Umständen nützlich und setzen ihn instand, sich nach Gefallen eine tiefe oder eine bloß angenehme und leichte Gelehrsamkeit zu verschaffen. Will man dieses mühsame Studium bis auf reifere Jahre über die Jugend hinaus verschieben, so fehlt es alsdann entweder an Kraft, um sich aus eigener Wahl dazu zu entschließen oder an Beharrlichkeit, um dabei auszudauern; gesetzt aber auch, man beharret dabei, so wird diejenige Zeit auf Erlernung der Sprachen verschwendet, die eigentlich bestimmt ist, Gebrauch davon zu machen. Man bringt das Alter beim Wörterstudium zu, in welchem man schon weitere Fortschritte machen und sich mit Sachen beschäftigen sollte; wenigstens gehen auf die Art die ersten und besten Jahre unseres Lebens verloren. Ein so weitläufiger Schatz läßt sich füglich nur in dem Alter sammeln, wo alles sich dem Geist ohne Mühe und tief eindrückt, das Gedächtnis noch frisch, lebhaft und treu ist, Verstand und Herz noch von keinen Leidenschaften, Sorgen und Begierden beunruhigt werden, und diejenigen, von welchen man abhängt, uns zu anhaltenden Arbeiten antreiben. Daß die Anzahl der wirklich geschickten Leute so klein, und die Menge der Halbgelehrten so groß ist, rührt, wie ich überzeugt bin, bloß daher, daß man diese Bemerkungen auszuüben vergißt.“

Ich glaube, ein jeder wird diesem scharfsichtigen Verfasser darin recht geben, daß das Sprachstudium eigentlich nur für die ersten Jahre gehört. Es ist aber die Pflicht der Eltern und Erzieher, wohl zu überlegen, was für Sprachen das Kind zu lernen hat. Denn man muß gestehen, daß es Zeitverlust und vergebliche Mühe ist, eine Sprache zu lernen, wovon man bei der Lebensart, der man sich widmet, wahrscheinlich nie Gebrauch machen wird, oder wovon nach dem Charakter des jungen Menschen vorauszusehen ist, daß er sie gänzlich vernachlässigen und beiseite setzen werde, sobald er bei Annäherung der männlichen Jahre seinen Führer verläßt und seinen eigenen Neigungen folgen kann. Diese lassen ihm insgemein keine Zeit zum weiteren Studium gelehrter Sprachen übrig; er bildet sich höchstens nur noch in derjenigen, welche der tägliche Gebrauch oder irgendein anderes Bedürfnis ihm unentbehrlich macht.

Doch um derer willen, die eigentliche Gelehrte werden wollen, will ich noch anführen, was derselbe Verfasser zur Unterstützung der bereits angeführten Bemerkung hinzufügt. Denn es verdient von allen, die nach wahrer Gelehrsamkeit streben, wohl beherzigt zu werden. Lehrer sollten daher diese Bemerkungen ihren Schülern vorzüglich einschärfen und sie ihnen als eine Richtschnur hinterlassen, um ihre ferneren Studien danach einzurichten. „Das Studium der Grundtexte“ sagt er, „kann nie zu sehr empfohlen werden; es ist der kürzeste, sicherste und angenehmste Weg Zu jeder Gattung von Gelehrsamkeit. Man nehme die Sachen aus der ersten Hand, schöpfe aus der Quelle selbst, man studiere den Text zu wiederholten Malen, lerne ihn auswendig, schlage ihn bei Gelegenheit wieder nach und bemühe sich insonderheit, den wahren Sinn in seinem ganzen Umfange und mit Rücksicht auf dm ganzen Zusammenhang recht zu ergründen. Man vergleiche das Original mit sich selbst, suche die Grundsätze des Verfassers genau zu bestimmen und leite selbst die Folgerungen davon ab. Die ersten Ausleger sind gerade in derselben Lage gewesen, in die ich wünschte, daß jeder Studierende sich versetzen möchte. Er borge daher das Licht nicht von ihnen und ziehe nur dann ihre Meinung zu Rate, wenn seine eigene Einsicht nicht hinreicht. Ihre Erklärungen sind nicht die seinigen und können ihm daher leicht entgehen. Seine eigenen Bemerkungen hingegen entstehen in seinem eigenen Verstande, bleiben besser haften, und er findet sie bei der Unterredung, oder wenn er befragt wird, leichter wieder. Man gewähre sich das Vergnügen, zu sehen, daß man nur dann durch unüberwindliche Schwierigkeiten beim Lesen aufgehalten wird, wo die Ausleger und Scholiasten selbst nicht fortkönnen, so wortreich sie sonst sind, und oft bei Stellen, die weder ihnen selbst noch anderen Mühe machen, sich mit einem eitlen Wust von Gelehrsamkeit brüsten. Überzeugt euch endlich durch diese Art zu studieren, daß nur durch die Trägheit der Menschen die Pedanterie aufgemuntert worden, die Bibliotheken mehr zu vergrößern als zu bereichern und den Text unter einem Schwall von Kommentarien zu ersäufen, und daß sie dergestalt sich selbst und ihren eigenen Wünschen gerade entgegengehandelt habe, indem eben dadurch das Nachlesen, Untersuchen und die Arbeit, die man zu vermindern suchte, gehäuft worden ist.“

Obgleich diese Bemerkungen nur Gelehrte von Profession anzugehen scheinen, so sind sie doch in Hinsicht auf die rechte Einrichtung ihrer Erziehung und Studien so wichtig, daß man hoffentlich mich nicht tadeln wird, sie hier eingerückt zu haben, besonders da sie auch jedem anderen Jünglinge unter den höheren Volksklassen nützlich werden können, wenn er einst Lust bekommt, tiefer unter die Oberfläche einzudringen und sich gründliche, befriedigende und meisterhafte Einsichten in der Literatur zu erwerben.

Ordnung und Beharrlichkeit bestimmen, wie man sagt, den großen Unterschied zwischen Menschen und Menschen. Wenigstens bin ich versichert, daß nichts die Bahn eines Gelehrten mehr ebnet, ihn weiter bringt und seine Fortschritte erleichtert als eine gute Methode. Sein Lehrer sollte sich daher alle Mühe geben, ihn hiervon zu überzeugen, ihn zur Ordnung gewöhnen und ihm bei allen Geistesbeschäftigungen eine gute Methode beibringen, ihm das Wesen und die Vorteile derselben zeigen und ihn mit den verschiedenen Gattungen derselben bekannt machen, indem man bald vom Allgemeinen zum Besonderen, bald vom Besonderen zum Allgemeinen fortschreitet. Er sollte ihn daher in beiden üben und zugleich ihm Anleitung geben, in welchen Fällen die eine oder die andere Methode vorzuziehen sei, und was für Zwecke dadurch am besten befördert werden.

In der Geschichte muß man der Zeitordnung folgen, bei philosophischen Untersuchungen aber der Natur selbst. So wie man nämlich, um an einen entfernten Ort zu gelangen, sich zuvor in den zunächstgelegenen begeben muß, so muß auch der Geist bei Erweiterung der Erkenntnis immer nur allmählich von der Stufe, auf der er sich befindet, zu der nächstangrenzenden, die unmittelbar mit der vorigen zusammenhängt, fortschreiten, um das vorgesteckte Ziel zu erreichen. Je mehr also der einzelnen einfachen Teile sind, in die sich die vorliegende Materie zerlegen läßt, desto besser. In dieser Rücksicht wird es sehr gut sein, den Zögling im genauen Distinguieren zu üben, damit er sich von Gegenständen, bei denen man wesentliche Unterschiede entdecken kann, bestimmte Begriffe erwerbe. Von der anderen Seite aber muß man ihn ebenso sorgfältig Distinktionen vermeiden lehren, die bloß auf Worten, nicht aber auf deutlichen oder wirklich verschiedenen Begriffen beruhen.

Fünfundzwanzigster Abschnitt.

Von den körperlichen Geschicklichkeiten.

§ 196. Außer den Vollkommenheiten des Geistes, die ein junger Mensch unter den höheren Ständen sich durch Studieren und aus Büchern erwerben muß, gibt es noch andere körperliche Geschicklichkeiten, deren Erlangung Zeit und Anweisung von Meistern erfordert.

Das Tanzen verschafft dein Menschen nicht nur überhaupt eine zierliche Stellung, Haltung und Bewegung des Körpers, sondern es verleiht insbesondere auch schon Kindern männliches Ansehen und Sicherheit. Es kann also nicht früh genug gelernt werden, so bald nämlich Alter und Kräfte es erlauben. Man muß sich aber nach einem guten Meister umsehen, der sich auf wahre Grazie und Anstand, und auf das, was allen Bewegungen des Körpers Freiheit und Ungezwungenheit erteilt, recht versteht und es Kindern beizubringen weiß. Ein Tanzmeister, der dieses nicht lehren kann, ist schlimmer als gar keiner; denn die rohe ungekünstelte Natur ist affenmäßigen, affektierten Stellungen weit vorzuziehen und mich dünkt, es sieht erträglicher aus, wenn jemand wie ein ehrbarer Landmann seinen Hut abzieht und sich verbeugt, als wenn er sich hierbei wie ein steifer Tanzmeister benimmt. Denn was die besonderen Tänze und Pas betrifft, so haben sie in meinen Augen wenig mehr Wert, als insofern man sich dadurch anmutige Haltung erwirbt.

§ 197. Die Tonkunst ist einigermaßen mit dem Tanzen verwandt, und eine Fertigkeit auf einigen Instrumenten wird von vielen Leuten sehr hoch geachtet. Allein ein junger Mensch muß so viel Zeit verlieren, um es darin nur zu einer mäßigen Geschicklichkeit zu bringen, und gerät dadurch so oft in schlechte Gesellschaft, daß andere es für ratsamer halten, ihn gar nicht Musik lernen zu lassen. Überdem habe ich selten beobachtet, daß Männer, die sonst Talente besaßen oder zu Geschäften brauchbar waren, darum gerühmt oder geschätzt wurden, weil sie sich durch musikalische Geschicklichkeit auszeichneten, ich würde ihr also auch unter allen Vorzügen und Vollkommenheiten den letzen Platz anweisen. Unser Leben ist viel zu kurz, als daß wir uns mit allen Dingen befassen könnten. Auch verträgt es sich mit der Beschaffenheit unseres Geistes nicht, beständig zum Lernen angestrengt zu werden. Die Schwache der Körper- und Seelenkräfte erfordert öftere Ruhe; und wer nur von irgendeinem Teil des Lebens einen guten Gebrauch machen will, muß beträchtliche Zwischenräume bloß den Erholungen widmen. Wenigstens sollte man die letzteren der Jugend nicht versagen, wenn man nicht das Mißvergnügen erleben will, sie dadurch, daß man sie zu früh alt macht, vor der Zeit dahinsterben oder in eine zweite Kindheit verfallen zu sehen. Daher halte ich dafür, daß die Zeit und Mühe, welche zu ernsthaften Arbeiten bestimmt ist, auf nützlichere und wichtigere Gegenstände verwandt werden müsse, und dabei sollte man sich überall der kürzesten und leichtesten Methoden bedienen, die sich nur erdenken lassen. Es würde in dieser Hinsicht auch, wie ich oben schon erwähnt habe, keins von den geringsten pädagogischen Geheimnissen sein, wenn man mit den Anstrengungen des Geistes und Körpers dergestalt abwechselte, daß sie sich gegenseitig zur Erholung dienten. Ich zweifle auch nicht, daß ein verständiger Erzieher in dieser Hinsicht vieles leisten könne, wenn er einmal den Charakter und die Neigung seines Zöglings genau kennt; denn, wer vom Studieren oder vom Tanzen ermüdet ist, wünscht darum nicht sogleich sich schlafen zu legen, sondern nur etwas anderes vorzunehmen, was ihn ergötzt und vergnügt. Überhaupt aber muß man nie vergessen, daß nichts unter die Erholungen gerechnet werden kann, wobei man kein Vergnügen empfindet.

§ 198. Fechten und Reiten werden für so wesentliche Stücke der Erziehung gehalten, daß man mir es für einen wichtigen Fehler anrechnen würde, wenn ich nichts davon erwähnte. Das Besuchen der Reitbahn, wozu man insgemein nur in großen Städten Gelegenheit findet, ist überdem in diesen Wohnsitzen des Wohllebens und der Schwelgerei eine der Gesundheit so zuträgliche Übung, daß ein junger Mensch von Stande in aller Absicht sehr wohl tun wird, wenn er während seines Aufenthaltes daselbst einen Teil seiner Zeit darauf verwendet. Und infofern diese Übung dazu dient, daß man fest und mit Anstand zu Pferde sitzen, das Pferd gehörig regieren und lenken und sich recht auf den Hüften halten lernt, kann es einem Edelmann im Krieg und Frieden sehr wohl zustatten kommen. Ob aber diese Sache wichtig genug ist, um ein eigenes Geschäft daraus zu machen und mehr Zeit darauf zu wenden, als bloß die Gesundheit erfordert, deren Erhaltung von Zeit zu Zeit dergleichen starke Leibesbewegungen nötig macht: das muß ich der Klugheit der Eltern und Erzieher überlassen, welche bei allen Erziehungsgegenständen nie vergessen dürfen, daß dasjenige den meisten Aufwand von Zeit und Fleiß verdiene, was bei der Berufsart, welcher der junge Mensch sich widmet, von größerer Wichtigkeit ist und am öftesten vorkommt.

§ 199. Das Fechten ist meines Erachtens auch eine zur Gesundheit dienliche Leibesübung, aber dem Leben gefährlich. Das Vertrauen auf diese Geschicklichkeit verwickelt manchen in Schlägereien, als ob er bloß zu diesem

Zweck gelernt hätte, den Degen zu führen. Dieser Wahn macht das Ehrgefühl nicht selten allzu reizbar und verleitet zu Ausforderungen. Junge Leute von warmem Blute geraten leicht auf den Gedanken, als hätten sie das Fechten umsonst gelernt, wenn sie ihre Geschicklichkeit und ihren Mut niemals in einem Zweikampf zeigten, und, was das schlimmste ist, sie scheinen einigermaßen recht zu haben. Allein welche tragische Auftritte hat dieser Scheingrund nicht schon veranlaßt! das können die Tränen so mancher Mütter bezeugen. Ein Mensch, der nicht fechten kann, wird sich mehr vor der Gesellschaft mit Spielern und Schlägern in acht nehmen, er wird nicht halb so zanksüchtig und überhaupt vorsichtiger sein zu beleidigen oder geschehene Beleidigungen trotzig zu rechtfertigen, als welches letztere zu den meisten Händeln Anlaß gibt. Wer sich mit mittelmäßiger Geschicklichkeit auf den Kampfplatz wagt, der wird, statt seinen Gegner zu parieren, ihm nur desto mehr Blößen geben. Ja, ich bin versichert, daß ein solcher mittelmäßiger Fechter gegen einen Menschen, der gar nicht fechten gelernt hat, aber Herz besitzt, meistenteils den kürzeren ziehen wird, besonders wenn der letztere überdem im Ringen geübt ist; denn er gibt sich nicht mit Parieren ab, sondern legt es bloß darauf an, dem Gegner eins zu versetzen. Wollte man daher für solche Vorfälle einige Maßregeln ergreifen, oder sollte ein junger Mensch sich zum Duell geschickt machen, so würde ich raten, ihn lieber zu einem guten Ringer als zu einem mittelmäßigen Fechter zu bilden; denn das letztere wird er doch immer bleiben, wenn er nicht unaufhörlich den Fechtboden besucht und alle Tage das Rapier in Händen hat. Da indes die Reitbahn und die Fechtschule für so wesentliche Stücke der Erziehung eines Edelmannes gehalten werden, so darf man ihm wohl diese Unterscheidungszeichen seines höheren Ranges nicht gänzlich versagen. Ich muß es daher der eigenen Überlegung des Vaters überlassen, zu untersuchen, inwiefern die Gemütsart seines Sohnes oder der Posten, den er wahrscheinlich dereinst bekleiden wird, es zulassen oder erfordern, daß er diese Mode (nämlich die Übung im Fechten) mitmache, obwohl sie im bürgerlichen Leben ziemlich entbehrlich ist, in älteren Zeiten den kriegerischsten Völkern gänzlich unbekannt war und bei den neueren Nationen, von denen sie eingeführt worden, zur Vermehrung der Leibesstärke und Herzhaftigkeit wenig beigetragen hat: man müßte denn glauben, daß die kriegerische Tapferkeit und Bravour durch das Duellieren vermehrt worden. Denn durch die Wut der Duelle ist die Fechtkunst entstanden und wird wahrscheinlich auch wieder mit ihr aussterben.

§ 200. Dies wären also meine gegenwärtigen Gedanken über den Unterricht in Wissenschaften und anderen Vorzügen. Tugend und Weisheit aber bleiben immer die Hauptsache.

Nullum numen abest, si sit prudentia

Lehret euren Sohn seine Neigungen beherrschen und seine Begierden der Vernunft unterwerfen. Habt ihr dies erreicht und durch beständige Übung in Fertigkeit verwandelt, so ist das schwerste überstanden. Um aber den jungen Menschen dahin zu bringen, kenne ich kein besseres Mittel als die Liebe zum Lob und Beifall, die ihm daher durch alle möglichen Kunstgriffe eingeflößt werden muß. Man mache sein Herz so empfindsam als möglich für die gute oder schlechte Meinung anderer von sich, und wenn dies geschehen ist, so hat man ihm eine Triebfeder gegeben, die in allen seinen Handlungen, auch wenn man ihn nicht beobachtet, wirksam sein wird. Diese Wirksamkeit ist mit dem Eindruck eines kleinen Streiches mit der Rute gar nicht in Vergleichung zu setzen; sie ist gleichsam der Stamm, worauf in der Folge die wahren Grundsätze der Sittlichkeit und Religion gepfropft werden können.

§ 201. Ich habe noch etwas hinzuzusetzen; allein ich besorge, sobald ich es nenne, den Vorwurf zu hören, als hätte ich meinen Gegenstand aus dem Gesicht verloren und vergessen, daß ich bloß von dem, was zur Erziehung eines Mannes von den höheren Ständen gehört, handeln wollte. Ein eigentliches Metier oder Handwerk aber scheint gar nicht dahin zu gehören. Und dennoch muß ich offenherzig gestehen, nach meiner Meinung sollte auch ein junger Mensch von dieser Klasse wenigstens ein eigentliches Metier oder mechanisches Geschäft, noch besser aber zwei bis drei, eins aber ganz vorzüglich lernen.

§ 202. Da der Trieb zur Tätigkeit bei Kindern immer auf etwas Nützliches geleitet werden muß, so ist bei der Wahl der Gegenstände, womit man sie beschäftigt, immer auf zweierlei Vorteile Rücksicht zu nehmen, nämlich erstens, ob die Geschicklichkeit, in der man sie üben will, an sich selbst lernenswert ist. Es hat aber nicht nur die Bekanntschaft mit Sprachen oder Wissenschaften, sondern auch die Geschicklichkeit im Malen, Drechseln, in der Gärtnerei, im Eisenhärten, in Stahlarbeiten und in allen übrigen nützlichen Künsten schon an und für sich einen Wert. Zweitens ist zu untersuchen, ob die dazu erforderliche Übung schon ohne anderweitige Rücksicht zur Erhaltung der Gesundheit notwendig oder zuträglich sei? In gewissen Dingen müssen die Kinder, wenn sie noch klein sind, schon einige Kenntnis und Fertigkeit erlangen und einen Teil der Zeit darauf verwenden, ungeachtet die dazu erforderlichen Beschäftigungen eben nichts zu ihrer Gesundheit beitragen. Dahin gehört das Lesen und Schreiben und alles andere, was zur Bildung des Geistes dient, gewöhnlich sitzend betrieben wird und unvermeidlich von der Wiege an einen großen Teil der Zeit wegnimmt. Mechanische Künste hingegen, die durch Anstrengung körperlicher Kräfte erlernt und ausgeübt werden, befördern nicht nur die Geschmeidigkeit und Geschicklichkeit der Glieder, sondern auch die Gesundheit, besonders wenn es in freier Luft geschieht. Hier vereinigt sich also Sache und Gesundheitssorge; man sollte demnach für denjenigen, der sich dem Studieren und den Büchern widmet, unter diesen Beschäftigungen einige wählen, die ihm zur Erholung dienen könnten. Bei dieser Wahl aber müßte man auf das Alter und die Neigung des Individuums gehörig Rücksicht nehmen und niemals einen jungen Menschen mit Gewalt dazu antreiben; denn Zwang und Befehl bringen sehr oft Abneigung hervor, heilen sie aber niemals. Wozu einer mit Zwangsmitteln angehalten wird, das wird er, sobald er nur kann, verlassen; er wird ebensowenig Nutzen als Erholung dabei finden, wenn er sich damit abgeben muß.

S 203. Unter allen Künsten gefällt mir keine mehr als die Malerei, wenn nicht ein oder zwei Gründe dagegen wären, auf die sich nicht leicht antworten läßt. Erstens ist nichts unerträglicher als ein schlechtes Gemälde; um es aber nur zu einer mäßigen Geschicklichkeit zu bringen, wird gar zu viel Zeit erfordert. Hat der junge Mensch schon von selbst eine Neigung dazu, so gerät er in Versuchung, alle anderen nötigeren Studien zu verabsäumen, um diesem nachzuhängen; hat er aber keine Neigung, so wird Zeit, Mühe, Geld und alles, was daran gewandt wird, geradezu weggeworfen sein. Ein anderer Grund, warum ich jungen Leuten unter den höheren Klassen nicht rate, sich mit dem Malen abzugeben, ist, weil es sitzend getrieben wird und mehr dem Geist als dem Körper zur Erholung dient. Das Studieren gehört unstreitig zu den wichtigeren Beschäftigungen eines solchen Jünglings, und wenn er sich hierbei erholen oder ausruhen will, so muß es durch Leibesbewegung geschehen, wobei der Geist sich nicht anstrengen darf und die Gesundheit und Stärke des Körpers gewinnt.

§ 204. Außerdem wollte ich zu diesem Zweck auch wohl die Gärtnerei und Landwirtschaft vorschlagen, besonders wenn man auf dem Lande lebt; ferner das Arbeiten in Holz, wie Tischlerei und Drechseln. Dies sind die gesündesten

Zerstreuungen für einen Gelehrten oder Geschäftsmann. Denn da der Geist es nicht aushält, sich ununterbrochen mit derselben Sache und auf dieselbe Weise zu beschäftigen und Gelehrte oder andere Leute, welche eine sitzende Lebensart führen, Erholungen bedürfen, wobei der Geist sich zerstreut und der Körper in Tätigkeit gesetzt wird, so kenne ich besonders für einen Landedelmann nichts Besseres als jene beiden Arten von Beschäftigungen, mit welchen er wechslungsweise bald im Hause, bald im Freien, je nachdem es die Witterung erlaubt, sich abgeben kann, übrigens wird er durch die erste, den Gartenbau nämlich, imstande sein, seinen Gärtner gehörig anzuführen und anzuweisen, durch die zweite aber mancherlei Dinge zum Nutzen und Vergnügen zu erfinden und zu verfertigen. Doch meine ich nicht, daß dieses der eigentliche Zweck dieser Arbeiten, sondern nur eine Anreizung dazu sein solle. Meine Absicht ist bloß, eine nützliche und gesunde Handarbeit zur Zerstreuung von anderen ernsthaften Geistesbeschäftigungen vorzuschlagen.

§ 205. Die großen Männer des Altertums verstanden es sehr gut, Handarbeiten mit Staatsgeschäften zu verbinden; sie hielten es nicht für erniedrigend, die einen zur Erholung von den anderen zu machen. Wie es scheint, war es der Ackerbau hauptsächlich, womit sie sich insgemein in ihren Nebenstunden zu zerstreuen und zu beschäftigen suchten. Gideon unter den Juden wurde von der Tenne und Cincinnatus unter den Römern vom Pfluge abgerufen, die Heere ihres Vaterlandes gegen die Feinde anzuführen. Ihre Geschicklichkeit, den Dreschflegel oder den Pflug zu handhaben, und ihre Übung in diesen harten Arbeiten war ihnen nicht hinderlich bei Führung der Waffen, machte sie nicht unfähig zur Kriegs- oder Regierungskunst. Sie waren ebenso große Heerführer und Staatsmänner wie Landbauer. Der ältere Cato, welcher die wichtigsten Ämter in der Republik mit dem größten Ruhm verwaltete, hat von seiner eigenen Hand uns einen redenden Beweis hinterlassen, wie genau er mit der Landwirtschaft bekannt war. Cyrus hielt, wie ich mich erinnere, es so wenig unter der Würde des Fürstenstuhls, sich mit dem Gartenbau zu beschäftigen, daß er dem Xenophon eine große, mit Fruchtbäumen besetzte Ebene zeigte, die er sämtlich selbst gepflanzt hatte. Man könnte noch eine Menge solcher Beispiele aus dem jüdischen und heidnischen Altertum aufstellen, wenn es nötig wäre, den Nutzen dieser Art von Erholungen durch Beispiele zu beweisen.

§ 206. Man wird mich, denke ich, auch keines Irrtumes beschuldigen, wenn ich dergleichen Übungen in mechanischen Künsten Zerstreuungen und Erholungen nenne. Denn, um sich zu erholen, darf man, wie jeder eingestehen wird, eben nicht müßig sein, sondern bloß durch abwechselnde Beschäftigung dem ermüdeten Teile Ruhe verschaffen. Und wer nicht glaubt, daß bei harten und mühevollen Arbeiten Zerstreuung stattfinde, vergißt, daß die Liebhaber der Jagd oft sehr früh aufstehen, das stärkste Reiten, Hitze, Kälte und Hunger ertragen, und dennoch ist dies das gewöhnlichste Vergnügen von Personen vom ersten Range. Die Menschen würden unstreitig am Graben, Pflanzen, Pfropfen und anderen nützlichen Beschäftigungen ebensowohl Vergnügen finden, wie an andern eitlen Modeergötzungen, wenn sie sich nur dazu entschließen wollten; die Gewohnheit und eine dadurch erlangte Fertigkeit in solchen Hantierungen würde sie ihnen bald angenehm machen. Ja ich bin versichert, es gibt viele Personen, denen das Kartenspiel oder andere Spiele, gegen die sie sonst eben keine Abneigung hatten und mit welchen sie sich zuweilen gern zerstreuten, bloß dadurch ekelhafter und lästiger geworden sind, als die anstrengendsten und mühsamsten Geschäfte des Lebens, weil sie oft von Leuten, denen sie es nicht abschlagen konnten, dazu genötigt wurden.

§ 207. Die Spiele, mit welchen vornehme Personen, besonders Damen, so viel Zeit verschleudern, sind ein klarer Beweis, daß die Menschen durchaus nicht ganz müßig sein können. Sie müssen notwendig etwas vorhaben: wie könnten sie sonst so viele Stunden hintereinander bei einem Zeitvertreib sitzen, der, solange man damit beschäftigt ist, im Grunde mehr Unruhe als Vergnügen gewährt? Auch ist nicht zu leugnen, daß das Spiel, wenn man hinterher darüber nachdenkt, eben keine Selbstzufriedenheit zurückläßt, und daß weder Seele noch Körper dabei gewinnt. Spielt man höher, als man seinen Umständen nach kann, so ist es alsdann keine Erholung mehr, sondern ein Gewerbe, womit sich wenig ehrliche Leute, die sonst zu leben haben, abgeben. Ein Spieler von Profession aber, der auf Kosten seiner Ehre seine Taschen füllt, ist wahrlich eine verächtliche Kreatur.

Erholungen gehören nicht für Leute, die gar nichts zu tun haben und sich bei keinen Berufsgeschäften anstrengen oder ermüden. Von Rechts wegen sollte man seine Erholungen immer so anordnen, daß man, während dessen die angestrengte und ermüdete Kraft sich erholte und ausruhte, immer etwas anderes vornähme, welches außer der Zerstreuung und dem Vergnügen, das es uns zunächst gewährt, zugleich einen reellen Nutzen leistete. Nur die Eitelkeit und der Stolz der Großen und Reichen hat die unnützen und gefährlichen Zeitvertreibe (wie man sie zu nennen pflegt) in die Mode gebracht und die Menschen zu dem Wahn verleitet, daß das Studieren oder die Beschäftigung mit einer nützlichen Handarbeit kein Vergnügen eines Mannes von Stande sein könne. Dieser Wahn aber hat den Spielkarten, Würfeln und dem Trinken so viel Eingang und Beifall in der Welt verschafft. Hierbei verschwendet ein großer Teil der Menschen seine Nebenstunden, nicht etwa, weil sie wirklich Vergnügen dabei empfinden, sondern weil es die Gewohnheit einmal so mit sich bringt, und sie ihre Erholungsstunden mit keinen nützlicheren Beschäftigungen auszufüllen verstehen. Sie können die tötende Plage der Langeweile und das Unbehagliche einer gänzlichen Untätigkeit nicht ertragen, und da sie keine löbliche mechanische Kunst gelernt haben, um sich damit zu zerstreuen, so nehmen sie zu solchen schlechten und törichten Zeitvertreiben ihre Zuflucht, an welchen ein vernünftiger Mann, so lange er durch die Gewohnheit nicht verdorben ist, sehr wenig Vergnügen finden kann.

§208. Ich behaupte jedoch nicht, daß ein junger Mensch sich niemals mit den unschuldigen Vergnügungen, die unter Leuten seines Alters und Standes üblich sind, abgeben solle. Ich bin so weit entfernt, ein so finsteres und mürrisches Betragen zu billigen, daß ich ihm vielmehr rate, an der Fröhlichkeit und den Ergötzungen derjenigen, mit denen er umgeht, mehr als gewöhnlichen Anteil zu nehmen und gegen das, was sie in dieser Hinsicht von ihm verlangen, sich weder abgeneigt noch störrisch zu bezeugen, insofern es nämlich einem gesitteten und rechtschaffenen Menschen geziemt. Was indes die Karten und Würfel anlangt, so halte ich es für das beste, nie ein solches Spiel zu lernen, um diesen gefährlichen Versuchungen und dieser elenden Verschwendung der so kostbaren Zeit gänzlich zu entgehen. Wenn man nun auch dem jungen Menschen an der lustigen und frohen Unterhaltung und an den üblichen Vergnügungen, solange sie in den Schranken des Anstand es bleiben, teilzunehmen erlaubt, so wird er doch von seinen ernsthaften Hauptgeschäften noch immer Zeit genug übrig behalten, irgendein Metier zu lernen. Es liegt nicht an der Zeit, sondern am Mangel des Fleißes, daß die Menschen nicht in mehr als einer Kunst geschickt sind. Wer jeden Tag unausgesetzt nur eine Stunde auf solch eine Zerstreuung anwenden wollte, würde in kurzer Zeit weiter kommen, als er selbst glaubt. Würde hierdurch auch sonst weiter nichts bezweckt, als die Verbannung der gewöhnlichen, höchst unnützen, bösen und gefährlichen Modezeitvertreibe, so wäre dies allein schon der Mühe wert und würde zugleich zeigen, daß sie entbehrlich seien. Entwöhnte man die Menschen von Jugend an von der weichlichen Untätigkeit, in welcher viele, durch den Hang der Gewohnheit, einen großen Teil ihres Lebens ungenutzt, ohne Geschäfts und

Vergnügen verstreichen lassen, so würden sie Zeit genug erübrigen, sich in hundert Dingen Geschicklichkeit und Erfahrung zu erwerben, die, wenn sie auch mit ihrem Beruf in keiner Verbindung stünden, demselben doch nicht Eintrag tun würden. Ich behaupte daher aus diesen und anderen vorhin angeführten Gründen, daß bei jungen Leuten ein solches träges und verdrossenes Wesen, in welchem man die Lebenslage verträumt, am wenigsten geduldet werden müsse. Es ist dies bloß der Zustand eines Kranken, dessen Gesundheit in Unordnung geraten ist, und taugt übrigens bei keinem Menschen, wes Alters oder Standes er auch sein mag.

§ 209. In den vorhin gedachten Künsten gehören auch das Parfümieren, Lackieren und Gravieren, nebst verschiedenen Arbeiten in Stahl, Erz und Silber. Und wenn ein junger Mensch, wie dies gewöhnlich geschieht, eine beträchtliche Zeit in einer großen Stadt zubringt, so kann er auch Edelsteine schneiden, schleifen und fassen lernen oder sich üben, optische Gläser zu schleifen. Es ist unmöglich, daß unter der großen Menge von mechanischen Künsten nicht eine sein sollte, an der er Gefallen und Vergnügen fände; es sei denn, daß er faul oder ausschweifend wäre, welches aber bei einer guten Erziehung nicht stattfinden wird. Da er auch nicht immer studieren, lesen oder gesellschaftlichen Unterhaltungen beiwohnen kann, so wird ihm außer den Stunden, die er auf Leibesübungen wendet, noch manche übrigbleiben, die er, wenn er sie nicht auf solche Art gebraucht, gewiß schlecht zubringen wird. Denn ich glaube, ein junger Mensch will selten ganz untätig und müßig sein, und wenn dies der Fall wäre, so müßte man den Fehler zu verbessern suchen.

Sechsundzwanzigster Abschnitt.

Vom kaufmännischen Rechnen und Buchführen.

§ 210. Sollten aber die Eltern aus einem eingewurzelten Vorurteil gegen alles, was den unangenehmen Namen eines Handwerkes führt, durchaus nicht zugeben, daß ihr Kind so etwas lernte, so gibt es doch noch einen dahin gehörigen Gegenstand, von dem sie, sobald sie es recht überlegen, zugestehen werden, daß er ihren Söhnen fast unentbehrlich sei, ich meine das kaufmännische Rechnen und Buchführen. Freilich wird ein Edelmann nicht bloß durch diese Geschicklichkeit sich Reichtümer erwerben; inzwischen kann sie ihm doch sehr zustatten kommen, sein Vermögen zu erhalten. Man wird selten finden, daß derjenige, welcher über seine Einnahme und Ausgabe Buch und Rechnung hält und dergestalt den Gang seiner ökonomischen Angelegenheiten beständig vor Augen hat, in denselben gänzlich herunterkomme. Ich bin auch der Meinung, daß mancher eher in seinen Vermögensumständen zurückkommt, als er es selbst gewahr wird, und wenn er einmal im Verfall ist, bloß aus Mangel von Achtsamkeit und Ungeschicktheit im Rechnungführen noch tiefer hineingerät. Ich rate demnach jedem jungen Menschen unter den höheren Ständen, sich im kaufmännischen Rechnen zu vervollkommnen und nicht zu glauben, daß diese Geschicklichkeit darum nicht für ihn gehöre, weil sie vom Handel den Namen erhalten und hauptsächlich auch nur von Kaufleuten angewandt wird.

§ 211. Wenn der junge Mensch das Buchführen gelernt hat, welches jedoch mehr Sache des gesunden Menschenverstandes als der Rechenkunst ist, so würde es nicht undienlich sein, wenn sein Vater von der Zeit an verlangte, daß er es in allen seinen kleinen Angelegenheiten anwenden sollte. Ich verlange jedoch nicht, daß er jede einzelne Kleinigkeit, jedes Maß Wein oder jeden Pfennig, den er im Spiel verliert, anschreiben soll; dergleichen Ausgaben können unter eine allgemeine Rubrik gebracht werden. Auch wünsche ich nicht, daß der Vater diese Rechnungen so ängstlich untersuchen oder davon Gelegenheit nehmen möge, seine Ausgaben kritisch durchzumustern. Er muß bedenken, daß er auch einst jung gewesen und nicht vergessen, daß, wie er selbst in seiner Jugend gedacht, sein Sohn ebenso denken könne, und folglich Nachsicht mit ihm haben. Wenn also der junge Mensch angeführt wird, ordentlich Rechnung zu führen, so muß es nicht darum geschehen, um ihm über seine Ausgaben Vorwürfe zu machen (denn über das Geld, welches der Vater ihm einmal bewilligt, muß man ihm seinen Willen lassen), sondern bloß in der Absicht, um diese Gewohnheit, welche ihm das ganze Leben hindurch so nützlich und notwendig ist, ihm frühzeitig beizubringen und geläufig zu machen, damit er sie unausgesetzt befolge. Man erzählt von einem venetianischen Edelmann, dessen Sohn die Reichtümer seines Vaters nicht erschöpfen zu können wähnte, daß, als er die Verschwendung desselben alle Grenzen überschreiten sah, er seinem Kassierer bloß befohlen habe, den Sohn künftig immer das Geld, welches er verlangen würde, beim Empfang selbst zählen zu lassen und ihm unter einer anderen Bedingung sonst keines zu geben. Man sollte glauben, daß dies eben keine sonderliche Einschränkung für den jungen Herrn gewesen sein könne, da derselbe übrigens immer so viel Geld bekam, als er verlangte. Einem Menschen aber, der auf weiter nichts als auf seine Vergnügungen bedacht war, verursachte dies große Beschwerde und brachte ihn auf folgende vernünftige und heilsame Betrachtung. Wenn es mir, dachte er, schon so sauer wird, das Geld, welches ich ausgebe, bloß zu zählen; was für Arbeit und Mühewaltung muß es nicht meinen Vorfahren gekostet haben, solches nicht etwa bloß zu zählen, sondern zu erwerben? Dieser vernünftige Gedanke, durch die kleine, ihm aufgelegte Mühe verursacht, machte einen solchen Eindruck auf ihn, daß er von der Zeit an sich besserte und anfing, ein guter Wirt zu werden. Übrigens wird man wenigstens zugestehen müssen, daß nichts zuträglicher sei einen Menschen in seinen Schranken zu halten, als wenn er gewöhnt ist, durch regelmäßiges Buchhalten den Stand seines Vermögens immer vor Augen zu haben.

Siebenundzwanzigster Abschnitt.

Vom Reisen.

§ 212. Den Schluß der ganzen Erziehung macht insgemein das Reisen, welches sozusagen als das Ende betrachtet wird, womit man die Bildung eines jungen Kavaliers zu krönen pflegt. Ich gestehe, das Reisen in fremde Länder hat große Vorteile, allein die Zeit, welche man gewöhnlich dazu bestimmt, ist meines Erachtens diejenige, wo junge Leute am wenigsten geschickt sind, rechten Nutzen davon zu ziehen. Es lassen sich eigentlich nur zweierlei Absichten denken, welche man dabei vor Augen haben kann: erstens die Sprache und zweitens Erfahrung und Weltklugheit durch Umgang mit Menschen, die sowohl untereinander selbst, als insonderheit von unseren nächsten Nachbarn und Mitbürgern sich durch ihren Charakter, Gewohnheiten und Lebensweise merklich unterscheiden. Allein die Zeit vom sechzehnten bis zum zwanzigsten Jahre, welche gemeiniglich zum Reisen angewandt wird, ist gerade die Periode des menschlichen Lebens, wo wir am wenigsten geschickt sind, solche Kenntnisse zu sammeln. Die bequemste Zeit, um Sprachen zu lernen und die Organe zum richtigen Akzent zu bilden, erstreckt sich, wie mich dünkt, vom siebenten bis zum vierzehnten Lebensjahre. Dann aber müßte der junge Mensch auch notwendig einen Führer haben, der mit diesen Sprachen ihm zugleich andere Dinge lehrte. Läßt man hingegen junge Leute dann erst unter Aufsicht eines Erziehers sich weit in die Fremde aus den Augen der Eltern begeben, wenn sie sich bereits zu sehr fühlen, um sich von anderen leiten zu lassen, aber doch bei weitem nicht Klugheit und Erfahrung genug besitzen, um sich selbst zu regieren, was heißt dies anders, als sie zu der Zeit den größten Gefahren des Lebens preisgeben, da sie am wenigsten dagegen gerüstet sind? Bis diese brausenden und ungestümen Jahre eintreten, kann ein Erzieher allenfalls noch seine Autorität über den Zögling behaupten; bis Zum fünfzehnten oder sechzehnten Jahre steht nicht leicht zu besorgen, daß etwa die Unbiegsamkeit des Alters oder die Versuchung und das Beispiel von anderen ihn zur Widerspenstigkeit gegen denselben vorführen sollten. Wenn aber der Zögling selbst nun anfängt mit Erwachsenen umzugehen und sich schon ein Mann zu sein dünkt, wenn er all manchen Lastern Geschmack gewinnt, sich sogar etwas darauf zugute tut und es für erniedrigend hält, unter der Aufsicht und der Leitung eines anderen zu stehen: was kann man da von dem sorgfältigsten und verständigsten Erzieher erwarten, wenn er selbst über den jungen Menschen keine Gewalt und dieser keine Neigung hat, sich von ihm Zureden zu lassen; wenn der letztere im Gegenteil, durch die Jugendhitze und die herrschende Gewohnheit hingerissen, mehr den Versuchungen seiner nicht weiseren Gesellschafter als den Ermahnungen des Erziehers, den er als den Feind seiner Freiheit betrachtet, Gehör gibt? Wenn aber, frage ich, steht am meisten zu besorgen, daß ein Mensch verführt werde, als dann, wenn er zugleich unwissend und unlenksam ist? Dies sind gerade die Lebensjahre, wo die Aufsicht und das Ansehen der Eltern und Freunde am nötigsten ist, ihn in Schranken zu halten. Das frühere Alter ist weit lenksamer und minder gefährlich, weil der Knabe noch biegsam und der Eigenwille noch nicht eingewurzelt ist. In späteren Jahren aber wirkt die Vernunft und die Überlegung schon einigermaßen, und der Mensch ist dann eher imstande, sich vor Gefahr in acht zu nehmen und an seiner Vervollkommnung selbst zu arbeiten. Ich würde daher raten, den jungen Menschen entweder in jüngeren Jahren unter einem Erzieher, dem er alsdann um so ergebener sein wird, oder späterhin, wenn er bereits einige Jahre älter ist, und dann ohne einen Führer reisen zu lassen. Im letzteren Falle aber muß er schon imstande sein, sich selbst zu regieren, und das, was er in fremden Ländern antrifft und seine Aufmerksamkeit Verdient, gehörig zu beobachten, damit er nach seiner Rückkehr Gebrauch davon machen könne. Er muß überdem auch mit den Gesetzen, Gewohnheiten, natürlichen und moralischen Mängeln und Vorzügen seines Vaterlandes bereits hinlänglich bekannt sein, um den Auswärtigen, aus deren Umgang er klüger zu werden wünscht, auch von seiner Seite etwas mitteilen zu können.

§ 213. Daß so viele junge Leute von ihren Reisen nicht sonderlich klüger oder besser nach Hause kommen, rührt unstreitig daher, daß man auf das, was ich eben berührt habe, nicht Bedacht nimmt. Bringen sie ja von den Orten und Menschen, die sie besucht haben, etwas zurück, so ist es nicht selten die Bewunderung der elendesten und törichtsten Gewohnheiten, die sie dort antrafen; sie behalten einen bleibenden Geschmack an den Dingen, in welchen ihr Unabhängigkeitsgefühl zuerst sich äußerte, anstatt daß sie nach ihrer Zurückkunft besser und klüger geworden sein sollten. Wie kann das aber anders sein, wenn sie in dem gewöhnlichen Alter und unter der Aufsicht eines anderen reisen, der dann bloß für ihre Bedürfnisse zu sorgen hat und an ihrer Stelle Beobachtungen anzustellen. Eben, weil es heißt, daß sie doch einen Erzieher haben, glauben sie um so weniger sich um sich selbst bekümmern zu dürfen oder über ihr eigenes Verhalten verantwortlich zu sein; daher sie selten auch sich mit Nachfragen und Untersuchungen abgeben oder nützliche Bemerkungen zu sammeln suchen. Ihre Gedanken sind bloß auf das Spiel und Vergnügen geheftet, und wenn man sie hierin einschränken wollte, so würden sie glauben, es geschähe ihnen Unrecht. Die Absichten der Leute kennen zu lernen, welche sie antreffen, ihre List, Kunstgriffe, Charaktere und Neigungen zu studieren, um im Umgange mit denselben ihre Maßregeln danach zu nehmen: das ist ihre geringste Sorge. In diesem Stücke verlassen sie sich ganz allein auf ihren Führer, der muß ihnen aus den verdrießlichsten Händeln, in die sie sich selbst stürzten, heraushelfen, der muß für alle ihre Torheiten allein zur Rechenschaft stehen.

§ 214. Ich gestehe es, die Menschenkenntnis ist ein so wichtiges und schweres Studium, daß man von einem jungen Menschen nicht verlangen kann, er solle es darin sogleich zur Vollkommenheit bringen. Allein das Reisen wird ihm wahrlich wenig Nutzen schaffen, wenn es ihm nicht hier und da die Augen öffnet, ihn nicht vorsichtig und bedachtsam macht, nicht gewöhnt, durch die äußere Hülle hindurch zu schauen, und, mittels eines höflichen und verbindlichen Betragens im Umgange mit Fremden und Leuten von allen Gattungen, nicht nur sich gegen Gefahr sicher zu stellen, sondern auch eine vorteilhafte Meinung von sich bei ihnen zurückzulassen. Wer bei reiferen Jahren und in der Absicht sich auszubilden in die Fremde reist, muß in den Orten, die er besucht, den Umgang und die Bekanntschaft mit den vornehmsten Personen suchen. Allein ungeachtet dies für einen jungen Menschen von Stande eine Sache von der größten Wichtigkeit ist, so möcht' ich doch fragen, ob unter hundert jungen Leuten, welche unter Leitung eines Erziehers in fremde Länder gehen, wohl nur einer ist, der je eine Standesperson daselbst besucht oder mit Leuten Bekanntschaft macht, aus deren Umgang er die landesübliche seine Lebensart, oder was sonst bemerkenswert ist, studieren könnte, obwohl man von solchen Leuten in einem Tage mehr lernen kann, als wenn man ein ganzes Jahr lang von einem Kaffee- oder Speisehause zum andern läuft. Es ist auch nicht zu verwundern; denn Leute von hohen Würden und Talenten geben sich nicht leicht mit Knaben ab, die noch unter der Aufficht eines Erziehers stehen. Ein junger Kavalier aber, ein Fremder, der sich schon als einen Mann darstellt und Begierde zeigt, sich von den Gewohnheiten, Sitten, Gesetzen und der Verfassung des Landes, in welchem er sich befindet, zu unterrichten, wird allenthalben leicht Zutritt und eine gute Aufnahme bei den edelsten und einsichtsvollsten Personen finden, und diese werden nicht abgeneigt sein, einen Verständigen und wißbegierigen Ausländer gefällig aufzunehmen, zu unterstützen und ihm behilflich zu sein.

§ 215. So wahr indes dies alles sein mag, so besorge ich doch, daß das Herkommen, junge Leute gerade in der gefährlichsten und mißlichsten Lebensperiode reisen zu lassen, deshalb nicht abgeschafft werden dürfte, und zwar aus Ursachen, welche eben nicht auf ihre Bildung und Vervollkommnung abzwecken. Der Knabe darf nicht schon im achten oder zehnten Jahre in die Fremde geschickt werden, aus Furcht, daß dem zarten Kinde etwas zustoßen möchte; wiewohl es zu der Zeit zehnmal weniger Gefahr läuft als im sechzehnten oder im achtzehnten. Auch darf er nicht so lange zu Hause bleiben, bis die gefährlichen und unbändigen Jahre vorüber sind, weil er im einundzwanzigsten schon wieder zurück sein muß, um zu heiraten und eine Familie zu gründen. Der Vater bedarf des Brautschatzes der künftigen Frau, und die Mutter ist voll Ungeduld, mit den kleinen Enkeln zu tändeln: kurz, es mag daraus entstehen, was da will, der junge Herr muß, sobald er mündig ist, Nach den englischen Gesetzen geschieht dies im 21. Jahre.sich mit der Gattin ehelichen, die man für ihn ausgesucht hat. Dem ungeachtet wäre es, sowohl in Hinsicht auf seine Leibes- und Seelenkräfte als auf seine Nachkommenschaft, gar nicht undienlich, wenn dies noch einige Jahre hinausgeschoben würde, damit er nicht nur an Jahren, sondern auch am Verstande einen größeren Vorsprung vor seiner Nachkommenschaft erhielte, welche nicht selten nur zu bald in die Fußtapfen ihrer Vater tritt, eben nicht zur großen Zufriedenheit beider, des Sohnes und des Vaters. Doch da der junge Herr nun schon mit Heiratsgedanken umgeht, so ist es wohl Zeit, ihn seiner Gebieterin zu überlassen.

Beschluß.

§ 216. Obgleich ich nun mit meinen über die Erziehung angestellten Bemerkungen zu Ende bin, so wünsche ich doch nicht, daß man dies als eine vollständige Abhandlung über diesen Gegenstand betrachten möge. Es gibt noch tausend andere Dinge, welche alle Aufmerksamkeit verdienen, besonders wenn man sich auf die mannigfaltigen Gemütsarten, verschiedenen Neigungen und einzelnen Fehler einlassen und Mittel dagegen in Vorschlag bringen wollte. Die Menge der Gegenstände ist so groß, daß einige Bände dazu nicht hinreichen würden. Der Charakter eines jeden Menschen hat so wie seine Gesichtsbildung besondere Eigenheiten, die ihn vor allen übrigen unterscheiden; auch gibt es vielleicht nicht zwei Kinder, die ganz nach derselben Methode behandelt werden könnten. Außerdem dünkt mich, daß der Sohn eines Fürsten, eines Adeligen und eines anderen angesehenen Mannes in verschiedener Hinsicht eine ganz besondere Erziehungsart erfordern. Meine Absicht war bloß, einige allgemeine Blicke auf den Hauptzweck und die vornehmsten Gegenstände der Erziehung zu richten; ich hatte dabei hauptsächlich den Sohn eines angesehenen Mannes vor Augen, den ich wegen seiner zarten Kindheit als eine unbeschriebene Tafel oder als ein Wachs betrachten konnte, welches jede Form und jeden Eindruck anzunehmen fähig ist. Daher habe ich auch wenig mehr berührt als jene Hauptpunkte, die ich überhaupt bei der Erziehung eines Kindes von seinem Stande für wesentlich notwendig hielt. Obgleich ich nun weit entfernt bin, diese meine zufälligen Gedanken für eine vollständige Abhandlung über diesen Gegenstand auszugeben oder zu behaupten, daß ein jeder, was gerade für sein Kind paßt, darin finden solle, so teile ich sie doch öffentlich mit in der Hoffnung, daß sie vielleicht denjenigen einiges Licht geben können, welchen die zärtliche Fürsorge für ihre lieben Kleinen die in der Tat ungewöhnliche Kühnheit einstößt, bei Erziehung derselben nicht so ganz dem Strom des alten Herkommens nachzuschwimmen, sondern ihre eigene Vernunft zu Rate zu ziehen.

Ende